国家出版基金项目

"十三五"国家重点图书出版规划项目

"神话学文库"编委会

主 编

叶舒宪

编 委

（以姓氏笔画为序）

马昌仪	王孝廉	王明珂	王宪昭
户晓辉	邓 微	田兆元	冯晓立
吕 微	刘东风	齐 红	纪 盛
苏永前	李永平	李继凯	杨庆存
杨利慧	陈岗龙	陈建宪	顾 锋
徐新建	高有鹏	高莉芬	唐启翠
萧 兵	彭兆荣	朝戈金	谭 佳

国家出版基金项目

"十三五"国家重点图书出版规划项目

"神话学文库"学术支持

上海交通大学文学人类学研究中心

上海交通大学神话学研究院

中国社会科学院比较文学研究中心

陕西师范大学人文社会科学高等研究院

上海市社会科学创新研究基地——中华创世神话研究

国家出版基金项目
NATIONAL PUBLICATION FOUNDATION

"十三五"国家重点图书出版规划项目

神话学文库
叶舒宪 主编

古代近东历史编撰学中的神话与政治

MYTH AND POLITICS IN ANCIENT NEAR EASTERN HISTORIOGRAPHY

［意］马里奥·利维拉尼（Mario Liverani）◎著
金立江◎译

陕西师范大学出版总社

图书代号 SK19N1728

Myth and Politics in Ancient Near Eastern Historiography By Mario Liverani, edited and introduced by Zainab Bahrani and Marc Van De Mieroop
© Equinox Publishing Ltd 2004

陕版出图字：25－2019－224

图书在版编目（CIP）数据

古代近东历史编撰学中的神话与政治／（意）马里奥·利维拉尼著；金立江译. —西安：陕西师范大学出版总社有限公司，2019.9
（神话学文库／叶舒宪主编）
"十三五"国家重点图书出版规划项目　国家出版基金项目
ISBN 978－7－5695－1292－2

Ⅰ．①古… Ⅱ．①马… ②金… Ⅲ．①神话—研究—近东—古代 Ⅳ．①B932.37

中国版本图书馆 CIP 数据核字（2019）第 242323 号

古代近东历史编撰学中的神话与政治
GUDAI JINDONG LISHI BIANZHUANXUE ZHONG DE SHENHUA YU ZHENGZHI
[意] 马里奥·利维拉尼　著　金立江　译

责任编辑	张旭升
责任校对	刘存龙　雷亚妮
出版发行	陕西师范大学出版总社
	（西安市长安南路199号　邮编710062）
网　　址	http://www.snupg.com
印　　刷	西安市建明工贸有限责任公司
开　　本	720mm×1020mm　1/16
印　　张	15.5
插　　页	2
字　　数	253千
版　　次	2019年9月第1版
印　　次	2019年9月第1次印刷
书　　号	ISBN 978－7－5695－1292－2
定　　价	68.00元

读者购书、书店添货或发现印刷装订问题，请与本公司营销部联系、调换。
电话：（029）85307864　85303635　传真：（029）85303879

"神话学文库"总序

叶舒宪

神话是文学和文化的源头,也是人类群体的梦。

神话学是研究神话的新兴边缘学科,近一个世纪以来,获得了长足发展,并与哲学、文学、美学、民俗学、文化人类学、宗教学、心理学、精神分析、文化创意产业等领域形成了密切的互动关系。当代思想家中精研神话学知识的学者,如詹姆斯·乔治·弗雷泽、爱德华·泰勒、西格蒙德·弗洛伊德、卡尔·古斯塔夫·荣格、恩斯特·卡西尔、克劳德·列维-斯特劳斯、罗兰·巴特、约瑟夫·坎贝尔等,都对20世纪以来的世界人文学术产生了巨大影响,其研究著述给现代读者带来了深刻的启迪。

进入21世纪,自然资源逐渐枯竭,环境危机日益加剧,人类生活和思想正面临前所未有的大转型。在全球知识精英寻求转变发展方式的探索中,对文化资本的认识和开发正在形成一种国际新潮流。作为文化资本的神话思维和神话题材,成为当今的学术研究和文化产业共同关注的热点。经过《指环王》《哈利·波特》《达·芬奇密码》《纳尼亚传奇》《阿凡达》等一系列新神话作品的"洗礼",越来越多的当代作家、编剧和导演意识到神话原型的巨大文化号召力和影响力。我们从学术上给这一方兴未艾的创作潮流起名叫"新神话主义",将其思想背景概括为全球"文化寻根运动"。目前,"新神话主义"和"文化寻根运动"已经成为当代生活中不可缺少的内容,影响到文学艺术、影视、动漫、网络游戏、主题公园、品牌策划、物语营销等各个方面。现代人终于重新发现:在前现代乃至原始时代所产生的神话,原来就是人类生存不可或缺的文化之根和精神本源,是人之所以为人的独特遗产。可以预期的是，神话在未来社会中还将发挥日益明显的积极作用。大体上讲，在学术价值之外，神话有两大方面的社会作用：

一是让精神紧张、心灵困顿的现代人重新体验灵性的召唤和幻想飞扬的奇妙乐趣；二是为符号经济时代的到来提供深层的文化资本矿藏。

前一方面的作用，可由约瑟夫·坎贝尔一部书的名字精辟概括——"我们赖以生存的神话"（Myths to Live by）；后一方面的作用，可以套用布迪厄的一个书名，称为"文化炼金术"。

在21世纪迎接神话复兴大潮，首先需要了解世界范围神话学的发展及优秀成果，参悟神话资源在新的知识经济浪潮中所起到的重要符号催化剂作用。在这方面，现行的教育体制和教学内容并没有提供及时的系统知识。本着建设和发展中国神话学的初衷，以及引进神话学著述，拓展中国神话研究视野和领域，传承学术精品，积累丰富的文化成果之目标，上海交通大学文学人类学研究中心、中国社会科学院比较文学研究中心、中国民间文艺家协会神话学专业委员会（简称"中国神话学会"）、中国比较文学学会，与陕西师范大学出版总社有限公司达成合作意向，共同编辑出版"神话学文库"。

本文库内容包括：译介国际著名神话学研究成果（包括修订再版者）；推出中国神话学研究的新成果。尤其注重具有跨学科视角的前沿性神话学探索，希望给过去一个世纪中大体局限在民间文学范畴的中国神话研究带来变革和拓展，鼓励将神话作为思想资源和文化的原型编码，促进研究格局的转变，即从寻找和界定"中国神话"，到重新认识和解读"神话中国"的学术范式转变。同时让文献记载之外的材料，如考古文物的图像叙事和民间活态神话传承等，发挥重要作用。

本文库的编辑出版得到编委会同人的鼎力协助，也得到上述机构的大力支持，谨在此鸣谢。

是为序。

引　言①

　　《古代近东历史编撰学中的神话与政治》一书首次与读者见面，该书包括一系列的论文，这也是作者——著名古代近东历史学家马里奥·利维拉尼——第一次被译介给大家。本书中的所有论文都已经发表在专业的学术期刊上，除了一篇是以法语书写的，其余都是以意大利语书写的。在意大利之外的国家，很少有人直接阅读过这些意大利语论文，所以其价值在很大程度上并没有引起非意大利学者的重视，虽然这些论文常常是对古代文本的基本再读，可它们很大程度上依然是我们重构历史的基础。本书收录的论文将向特定目标读者展示其价值。相较于此前仅仅收录更早的文章的英译版本，这一版的论文集能提供更多内容，诸如所有章节都基本上关注历史编纂学的问题且有统一的母题。尽管内容上涵盖了历史与编年的母题，但是这些论文都严格考察历史学家究竟如何赋予古代文献以意义。换言之，这些论文显示出历史学家的技艺是一种智力实践的事业。显然，这位历史学家的工作已经暗示了其将历史作为一种实际操作的态度，而这种方法论不仅适用于古代近东历史研究，也适用于一般历史研究。

　　本书是一本论文集，同时也能让读者了解利维拉尼自20世纪70年代早期到80年代研究工作的发展状态。这些论文的有效性保持了20年以上，因为它们在方法论与关注重心上具有革命性特征，最近已经在从事古代近东研究的其他学者中引起了共鸣。这些论文一如既往地成为古代近东文本资源批判性历史研究的范例。

---

① 本文集的论文最初由利维拉尼自己从意大利语和法语版本翻译而来，他删去了一些文献学的讨论。论文最初被交给约翰·拜恩斯，放在"伊奎诺克斯丛书"系列中出版。拜恩斯要求我们按照英语风格将论文加以编辑。我们决定增加一个短篇幅的简介，这个简介准备将论文所讨论的材料放到具体的情境中。我们无意更新与调整文献目录和讨论，除非有很容易获取的最新的英文翻译可提供。约翰·拜恩斯多次检查了我们的工作，马里奥·利维拉尼也通读了最终版并提出了意见。我们试图将利维拉尼优雅的意大利文风转换成通畅的学术英语风格，但必须承认，这对作者的原初风格往往是一种破坏。既然这些极有价值的内容是如此重要，所以即便我们在改变形式的过程中并不总是尽善尽美，我们也必须努力使内容符合原作。

在写作这些论文时，利维拉尼不仅显示出博学的特点，还运用了多样的方法，他及时关注文学与人类学等领域的学术进展。回顾其二三十年前所述的观点，我们能够清楚地看到其中体现了20世纪60年代后期到70年代早期欧陆兴起的结构主义与后结构主义的思潮。彼时这些思潮方兴未艾，利维拉尼所关注与追求的正是历史文献使用过程中的本质问题。他的问题意识同当时的思潮相合。

利维拉尼在方法论上进行了革新，其中之一是对美索不达米亚（Mespotamia）的材料采取了神话的结构分析法。在"阿达帕（Adapa），诸神的客人"中，他受列维–斯特劳斯分析待客仪式的启发，采取了一种人类学的方法，在神话叙事的层面进行标准化、结构式的解读。食物与饮料、穿衣与沐浴的二元结构都是待客的规定性行为规则。安努（Anu）试图赋予永生是令人吃惊的，但可以在这些结构规则的背景中得到理解，阿达帕拒绝通过改变人类的命运而拯救神灵也是这样。利维拉尼将神话叙事的结构主义方法同人类学待客仪式（显然来自朱利安·皮特–利弗斯）的理论相结合，同时他的研究也含有更多典型的传统历史学家的文献学批评方法。

在"泰利毗努（Telipinu）或论团结性"中，利维拉尼明确批评了他的同行们的观念方法。他指出，"懒惰的历史学家"只看到古代文本的表面价值，认为那是一种准确的事实叙述，因此历史文本只需要对照其他材料进行增删调整就可以了。利维拉尼坚持认为，书写材料的来源一定是在历史自身中的再建构，在这一过程中，绝没有一种"纯历史的目的"。相反的，其原初目的是政治的、道德的，甚至是神学的，等等。我们必须分析其中的意识形态以便更加接近文本和历史真实的原初意图。谈及泰利毗努的法令，随着泰利毗努达到正向发展的顶点，一种结构主义的分析能够揭示一个前后相继的好与坏的二元统治模式。相信赫梯（Hatti）古王国法令中的记载都是对历史事实的准确反映是幼稚的，法令文本应被视作提供了有关泰利毗努而非其前任统治者的信息。

对于今天那些具有理论自觉的读者而言，上述观点是显而易见的。可是，在1977年这些文章出版时，历史学家们一般都不会去考虑方法论问题。还要强调的是，作为一位研究古代近东的历史学家，利维拉尼并未简单地跟从那些建立在历史学科的其他领域基础上的方法论潮流。事实上，他像一些历史学家，如海登·怀特一样，就这些史学问题发表意见。这些历史学家们正开始更加直接地书写历史批评。海登·怀特在20世纪70到80年代的著作最为知名,他以文学叙事、修辞等方法对历史文本进行研究、评论,这些历史文本传统上被视作透明的档案①。利维拉尼也采取了相似的文体与思路,在20世纪70年代早期他也认为历史档案是一种被书写的史料来源,需要同其他被书写的文本采取同样的阅读态度,这在本质上没有什么不同。因此,在关联古代的来源时,利维拉尼的作品不该被视为受这些变化影响的结果,而应将其视作参与这一进程的先驱。在当代,利维拉尼关于历史的理论性评论相较于他不受置疑的关于古代近东研究的著作,更少为人所知。这部分是由于前者并未在其他历史学家那里受到广泛阅读,这些历史学家们认为对于历史学科而言,理论性评论完全是次要的领域。汇编利维拉尼论文集的一个重要目的是通过梳理背景与建构历史意义向更广泛的观众展现其历史批评思想的发展进程,这伴随着在欧洲大陆人文社科领域出现的一个更为宽广的学术理论框架的形成,而利维拉尼正参与其中。

例如第二部分第三章中,"舒纳舒拉或论互惠性"(初版于1973年),这里利维拉尼讨论了一份档案,它既非时间的历史叙事,亦非一个记录,而是一份单纯的档案——一个条约。利维拉尼将其作为一份文学文本进行分析,聚焦其运用的匀称的形式,在复现或映射交易的重要性与确定事件的双重价值之间建立起关系。文本的对称仅仅是表象,掩盖了现实政治中平等的缺乏:在赫梯国王与基祖瓦特纳(Kizzuwatna)国王舒纳舒拉之间并不存在平等关系,而在赫梯国王与米坦尼国王之间则存在平等,这是以间接的方式暗示条约的读者注意其中的深意。如果没有文学与结构符号学的分析,就无法获得这样的理解。

利维拉尼最早期的作品显示出,他持有历史研究应具有现实主义风格的思想。谈到叙事,或者更准确地说是历史叙事与现实主义之间的关系,我们能够在论文伊德利米(Idrimi),"将乘战车赴沙漠"(第三部分第四章中)中看到。利维拉尼认为,讲述伊德利米的故事是真的,但是叙事却是按照神话传说的模式来完成的,因此可以按照弗拉基米尔·普罗普所发展的方法进行分析。需要克服障碍的年轻英雄独自出发进入沙漠这样的元素,也能够在其他古代近东文本中被发现,这些都需要被平等地视作文学手段而不是真实的材料。在整个叙事的框架中,根据特定言辞的功能,这些故事的细节或被强调,或被隐藏。这

---

① 参见海登·怀特:《形式的内容》,巴尔的摩:约翰·霍普金斯出版社1987年版。

种对细节的强调就是罗兰·巴特所谓的"现实效果"①：历史叙事提供了一个被过分细节化的想象，以至于观众确信那是真实的。

第三部分中的第五章和第六章，关于叙利亚（Syria）的统治者莱布-埃达（Rib-Adda）与阿齐鲁，讨论的是在致埃及（Egypt）法老的信中他们的自我建构。他们使用了文学手段来呈现其案例：莱布-埃达就像一个正义的受难者，被他的神——法老——放弃；阿齐鲁使用一种语言，准确地表达了他表面上所陈述的对立面。因此，分析这封信同分析约阿施（Joash）和伊德利米的陈述是差不多的情况。在"约阿施的故事"（第四部分中第七章）中，一种根据叙事程式或逻辑来解构记述的方法被采用，这同解读《圣经》的方法类似。这个故事是一份辩解书，解释了约阿施为何登上了犹大（Judah）的王座，在古代近东不同时代的其他地方也发现了很多这种体现文学元素的政治档案。所有这些例子中，利维拉尼运用了解构的方法，目的是防止在这些文本阅读中将叙事的分子解读成建构的整体。他剥离关于意识形态的内容，去除文本的神秘色彩，还原其真实目的，这些都有助于摆脱对文本的表层阅读。换句话说，利维拉尼关注的还是文本深层的意识形态。

利维拉尼的意识形态批评是一种阿尔都塞学派式的或者结构主义-马克思主义者式的，他的转向是第一次真正在古代近东研究中引进对意识形态的关注。20世纪70年代后期之后，这在该领域的其他方面都产生了重大影响，意识形态的概念被艺术史家与文献学者接受，尤其在那些研究亚述（Assyria）帝国的学者中产生了反响②。到20世纪80年代，"意识形态"已经变成一种定义材料的标准途径，一些简单地将意识形态视作片面的强制性宣传的人坚持认为这种方法忽视了利维拉尼最初在方法论上的洞见。那个时候，利维拉尼自己的研究变得越来越具有综合性，从结构主义转向对历史文本的心理分析和性别阅读。

例如，在利维拉尼1979年出版的对圣经《士师记》第十九至二十一章的重读（第四部分中第八章）中，聚焦于人类的身体，将其视作信息的媒介。这样

---

① 参见罗兰·巴特：《语言的窠臼》，R. 霍华德译，纽约：希尔与王出版社1968年版，第141—154页。
② 例如艾瑞尼·温特：《新亚述帝国时期浮雕中王室修辞学与历史叙事的发展》，载《视觉传播》1981年第7期，第2—38页。

一种阅读方式在历史与格外看重文学的文化研究领域①风行之前，利维拉尼就开始尝试了。而且，利维拉尼引介性别理论问题时，《圣经》的女性主义研究几乎还是空白。女性关系、待客之道与交换都是利维拉尼采用人类学的方法更进一步地同历史文本建立关系的结果，当然，交换②是以马塞尔·莫斯的研究出版为核心标志的，结构主义人类学是以克劳德·列维-斯特劳斯③为参证的。

近些年，利维拉尼发表了历史编纂的相关评论并且将其不断引向深入，还以一种自省的方式反思自身的研究领域。这一工作转向并未体现在本论文集中，但是由于包括了几篇英文文章，所以更容易理解。这种自省现在得到了更广泛的认可，被打上了后现代主义的标签，这种具有鲜明的利维拉尼风格的工作具有十足的开创性，尽管他自己的立场是反对学术上的后现代怀疑论的④。在其意识形态评论中，利维拉尼将视角扩展到当今，提醒我们，在全球化的时代，我们可能误解了我们自身的外层意识形态。意识形态仍然必须被强调，不仅在古代的文本中，也要按照我们的方式，作为古人的学生，将这些文本转换成学问。历史的书写，甚至古代史书写应该远离一种简单迂腐的实践，必然受变化的政治需求、宗教、政治和意识形态偏见等的影响。例如，利维拉尼研究美索不达米亚城市化的历史编纂著作⑤就将城市研究的观点同学者的当代阐述联系了起来，这些当代学者们秉持东方主义、殖民主义、新资本主义等。在现代学术中，考古学与历史的相互关系的研究显示，两门学科之间的（无法达成预期目标的）对立已被时代的普遍意识形态潮流维系在一起，在这个时代，学者们不停地工作实现了这样的目标⑥。除了意识形态的评论，这些近期的文章显示出一般意义上的对古代近东学科的认识论的思考。

利维拉尼的学术产出持续、多产而且富有革新性，以至于人们往往忽略了他早期的研究成果。然而，这是一种重大的误解，他的早期成果在今天同它们

---

① 例如卡罗琳·沃克·拜纳姆：《分裂与救赎：中世纪宗教中的性别与人体》，纽约：地带书屋1992年版。
② 《礼物》，伦敦：鲁特利奇与基根·保罗出版社1969年版。
③ 其最著名的代表是《亲属的基本结构》，伦敦：艾尔与斯波提斯伍德出版社1969年版。
④ 参见《东方史料》2000年总第69期，第331—332页。
⑤ 《古代近东城市与现代意识形态》，见G.维尔海姆编：《东方城市：持续性，变迁，断裂》，萨尔布吕肯：萨尔布吕肯出版社1997年版，第85—108页。
⑥ 《古代近东中的历史与考古：不同关系的150年》，见H.屈内等编：《消失的乌鲁克，考古范围方法多样性，汉斯·佐格·尼森作品》，莱登/威斯特夫：来多夫1999年版，第1—11页。

首次出版时一样具有重要意义。我们希望当前的这个选本不仅使历史专业的学生意识到利维拉尼所提供的时代和文本的洞见，也会鼓励他们继续这样的道路。一方面，要更加审慎地检讨古代记事本身；另一方面，也要充分考虑现代学术思想对研究产生的影响。只有这样，才能在作为一个整体的历史学科中，为古代近东研究找到恰当的位置。

致　　谢

第一部分第一章初版为意大利语,收入《宗教与文明》,巴里,1982年。

第二部分第二章初版为意大利语,收入《东方文物》1977年第16期。

第二部分第三章初版为意大利语,收入《东方文物》1973年第12期。

第三部分第四章初版为意大利语,收入《那不勒斯东方大学学报》1972年第22期。

第三部分第五章初版为意大利语,收入《古代东方研究》1974年第1期。

第三部分第六章初版为意大利语,收入《东方研究纪念弗兰科·品托尔文集》,GJES出版社,帕维亚,1983年。

第四部分第七章初版为法语,收入《维图斯旧约研究》1974年第24期。

第四部分第八章初版为意大利语,收入《历史宗教研究》1979年第3期。

缩　　写

AHw	W. von Soden, *Akkadisches Handwörterbuch* (3 vols). Wiesbaden: Harrassowitz, 1959 – 1981
ARAB	D. D. Luckenbill, *Ancient Records of Assyria and Babylonia* (2 vols). Chicago: The University of Chicago Press, 1926 – 1927
ARE	J. H. Breasted, *Ancient Records of Egypt* (5 vols). Chicago: The University of Chicago Press, 1906 – 1907
ARM	*Archives royales de Mari* (26 vols). Paris: Imprimerie Nationale; Editions Recherche sur les Civilisations, 1950 – 1988
CAD	*The (Chicago) Assyrian Dictionary*. Chicago: The Oriental Institute; Glückstadt: Augustin, 1956 ff.
EA	el-Amarna tablets, quoted from Knudtzon 1907 and Rainey 1970
KBo	*Keilschrifttexte aus Boghazköi* (41 vols). Leipzig: Hinrichs; Berlin: Gebr. Mann Verlag, 1916 – 1999
KUB	*Keilschrifturkunden aus Boghazköi* (60 vols). Berlin: Vorderasiatische Abteilung der Staatlichen Museen; Akademie Verlag, 1922 – 1990
THAT	E. Jenni and C. Westermann (eds), *Theologisches Handwörterbuch zum Alten Testament* (2 vols). Munich: Chr. Kaiser Verlag; Zürich: Theologischer Verlag, 1971 – 1976
TWAT	G. J. Botterweck and H. Ringgren (eds), *Theologisches Wörterbuch zum Alten Testament* (10 vols). Stuttgart: W. Kohlhammer, 1963 – 2000
UrkIV	K. Sethe and W. Helck (eds), *Urkunden des ägyptischen Altertums*. IV: *Urkunden der 18. Dynastie* (22 vols). Leipzig: Hinrichs; Berlin: Akademie Verlag, 1906 – 1958

符号形成一种语言,但并非你认为你所懂的那门语言。
　　　　——伊塔洛·卡尔维诺:《隐形的城市:城市与符号》(4)

目　　录

第一部分　美索不达米亚 / 001

　　第一章　阿达帕，诸神的客人 / 002

第二部分　赫梯，安纳托利亚 / 023

　　第二章　泰利毗努或论团结性 / 024

　　第三章　舒纳舒拉或论互惠性 / 051

第三部分　叙利亚 / 081

　　第四章　将乘战车赴沙漠 / 082

　　第五章　莱布－阿达，正直的受害者 / 095

　　第六章　阿齐鲁，二主之仆 / 125

第四部分　希伯来《圣经》 / 145

　　第七章　约阿施的故事 / 146

　　第八章　信息，女人与好客：《士师记》第十九至二十一章中的部落内部交流 / 159

参考资料 / 192

索引 / 213

第一部分

美索不达米亚

第一章 阿达帕,诸神的客人[①]

引　言

发现于古埃及首都阿玛纳(Amarna)的一小部分阿卡德文学文本,记录了阿达帕的一个短故事。直到 14 世纪,这个作品方才被它的起源地——巴比伦尼亚(Babylonia)——之外的地方知晓。然而,我们没有任何出自美索不达米亚(Mesopotamia)本地的手稿,直到公元前 7 世纪阿淑尔巴尼帕(Ashurbanipal)的图书馆建立后,这一情况才有所改变。迄今为止,尽管只有四个手稿片段,但它们确实能让我们在这一章的开始重新建构这个故事的轮廓。

阿达帕是主要角色,他是大洪水之前带给人类文明的七贤之一。在这个故事中,他在波斯湾(Persian Gulf)旁的埃利都(Ed)城作为埃阿神的祭司出现,为了他的神的感受与关切,他必须获得鱼以向神祭祀。为了完成任务,他扰乱了自然秩序。安努神将他招进了天堂,要他为自己辩护。他拒绝了神提供给他的食物和水,因此错失了获得永生的机会。这一章将这个故事作为一个基本的神话来分析,并以皮解释人类失去永生的命运。

这一诗歌由伊泽尔艾尔(Izre'el) 在 2001 年彻底重编。最新的英文译本见达利 1989 年版, 第 182—187 页;福斯特 1993 年版, 第 429—434 页;福斯特 1995 年版, 第 97—101 页。

一、叙事逻辑

1. 故事及其"矛盾"

关于阿达帕的巴比伦神话是一个短小的文本,其基本情节幸运地被保存在

[①] 初版标题为意大利语"Adapa ospite degli dei",收入《宗教与文明》,巴里 1982 年版,第 293—319 页。

四个片段中①，这是古代近东和其他地方众多解释人类必死性的神话之一。尤为特殊的是，这一文本讲述了（与其他神话一样）一个神话形象的变迁过程，该形象具有原型的属性②，他本有机会获得不朽，最终却让机会从手边滑过。

这个神话广为人知，但是仍有必要对其事件进行概括。阿达帕是埃阿神之子，是埃阿在埃利都城的祭司，他的船被南风之神舒图（Shutu）突然掀起的风暴掀翻了，当时阿达帕正在大海中钓鱼以便为神的餐桌提供食物。面对风暴，阿达帕十分愤怒，他诅咒舒图，话语立时应验，风神的翅膀被折断，风暴随之减弱。至高神安努注意到这种对自然秩序的干扰，了解了缘由，就召唤阿达帕。但是智慧与狡诈之神埃阿站在人类一边帮忙，为了使阿达帕逃避安努的惩罚，他给了阿达帕两个指示。第一个指示是让阿达帕穿起孝服，好像正在服丧，并且告诉诸神，他将到安努大门处寻找塔穆兹（Tammuz）和吉兹达（Gizzida）。他之所以穿成这样，是因为那两个神已经从大地上消失了。这样的方式可以使阿达帕获得他们的青睐与帮助。第二个指示是让阿达帕拒绝神提供给他的死亡之食（a-ka-la ša mu-ti）与死亡之水（me-e mu-u-ti）。但是他应该接受穿衣与涂抹膏油的仪式。以这些指示为武装，阿达帕出发了。同预想的一样，他得到了塔穆兹和吉兹达的帮助，被引导到安努的面前接受质询并为自己辩护。结果，安努被阿达帕超凡的智慧与机敏震撼了（显然，拜埃阿所赐），安努决定毫不吝惜地赐予这位英雄以生命之食与生命之水（a-ka-al ba-la-ti, me-e ba-la-ti）。阿达帕确定这些饮食会带来死亡，这是埃阿已经警告过他的，于是就拒绝了这些饮食而仅仅接受了穿衣与涂抹膏油的仪式。在神话叙事的结尾，安努告诉阿达帕赐予给他的永生的机会已经失去了：

> 安努看着他并且笑了："近前一步，阿达帕，为何你不食用也不饮

---

① 片段B（最大的）发现于公元前第二个千年中期的阿玛纳档案；片段A、C、D发现于公元前7世纪尼尼微（Nineueh）阿淑尔巴尼帕的图书馆遗址。该故事传播与扩散的时间和空间因此而确定。这里一般使用的是斯本瑟的译本，见普利特查德1969年版第101—103页和拉巴特1970年版第290—294页。佛拉尼在1929年出版过长文，里面包括完整的书目更新。因此我引用的都是最新的研究，并且仅仅是和当前所讨论的这一章相关的内容。

② 阿达帕被准确地贴上标签（A6）"riddum"，即"被全体人类追随、模仿的（典型）"。这个词参见《阿卡德语词典》（*AHw*），第981页；《芝加哥亚述语词典》（*CAD* R），第324页。神话故事基本的原型价值在于其主人公不再需要被展示，而一些学者仍然坚持认为阿达帕可能只是为了自己获得生命，并不具有普遍意义。

用呢？（现在）你将不会永生！……带他出去回到他自己的土地去吧！"

(B66-70)

在第四个残片（D）中，一个附录（保存不佳或者在特性上较为次要）① 显示这个神话可能被用作一种咒语，或许用来对抗同南风相关的疾病，而阿达帕的介入一定被认为是尤其有效的。

这个神话的许多阐发者总坚持做一种逻辑上（和心理上）不一致的假说或者假定叙事上存在前后矛盾。问题是，埃阿怎么可能给他最喜爱的人——阿达帕有害的指示呢？他可是智慧之神并且尤为擅长预言啊！他预言安努会提供死亡之饮食，而事实上安努提供的却是永生之饮食，怎么可能有这样的结果？学者们几乎穷尽了每一种可能的解释。一些人认为埃阿意图欺骗阿达帕是为了阻止他获得永生（以使人类与神的世界之间保持一种合理的关系，或者更现实地为了让阿达帕继续作为祭司为神服务）；又或者为了惩罚阿达帕的一次僭越，这样的行为太严重以至于无法被原谅。相对地，还有一些人认为，埃阿确实给出了自己深思熟虑的有益建议，但是安努没有惩罚阿达帕反而决定奖励他，安努这一行动上的变化直接导致埃阿对于形势的预估的准确性遭到了破坏。这个有着多种理解的故事已经被讲述了许多次（佛拉尼，1929年，第159—161页；洛克斯，1961年，第27和30页；卡斯特利诺，1967年，第129—130页；布彻拉蒂，1973年，第259—260页），这里就没有必要一一重述了。我只是补充一点近来最流行的一种解释——神圣的饮食对于人类具有致死的特性，以至于致人死亡的食物（按照埃阿的用词）和可以使人永生的食物（按照安努的用词）是同一种②——事实上，叙事中所讲述的悖论就是如此。这样一种阐释更多是按照我们的历史－宗教的观念标准进行的，而不是按照对这一特定巴比伦文本的恰当理解而进行的。

2. 神话与传说中的叙事传统

总的来说，迄今为止分析阿达帕神话所使用的方法，都将其作为一部现实

---

① 残片D中还有一个次要特性引起了很多注意，尤其雅各布森在其1929—1930年的研究中提到，见其第201—203页（但是参考密察洛斯基1980年的研究，也有不同的观点），应该明确将其作为一个次要咒语来使用。我想强调：神话的目的是解释更多的事情而非仅仅为了治疗某种确切的疾病。在其他案例中，神话与咒语之间的关系是更为基础性的。

② 受布赫1959：429的结论启发，神的食物（琼浆与仙果）对人而言是致命的，1973年布彻拉蒂在其成果第63页提出反对观点，同时这也形成了赫拉1973：257-266的核心观点。还可参见基纳斯特1973：234-239。

主义小说来看。人物的行为与心理被假定要满足能言善辩与前后一致的必要条件——要不然就是他们需要一种发展变化,这一定要从心理学的角度得到一致的证明。否则,一部小说不能"成立"。对此,我的看法相反,我们应该根据神话叙事的"规则"(可是我确实需要陈述这样一个明显的原则吗?)来分析阿达帕的神话,而且大多数传统故事(尤其是传说)同神话一样共享着许多固定的程式与叙事技巧。

  在我看来——这里我做最大程度的简化——两个特性必须被强调。第一个特性是在现实主义叙事中,人物的每一个单独的动作都必须在这个人物的性格(甚至包括精神狂乱的非理性行为或心不在焉的古怪行为)中找到一种动机。而在神话或者传说中,任何单独的行为本身都可能是动机不明和非理性的,能够提供对接下来所发生行为的有效解释。神话里的角色完成(或者经历)最不可能和稀奇古怪的事情,这并不令人惊讶,因为这些事情本身是不可能被预测或证实的(不需要遵循现实的逻辑)。但是,有一个连贯的线索贯穿整个叙事并在最后时刻达到高潮。① 对行为的解释因此在事实发生之后被理解:带来预期结果的行为方式是一贯的。当然,神话的目的是要提供一个基本的解释,文化现实越复杂,所有要素被整合为一个有机结论的方式就变得越复杂。正如我们所见,阿达帕神话所寻求解释的文化现实更为复杂,而且,要求不同的线索在叙事情节的发展过程中共存,会是极其"矛盾"(悖论总是激发理解)的。但若问及,是否埃阿对阿达帕施以诡计或者阿达帕被安努欺骗——无论他预见到结局还是被结果震惊——为何塔穆兹与吉兹达站在安努的大门外,或者为何安努在问询南风之前还要等待七天,对于神话和传说的叙事逻辑框架而言,这都是缺乏意义的。这些问题折磨着我们——用 V. 什克洛夫斯基的话来说——就像一个国际象棋的棋手被为何马不可以走直线的问题困扰。

  在神话与传说故事的叙事逻辑中,第二个被考虑的基本元素是:故事中的人物性格被像代数一样对立和复制持续下去。单一要素的正或者负的特质总是清晰的,并且开始在横轴与纵轴之间形成对比,这是为了区别的最大化。在这一纯粹的形式意义中(我们将在稍后看到其实际的相关性),含有有效和无效建

---

① 参见列维–斯特劳斯1964年成果第119页类似的思考(但在术语和更为复杂的方法论框架中都是不同的)。

议的对照，一方面是通过食物＋水的二元对立，以及服饰＋膏油的二元对立；另一方面则是通过埃阿的预见与安努的行为的对立被认识到的。借助于图表，可以对这种状况有一个尝试性的概括，事实上这具有代数性质：

	埃阿的预见	埃阿的救助	服从埃阿的结果	安努的提供	阿达帕的行为	现实结果
食物＋水	−	−	＋	＋	−	−
服饰＋膏油	＋	＋	＋	＋	＋	＋

这个过程是代数性质的，在这一意义上说，结果（第三与第六列）是积极的。如果这一结果来自两个平等的前提，那么或者都为正（第二行）或者都为负（第一行，第一与第二列）；如果其源自两个对立价值的前提（上面一行，第四与第五列），结果就是负的。阿达帕神话的代数学是令人满意的；神话很好处理形式的标准，因为所有可能的组合都被显示出来，并建立了一个有机的系统。①

现在，为了充分解释这一建立在阿达帕神话基础上的对立的系统，我们必须考虑两组典型的对立，一组是食物＋水，一组是衣饰＋膏油（之前的研究很大程度上忽略了这一组），横轴显示的对立是埃阿的预言和真实发生的宴会事件。在食物＋水组的案例中，发展是反向的。而在衣饰＋膏油组，仅仅是没有变化的重复。但是，没有变化的重复并非无用或者只是修饰，甚至这不单纯是为了强调（通过对比）反向影响的那一组。②要点是，在埃阿的预言中，结果是同质的（都为正），而在现实中，它们是不同的。神话——正像这一纯粹的形式分析所表明的一样——为现实提供了一个基础，这一现实是充满歧义或矛盾百出的，并且必然会如此（确实，现实就是这样被建立的）。我将在下面（第三章第三节）考察这一观点；但是这里我想说，如果这一神话只能解释人类必死的命运，那么关于衣饰和膏油的部分将几乎是无意义的。

---

① "−＋−"的结果也被含蓄地考虑到了。致命的食物被提供出来，毫不怀疑的阿达帕接受了，也就等于接受了死亡的命运，而这正是埃阿所竭力试图避免的结果。

② 这里，我参考了列维－斯特劳斯1973年成果第79页的观点："旧有的神话学将神话解释为一个序列，即一种语义学的衍生品和不可必少的修辞技巧，将神话视作一个整体应该被严肃地分离出来。"

3. 纵聚合与横组合排列①

事实上,所有像乔治·布彻拉蒂那样带有偏见的对这一神话进行批评的学者,都忽略了服饰+膏油这一对组合。② 他们认为这一组合是"中性的"(这一术语佛拉尼 1929:171 使用),也就是说,对"生与死"的对立组毫无影响,而且同情节的发展毫不相干,因为在埃阿的预见和安努的提议之间没有矛盾。相反,我认为这一组服饰+膏油在神话的内部平衡中扮演着关键性角色,这些"外部的"赠予的接受同"内部的"赠予(食物+饮料)的拒绝一样有意义。③ 在技术性与文化背景的分析中,我将全部这样考虑。在正式开始分析之前,我们不妨先参考一下布彻拉蒂的研究,他认为阿达帕所穿的服饰和涂抹的膏油能够济荡污秽与减除悲痛,这些污秽与悲痛是他预想接近安努的大门时会遇到的。如果我们进一步观察,会发现整个情势变得更加有意义:

(1)埃阿预言(准确),阿达帕对待塔穆兹和吉兹达的"好的"行为将给他自己带来"好的"衣饰与膏油(=获准进入安努的宫殿)。

(2)埃阿预见(失算)阿达帕对于舒图"坏的"行为将凭着"坏的"食物和饮料受到惩罚。

根据自己的预言,埃阿努力纠正两个并行的问题:塔穆兹与吉兹达的支持就是将阿达帕介绍到安努的面前;拒绝饮食将避免受惩罚。但是这两个问题被按照顺序排列后,正的"第一个测试"通过改变"第二个测试"的代数式的开始点,从负的改变成正的。④ 埃阿的失误是他将本应作为横组合关系来考虑的两个元素做了纵聚合关系来考虑。下面两个表格可以直观地说明我的意思。

(1)埃阿的预见(并立的两个问题)

---

① 横组合(句段关系 syntagmatic),要求顺序;纵聚合(联想关系 paradigmatic),可替换,源自索绪尔及其结构主义语言学。——译者注
② 服饰+膏油这一对尤其得到了雅各布森的注意(1929—1930 年,在其标题中宣布了这一点),但是,并未像食物+饮料的组合一样,建立起任何有意义的对照组。
③ 关于将两组要素特性化为"外部"和"内部"的适用性,参见第二章第一节和第三章第一节。
④ 关于做客问题的本质,参见皮特-里弗斯:《待客的律法》1997 年第五章的内容。陌生人要领受一个初级"测试"或者"混合"仪式:如果他通过了,他就变成一个客人,否则(如果他不能胜任)他甚至可能被处死(第 95—96 页)。阿达帕就是如此,他通过了第一个测试,但没有通过第二个,因此就要去死。特别是,拒绝提供给他的食物,就打破了一个特定的待客规则(第 109—110 页)。安努因而不作他想,根据这个测试(客人的身份资格还未决定之前)的结果就做了决定。

问题	开始的情境	阿达帕的行为	结果
允许到安努的面前	对塔穆兹和吉兹达好的行为 +	接受服饰+膏油 +	+
免除罪行	对舒图坏的行为 −	拒绝食物+饮料	+

（2）现实的发展（接续的两个问题）

对塔&吉的好行为	接受衣饰+膏油	第一个测试结果	安努的态度	拒绝食物+饮料	最终结果
+	+	+	+	−	−

这两对结论可能遭到反对，外部的（服饰+膏油）与内部的（食物+饮料）并不是按照顺序提供的，而是同时被提供。可是，在我看来，对于神话叙事的结构的理解，逻辑的次序比起先后的次序更为重要（只有当我们有更多的神话的变体时，我们才能够更准确地研究神话的情节）。现在，在逻辑层面上（稍后的一段时间里，我们将看得更清楚）清洁与穿衣的行为是"外部的"行为，标记着身体的准入。自然，它们发生在就餐行为之前，而就餐标记着社会的准入。这些迹象启发我们进行神话技术与文化的分析。在"叙事逻辑"中，这种满足，正是强调了服饰+膏油组扮演了相关的角色而非"中性"的角色。这一神话所真正解释的，是评估接受外部赠予的水平一定要按照同拒绝内部赠予一样的标准来进行。

二、技术与文化的背景

1. 生活的基本必需品

神提供给阿达帕的四种服务（衣饰、膏油、食物和饮料）不是一种可以随意增减元素的休闲套餐，它们组成了一个结构丛。通过对立的两个单元的交叉

而获取结构,"固体/液体"与"内部的/外部的",结果如下表:

	内部使用	外部使用
固体	食物	衣饰
液体	饮料	膏油

四个要素构成了生活的最低保障:如果我们穿衣、清洁、吃饭、喝水,我们将幸存;否则,我们将会死。对立组"固体/液体"看起来只是功能上的分类。对照起来,对立组"内部的/外部的"则暗示着更为重大的意义。事实上,两个内部的元素对于所有物理的生命都是不可或缺的,不仅对于人类如此,对于动物也是这样。在吉尔伽美什(Gilgamesh)史诗中,当恩启都(Enkidu)——这一由众神创造的人类——向吉尔伽美什挑战时,他虽然像动物一样生活着,也要吃、喝①,可是他通过穿衣和给自己涂膏油进入了文明社会。两个外部的元素具有相似的物理功能(通过穿衣,我们从自然元素中保护自己;通过清洗自己并涂抹膏油,我们使皮肤远离疾病与干燥)。但是,上述都具备一种文化的功能:它们使人们成为一种教化的存在。因而,就被允许进入文明化社会(当承认客人身份时,这就发生了)而言,仪式的次序是:(1)外部的一组;(2)内部的一组。换句话说,根据一种明显的文化透视视角,这一理论的关键和本质(在一次物理的评估中,吃与喝确实首先进行)被翻转了。首先,我们必须承认我们的圈子(我们必须提供特性化以证明是人类和"我们的"),之后我们要考虑物理需求(我们不该为那些不被认可为"我们之中一员的人"去做什么)。②承认外来者的仪式仅仅具有一个引导性的效果(可以是一个人通过,从外部转换为内部的)。内部的仪式,是真正重要的,分享同样元素而得以归化为同一团体的参与者将获得共有的命运,并同共有的敌人划清界限。

四个仪式并不作为一个丛集同时发挥作用,除非需要待客或者接受新来者的情况出现,这种情况相对少见,即便它们是微妙而有意义的。我们遇到的这

---

① 他没有吃面包、喝啤酒,而是吃草、喝牛奶,不需要文化的饮食(烹调、发酵等)。从天然的饮食转换到文化的饮食(面包、啤酒),同从肮脏+裸露的状态转换到涂膏油+穿衣的状态具有同样的意义。

② 关于内部/外部的对立,外来者/客人(或者可能的客人),见第八章。

四个也在现存与共同生活的团体范围内，家庭与"重大的组织"（神庙、宫殿）必须为其成员提供生存的手段。关于"重大的组织"有很多的文献记录。配给系统在美索不达米亚及其周边国家都已经实现标准化，为生产单位的个体成员的生存提供这四种元素（没有其他要素）。那个时代提供的任何其他技术（从罐子到织布机，从农业工具到武器）都不是作为产品而是作为生产的方法。就其本身而言，所有工具都不是个体成员的私产，而是被视作非个体单元的集体所有，他们由统治成员管理——家庭中由父亲为全家管理，"大组织"由官员掌控（参见利维拉尼1976b，第97页）。

11　四个基本仪式的丛集在美索不达米亚和整个近东的各个时期都有充分的体现。四个要素并不总是记录在一起的，因为文档具有一种纯粹的实用目的。如果水，而不是啤酒和白酒，被用来饮用，就不需要在行政管理的文本中记录在案，一般这样的档案用来记录仓库中定量的分配。水既不稀缺也不昂贵，可以从井、河中直接获取。而衣服一般按年供应，也不记录在每月的出入中。关于美索不达米亚分配的标准化系统，I. J. 盖尔博（1965年）① 进行了细节研究。它可以被划分为三个类属：食物＋衣服＋膏油（对于管理而言，水是不相干的，啤酒则是从大麦生产而来，大麦是基本的固体食物）。

苏美尔语		阿卡德语	
še-ba	síg-ba	*iprum*	*lubuštum*
–	ì-ba	–	*piššatum*

四种要素都涵盖的丛集能够在文化意义上的纵聚合文本中找到，比如文学的文本。这里，要引用所有的数据不仅不可能，也毫无用处，有几个例子就足够了。在吉尔伽美什史诗中，恩启都转换到人类（文明化）的生活，是通过这四种元素来完成的：面包和啤酒、衣服和膏油（拉巴特1970年，第159页第二块泥板，第三部分95—106行；见P15脚注①）。当他拒绝伊什塔尔求婚的要求

---

① 参见大量的古巴比伦材料，在 *CAD* L, 237 (3a–b) 中被引用。这一系统在后面的时期仍然被使用。参见——只是引用几个例子——中巴比伦时期，维兹曼1968：179（TR3005）、珀斯特盖特1971：468 都进行了改进（食物、衣服和膏油给守卫队），或在亚述律法§A 36条（该例说明一个妇女被丈夫所弃，没有膏油、木材、衣服和食物）。新巴比伦时期，参见序列 *ipru-piššatu-lubuštu*, *CAD* L, 235 (2b)。同一序列出现在词典系列中，参见兰兹伯格1937年 pl. 3; iii 47–90（"对他的照顾，持续三年时间，他提供食物、膏油与衣服"；亦可参见《埃施嫩那律法》，§32）；1957：i22–24。

时，吉尔伽美什列出了同样的四种要素的清单作为供养的必需品，这是一个丈夫（户主）必须提供给自己妻子的。吉尔伽美什也指出，如果给予女神其他的物品并让她自给自足，将被证明是荒谬的（拉巴特1970年，第182页泥板六，25—28行）。在其他的文本类型中，同样的四重丛集也被发现。例如，在一个要求神谕的回应中，志愿者请求神不要考虑他可能的过失：肮脏的衣服、不洁的食物、饮料和膏油（拉巴特1970年，第279页）。在诅咒中，关键物品的四重丛集在其组成要素中被推翻，但其结构得以保留。因此，在亚述的条约中，违背者被预言将遭受下列后果：

尘土为食，

沥青为膏油，

驴尿为饮，

莎草纸为衣。

（魏德纳1932—1933年，第20—21页，Rs. iv14-16；见维兹曼1958年，第65—66页，vi 490-492）

另外，在这一分配系统中，却没有提到水：

你嘴里的食物，

你身上的衣服，

你涂抹的膏油，都要变腐坏！

（皮提纳托1975年，第152、154页，iv16'-17'）

一封著名的新亚述书信描述了理想的君主制，如下：

饥饿的人有餐位，

受酷热肤干的人有膏油涂抹，

衣不蔽体的人有衣穿。

（帕珀拉1970年，n.121，Rev.1-3；见菲尔斯1974年）

在美索不达米亚的邻邦——埃及、叙利亚-巴勒斯坦、安纳托利亚——同样关键物品的四重丛集也被记录在档案之中。在一个大的行政区内，这是一种常见的模式。从技术和经济的观点看，同质化相当明显，尽管存在地区差异（诸如大麦/二粒小麦、羊毛/亚麻、啤酒/葡萄酒等）。埃及人的葬礼用品大多是用来解决物质供应的问题（生/死），通常只包括面包+啤酒这样的组合，但有时外部的要素也被包含在内（见莫伦兹1969年，第50页）：

　　　　面包　　　　（亚麻）

　　　　啤酒　　　　　（膏油）

被认为对死亡有关键作用的物品显然与对生存起关键作用的物品是一致的。莱克米尔（Rekhmire）典型的夸口可以被引用作为中央集权分配系统的范例，他家长式地发布了他的伦理责任：

　　我把面包给予饥饿的人，水给予口渴者，肉、膏油和衣服给予无来源者。

　　　　　　　　　　　　　　　　　　　　　（加德纳1925年，第70页）①

反之，当中央的再分配系统运转不灵时，德尔·艾尔－麦地那（Deirel-Medina）的工匠们发表声明如下：

　　没有布，没有膏油涂抹，没有鱼，没有蔬菜！

　　　　　　　　　　　　　　　　　　　　　（埃德尔顿1951年，第140页）②

在这个和埃及其他的文本中，饮料没有被提到，因为在水的产生过程中，并没有多少耗费，在文本的条目中水不是什么值钱的东西，就像我们已经在美索不达米亚看到的那样：

　　谁吃了我的食物……

　　谁穿了我的亚麻……

　　谁用我的药膏油涂抹……

［阿蒙涅姆赫特（Amenemhat）的教诲，布莱希亚尼1969年，第144页］

　　充满他的胃，

　　把衣服穿上他的背，

　　用药膏治疗他的身体。

　　　　　　　　　　　　　［普塔霍特普（Ptahhotep）的格言，同上，第40页］

完整的丛集在拉姆希德（Ramessides）抄写汇编中得到证明：

　　比起面包和啤酒，衣物和药膏（书写）是令人愉悦的。

---

① 类似的主张参见萨义德1964：200（"我把面包给予饥饿的人，水给口渴的人，衣服给赤身裸体的人"），还有布莱希亚尼1969：425（"那些饥饿的人现在高兴地坐下来吃，口渴的人现在去喝，赤身裸体的人现在穿上上等的亚麻衣服"）。

② 实际上，在拉姆希德系统的分配中（参见简森1975：455-493），除了基本的谷物，不同的固体食物（鱼、枣蔬菜等）也被食用，水也被供应，虽然不贵（管理机构仅仅保留运水工，就像为了柴火伐木工得以保留一样），但没有显示多少供给膏油和衣物的证明。

(卡米诺斯1954年，第374页；P. 兰辛2：2-3)

至于叙利亚与巴勒斯坦，引用两个圣经文本作为例子就足够了。一个是在《何西阿书》（Hosea）2：7中的货品清单，这里，出于文体的原因，丛集被扩展成六个元素：面包与水、羊毛与亚麻、膏油和饮料。另外一个是在《传道书》中描述的理想行为：

> 快乐地吃你的面包，
>
> 神清气爽地喝你的酒，
>
> …………
>
> 总是穿白色的衣服，
>
> 让膏油从不离开你的身体！　　　　　　　　　　(《传道书》9：7-8)

好的统治者要提供给穷人获取营养的基本手段，其义务/夸口在安纳托利亚也有所体现，在措辞上同上面所看到的埃及的文本并无不同（也同后来在《新约》中发现的相似）：

> 把面包给饥饿的人，
>
> 把膏油给……
>
> 把衣服给裸露的人。
>
> 　　　　　　　　　　(奥腾1961年，第371页；格策1957a：90)

2. 待客之道

我所引证的例子，是一个非常大的文集中具有代表性的，在阿达帕的神话中，这看起来为物品的四重丛集提供了一种技术与文化框架上的足够支持。这一丛集绝不是一种对称的文学策略，而是一个深深嵌入这个时代的生命的基本必需品的系统。这里，一些涉及保留客人待遇的文本甚至是更加具有相关意义的。阿达帕所掌握的习惯规则是正确的：我们不能让那些已经和我们一起吃过与喝过的客人死掉。在一个赫梯的文本段落中，看起来尤其明显地向我们提供了理解阿达帕神话的关键：

> 在赫梯的土地上保证是这样的：如果我们把面包和饮料给某人，那么我们就不会以任何方式伤害他。
>
> 　　　　　　　　　　(索莫尔1932年，第10—11页；KUB XIV 3：ii 63-64)

在《列王纪》（下）中，以利沙（Elisha）时代的一段文字同样记载得很清楚。通过暂时的炫目的诡计，这位先知得以捉住正在围攻撒玛利亚（Samaria）

的阿拉米（Aramaeans）人。国王打算杀掉他们，但是以利沙回复说：

> 不要杀他们！即便是那些你用剑与弓捕捉到的人，也不要杀掉他们！（反而）给他们面包和水，让他们吃与喝，然后让他们回到他们的主人那里。
>
> [《列王纪》（下）6：22；《历代志》28：5-15]

从囚徒转换为客人，阿拉米士兵幸存下来并且被毫发无损地送回了自己人那里，阿拉米人将被迫转变——给予待客之道的互惠特点——停止围攻并放弃任何对以色列人的敌对行动。

一起吃面包，一起饮水是结盟的明确象征，是不愿彼此进行杀戮的信号。一个赫梯文本谈及卡什卡人（Kashkeans）的陈述：

> 如果一个敌人逃掉，你不必欢迎他进入你的城市好像你同他结盟一样。你不必给他面包和水。你不必送他（无伤地）回到他的城市。
>
> （冯·疏勒1965a：122，§32'：77-78）

在国王哈图西里一世（Hattushili I）的双语遗嘱中，"吃面包、喝水"与"死亡"的对立非常明确而且反复被陈说：

> 如果你将听我的敕定之言，你将食用面包和饮用水……但是如果你不听我的敕定之言，你将不会存活，你将被摧毁！
>
> （索莫尔1938：12-13：iii 33-37；也见iii 29和48）

在国际关系的实践中，明显的"客人"是信使/使节，如果他没有被东道主的国王允许分享食物和饮料，他应该严重焦虑。因此，巴比伦国王消除了埃及阿门诺菲斯四世（Amenopuis IV）的疑虑：

> 从我兄弟的信使到达这里的那天起，我的身体已经不好了，并且（就是这个原因）他的信使在我的面前没有吃食物或者饮用水。
>
> （EA 7：8-10）[①]

还有另一封信，在一餐的实践中，正确与错误的行为对比相当明显，这也是源自巴比伦的记录：

> 当你举行一次盛大的聚会时，你不要派你的信使去（说）："来，

[①] 有一个不同的例子，主人拒绝同信使/客人共同食用与饮用。见奥彭海姆1967：179（1240：16-11'）。

吃、喝"，你不要为这个节庆送出礼物……（反倒）看看我所做的：我在我的殿堂举行一个大的聚会，你的信使会看到的，我站在我的殿堂入口说："来，和我吃、喝！"我并没有像你那样做！

(EA 3：18 - 20, 23 - 29)

在阿玛纳出土的同一份档案中，有更多关于接待这个信使的信息，他从未担心自己的个人安全，尽管国王之间的政治联盟正在发生改变。如果政治关系变得紧张，信使们可能被扣押数月到数年，甚至直到终老。在正式出使的情况下，也可能招致类似的囚禁。①

就像我们在以利沙故事中所看到的，待客的律法是对等的。不仅东道主需要尊重他所提供象征性待客仪礼的人，而且客人也被禁止受到东道主的迫害，甚至东道主必须奖赏客人。当两位"天使"决定离开索多玛（Sodom）的时候，他们更在意罗德（Lot）及其全家的存活。天使是客人，他们在罗德的家中得到了休息、洗浴、食物（还可能有饮料）。因此，当主人罗德发自内心尽自己的能力与"天使们"共享了食物后，其他的索多玛人死掉了，只有罗德一家活了下来。（《创世记》：19 章，1—29 节）。②相似地，当约书亚（Joshua）裁定整个杰里科（Jericho）的毁灭时，妓女喇合（Rahab）及其全部亲属都避开了，因为她款待了以色列（Israel）的侦察兵并且帮助他们从杰里科王的手中逃脱（《约书亚书》2；6：22 - 25）。③在亚述魏德纳编年史中，啤酒售卖者库-巴巴被奖赏获得君主身份，因为她接纳并且给埃萨吉拉神殿的渔夫以食物和水，这一马尔杜克神庙的渔夫被阿克萨科（Akshak）王的官员追捕。④

然而，进一步观察之后，可能要求我们重新审视迄今所查考的数据：两对

16

---

① 关于信使们出使所受的款待，参见扎卡格尼尼 1973：51 - 58；莱恩·霍尔姆斯 1975：376 - 381；尤其见 EA 161：22（食物与饮料），287：44（食物、衣服、膏油）。关于更早期（古巴比伦）的程序，参见穆恩-兰津 1956：96 - 108。关于信使被囚禁到死，参见 EA 16：43-51；奥彭海姆 1967：145 (*KBo* I 10；Rs. 34-37)；文-奥姆恩（Wen-Amun）的埃及传说（Wilson in Pritchard 1969：28；Lichtheim 1973-1980：II, 228）。

② 因为母题是"虐客之城的摧毁"，所以索多玛的情节非常类似于《士师记》第十九至二十一章（参见第八章）。

③ 这里，待客的通常规则是按照一份详尽的"盟约"重新修订（但这是编者的特殊的意识形态框架）。

④ 格雷森 1975：147 - 8：38 - 45。C. 格罗塔内力提醒我在这个插曲的背景中，耶稣（Jesus）和这个撒玛利亚女人之间的近似（《约翰福音》4：5 - 15）。在一个凡人和神提供的待客的背景中，这种可能性被表现为水的对等的交换，这水是对"永生"之水的短暂压制。

货物与服务的内容具有相当不同的功能。第一对贴上"外部的"标签（衣服和膏油），标志着社会地位的替换或者空间位置的替换。这标志着一次旅途的终点或者进入殿堂的许可，也可能标志着进入婚姻状态或者得到皇家授权。① 如果这两对关系都不存在，则标志着退却，甚至（以赤裸的形式）从文明社会被放逐。"内部"的一对（食物和饮品）则相反，直接支持生命，关乎供养的问题。仅仅成员——或是永久的或是临时的——有殿堂资格的成员是有资格获取食物的，核心家庭与神庙或宫殿的大机构中，官员掌控所有殿堂从业人员的生活的必需品。

如果抛开那些与此无关的传统及其可能存在的差异不谈，这一机制的内核就是客人，客人在某种程度上与主人家族成员相似，一定不可以被伤害，也不可以被杀死，甚至按照惯例还会被赠予礼物，进而双方形成一种互惠关系。阿达帕作为一名被告到达安努的大门外，作为一个"外部的"客人，有能力（得益于埃阿的第一个指示）进去。他带着善意出席，被提供外部的服务，他毫不怀疑地接受了。在这一意义上，待客礼物的技术与声望之争在安努与埃阿之间形成了冲突。埃阿将智慧给予阿达帕，那么安努还能够给予他什么更重要的呢？这就使安努想要给予阿达帕永生（B：57－61）。阿达帕能够得到这一礼物的方式就是恰到好处地延续待客之道的程序，这深化了"内部的"标准：他被提供饮品与食物。如果阿达帕吃了也喝了，他将变成与不死之神同食的客人，他也将变成永生者，因为诸神——像人一样——不会允许接受他们面包和水的人去死。阿达帕，接受了外部的元素而拒绝了内部的元素，也就没有变成神圣命运的分享者：他没有被惩罚，但他也没有收到永生的礼物。安努这下放松了（"他笑了"；B：66）②，因为他不必被迫违背严格的待客之道而改变人类必死的命运。

---

① 库恰 1963：27－33，36－66（这一工作利用了大量与我们的标题相关的数据）；还有扎卡格尼尼 1973：32－40（尤其 *KBo* I 14："这是风俗，当国王们表现王权时，他们的贵族要送给他们适宜的礼物：一件皇家衣服和涂抹用的纯净膏油"；居梅尔 1967：10－11（"代理国王"被"皇家专用膏油"涂抹，并穿上"皇家服饰"）。

② 此处，安努的"微笑/大笑"（ṣaḫu），是如此明显与恰当，这已经得到了多样的阐释，我就不在这里讨论了。

三、基本功能

1. 祭司的必死命运

只有在一个基本而又非常粗疏的分析层面上,才可以说阿达帕神话的基本功能是为人类必死属性提供解释。作为一个典型的原型,阿达帕在其自身范畴内丢掉了所有能丢掉的,也获得了在其自身范畴内所有能获得的。但是阿达帕并不是普通人类的原型,就像后来其他几位著名的永生的追寻者(吉尔伽美什,可能还有埃塔纳(Etana))也不是一样。后者都是国王,阿达帕是祭司。① 这些特权范畴内的英雄原型十分接近永生,而普通人类不可能涉及这一问题。国王吉尔伽美什,还有祭司阿达帕,有机会获得永生。当接近永生时,他们甚至得到了一些替代品。阿达帕短史诗唯一留存的片段同吉尔伽美什长篇传说的许多片段之一传达出的观点极为相似。当吉尔伽美什找到乌特-纳皮什提姆(Ut-na pishtim)时,他外表可怜,显得悲伤;阿达帕也在同样的情况下接近安努的大门。可怜的外表刺激(可以这么说)主人给客人提供待客的"外部的"服务,事实上,这一服务关乎外表。吉尔伽美什与阿达帕都通过换衣与涂抹膏油被清洁并提振精神。同时,根据待客的逻辑,他们也被允许进入殿堂,因此变成了"外部的"客人。在这一意义上,他们也有机会通过共享食物成为"内部的"客人。按照吉尔伽美什的时间次序,阿达帕的唯一一个符合逻辑的结果,那就是被提供食物。但是,他们没有充分利用这一机会,没有拿取食物:阿达帕因为听从埃阿的建议,吉尔伽美什则因为被不可抗拒的睡意征服(拉巴特1970年,第219页)。如果吉尔伽美什没有睡去而是吃掉了乌特-纳皮什提姆给他的面包,他将获得永生,就像永生的乌特-纳皮什提姆所做的一样而成为

---

① 这个事实——在文本中非常明显——直到现在也没有得到应有的重视,除了基尔克1970:122-125(页码也可能有误解),他认为"就像吉尔伽美什神话所呈现众多母题之一一样,即一个国王必须经历死亡,阿达帕神话可能强调甚至极小心翼翼地举行神庙仪式也不能期待到永生这样的如此非自然的奖赏。"

"内部的"客人。①

阿达帕丢失的机会——像吉尔伽美什丢失的一样——并不是一般的永生。即便丢失了这个机会,阿达帕也没有拒绝特权。神话给神职人员的特殊地位提供了一个依据,那并不是人类的一般性的必死的命运。阿达帕是凡人,可他也是神的一位"外部的"客人。为了理解这一神话的问题,我们必须考虑重新梳理其母题的条理:尽管他是诸神的一个客人,作为凡人阿达帕(=祭司)究竟是怎么样的一个凡人?尽管他在神庙中的"家",就是永生诸神的处所,但祭司究竟为何没有分享诸神的命运?结果,阿达帕神话(就像已经在正式的分析中所见到的,上述第一章第二部分)同时解释了两个显然矛盾的神职人员的特征:祭司"在家",也就在诸神之中,而他却是凡人。根据这个神话,答案是阿达帕只是诸神"外部的"物品的客人,并非"内部的"物品的客人。他被允许进入诸神的殿堂,但是他并不是他们共餐的同伴,他没有共享他们的本性与命运。我们可以说,他就像一个侍从(事实上这正是祭司在神殿中的职能)生活在神殿中,却没有权利继承遗产。

阿达帕的祭司身份在文本开始就明确地显示出来了,文本将其描述为一位典型的祭司形象:极其勤奋,尤其为了给神的餐桌上提供鱼和其他的食物,工作不止。他一定具有这样的思想,阿达帕所关注奉献给诸神(事实上是诸神在神庙中的神像)的,与他成为安努的客人时所得到的是相似的。待客的互惠本质解释了两者之间的相符。在这个文本的引言中,强调了阿达帕的主要活动是为诸神奉上"食物与饮品"(A12),而他的祭司的头衔是 *pašīšu* "涂以膏油"②,强调他自己的纯洁而且不会谈论为神像涂抹膏油的"外部的"服务(这种服务在多个文本中得到证明)。通常,从美索不达米亚文本中看,我们知道祭司的职责不仅限于以固体和液体食物供养诸神(这是最重要的职能,因为需要每天都

---

① 乌特-纳皮什提姆是一位获得永生的人,却在一个遥远的岛上孤单地生活着,貌似处于被"隔离"状态。如果没有陷入沉睡并分享了乌特-纳皮什提姆的面包,吉尔伽美什就会获得永生,可惜他陷入了沉睡并且没有享用乌特-纳皮升提姆的面包,从而失去了永生。可以说,对于凡人而言,不死仿佛一种传染病,其传播的途径是食物。

② 参见伦格尔 1969:143-72,给神像涂抹膏油的习惯被很好地证明了(AHw, 843, s. v. pašīšuG3,更多见库恰 1963 年,第 4 页)。

做),而且扩展到在神庙的内室给神像涂抹膏油与穿衣。① 因此,标准的服务仪式的四重丛集在神职人员与诸神之间有规律地互动。阿达帕的"基本的"神话为我们指明了一个方向,日常祭仪的现实为我们指明了另一个相反的方向。

这一神话为我们提供了一个认识基础,祭司既是"必死"的,却也有可以自由进入诸神的殿堂。众所周知,美索不达米亚的神庙拥有巨大的空间(更多的是外部的庭院),这里在节日和类似的场合对普通人开放。但是摆放、供养和照料神像的内堂只允许神职人员出入,诸内室的狭小尺寸暗示了这一点。② 因此,该神话解释了一类人是如何被允许进入其他人应被放逐出去的地方,还有此地——尽管非常接近神的世界——如何具有了使人类失去永生之命运的特征。

2. 神职及其限制

应该指出,故事的开始,阿达帕完美履行祭司职责的描述,和由故事本身来解释这种"完美"的事实之间,有一个矛盾。在这个关联中,可以进行两个观察。首先,不应该在解释神话时,将事件的编年顺序和阐发这些事件问题的逻辑看作绝对一致。神话作为一个整体,为祭司职能的范型思想提供了一个基础。这个发展发生在"很久以前"(参见 A5,A16),观众对于从故事的开始发现原型祭司的描述不该感到惊讶,该祭司已经达到了最终状态。他具有完美的智慧,在奉养诸神方面也是一丝不苟的。另外,按照严格的文学术语而言,故事的开始是一种静态/描述式的假设,真正的叙事开始于第 19 行(原文 A19),第 1—18 行则可视作最终解决之道的预设。

可是,更为细致的审查显示,这一矛盾并非如此无趣。事实上,在神话叙事前,阿达帕不可能真正被定义为一个完美的范型。他看起来并不完美,因为他缺少足够的智慧,虽然他尊重智慧。他看起来不够完美,因为他事倍功半,但他尊重效率。阿达帕对南风的咒骂是一次轻率而负面的行为,事实上,神殿裁判认为这是一种"罪"。只有在神话描述事件的过程中,阿达帕才变得绝对睿智与节制。埃阿的直接介入,他教导阿达帕在这样困难的情境中如何行事。而

---

① 参见奥彭海姆敏锐的研究(1964:183-194,"诸神的照料与供养"),他开始哀叹有价值的亚述学在这一母题研究上的缺乏,这是正确的。

② 就我所知,在相关的考古数据方面没有全面的研究,但是大体的图景是清楚的。神像被带出内室的时候,普通人可能有机会得见(在游行或者外部仪式的场合)。然而,由于证据的时间与空间过于宽泛,任何简单的结论都是不合适的。

且正是埃阿引领阿达帕达到了模范祭司所应具有的标准,这一切是通过接受外部物品与拒绝内部物品这样对立行动的平衡来实现的。

矛盾与平衡带来了进一步的暗示。当比较死亡/认可的基本问题时,这一神话也解释了构成优秀祭司职能的其他元素,在一定程度上,那是次要的、处于附属地位的。这些元素并不很适合祭司与诸神之间的关系,而更适合祭司与普通人的关系,这些人是神话本身的听众。第一个元素是对诸神的供养——在阿达帕的例子中就是努力获得鱼———一般说来,不应该违背公众的利益。诸神本身不想这样,他们只关心违背规则的严重罪行。通过折断南风的翅膀,阿达帕引起了大气循环严重的功能失调,这对于美索不达米亚的基本农业(或者农-牧业)经济会带来消极的后果。① 诸神与蔬菜的生长周期联系在一起,而塔穆兹与吉兹达的消失是阿达帕擅自行动引起农业危机的象征性表达。阿达帕的行为是轻率的,即便那是他神圣工作的一部分。一名优秀的祭司不必夸大他为神服务的热情,这被认为具有企图破坏整个社群生计基本生产的含义。在这个意义上,神话消除了普通人的疑虑,胜过过度热情或者类似的行为所带来的限制,这是祭司不能也不必做的。

第二个次要的元素是阿达帕没有食用诸神的食物,他仅仅提供食物。事实上,他的主要职能是提供食物,并尽可能以最好的方式准备食物,确保所有纯粹的规则得到尊重。他是处理"神圣食物"的部门的人,却不会触碰这些食物,也不会利用它们。② 自然,祭司将食用一些食物(也是由社群所生产),但他不会试图变成同诸神一样的身份。社群供养诸神的食物若有剩余的,就被保存下来,也最终供奉于诸神,而不会被祭司使用。③ 整体上,阿达帕神话在其全部基本的特征中解释了祭司的职能。阿达帕(以及将在祭司的职能上追随他的人)被允许到圣殿中,却保持一个普通人的身份,一个"必死"的人。他以极大的热情与极严的规矩供养诸神并且以积极的态度为社群提供一个神的世界。这样

---

① 这是罗克斯 1961 年文章的基本论点。根据他的说法(第 21 页),塔穆兹与吉兹达正站在安努的大门口,是因为自然循环的问题,这通常是他俩的职责。还有相反的解释,参见海拉 1976 年,第 47—59 页。

② 参见奥彭海姆 1964 年,第 191 页:没有证据表明,在美索不达米亚神灵及其崇拜者之间共有些什么,在环地中海文明的祭祀实践中,对几个共生的形式进行观察,所表现出的……偶像是整个系统的核心与焦点。他的随侍的崇拜者以神的餐桌为生,但是他们不同神坐在一起。

③ 在这一意义上,我们能够说意识形态的问题为"虚假意识",或者至少在像阿达帕的神话中"作者"与"听众"之间的关系问题上,神话由祭司方生产出来是确定无疑的。

做,阿达帕必须要展示高超的智慧与协调能力。他不能在牺牲那些更低级却同样重要的人的利益的前提下夸大自己的职能。祭司的行业不能毁坏国家的经济,也不能为保存神圣的目的而占用神的特权。

附录:阿达帕与亚当

早期的研究非常重视阿达帕神话与伊甸园(Eden)的亚当神话(《创世记》第三章)的比较,对阿达帕神话本身的分析因此变形。后来,为了反对这种畸变的研究方向,出现了一种相当合理而又积极的反应。① 直到现在,已经得到普遍接受的是:对这一巴比伦文本的研究,应该出于其自身的意义,不为外部的前见所干扰。然而,这一原则不必成为一种"情结",以致妨碍我们重新比较这两个神话。它们毫无疑问是极其相似的——现在,为了完成这一任务,我们已经准备得更加充分。而且,在此前的研究中多数建议已经被证明,越是详细审察,其价值越低。②

我认为两个神话不仅仅解决同样的问题,即人类的必死,而且也被安排沿着同样的结构轴发展。特殊元素的对应直到现在也没有被指出,因为这一点尚未被注意。即,亚当神话主要按顺序的第一部分发展,第二部分受到制约(阿达帕的神话则主要在这一部分发展)以适应耶和华的一种陈述(而且,超出其合适的位置):"看哪,人类识别了善与恶,就变成了我们的一员。现在,他岂不是可以伸手去摘生命树上的,他岂不是可以吃,那就要获得永生了!"(《创世记》第三章22节)③ 我的建议是根据下面的次序比较两个神话:

(1)通过埃阿/蛇的介入,阿达帕/亚当获得智慧(大堂+大地/善+恶)。

(2)如果阿达帕/亚当作为诸神的客人,接受了生命之食物与饮水/如果他吃了生命树上的,他将变得同神一样永生。

---

① 佛拉尼在1929年的研究值得赞赏(并非次要的),这标记出阐释神话"世俗化"转向。

② 让我们只是考虑尝试读阿达帕的名字使其接近亚当的发音,或者尝试在美索不达米亚的埃利都城与《圣经》的天堂之间进行不可能的比较等等。我不得不争论一下"埃阿=耶和华"的等式,就像在布彻拉蒂1973:64-65的研究中所暗示的一样。另一方面,我认为在埃阿与蛇、安努与耶和华之间有结构性的对应,这些是相当明显的。

③ 这里使用的表述是"被替代的",我的意思是,接下来那即刻与正确地驱逐行为(《创世记》第三章23节),实际上已经被先前(《创世记》第三章16—19节)的诅咒预设了。《创世记》第三章20—24节整个的段落是一个次要的结论,同之前的情节联系极其不充分。

（3）为了预先阻止亚当永生，耶和华立即将他赶出了伊甸园，并将其送到大地上/安努给阿达帕提供了一个机会，但是后者的拒绝令安努将其赶回了大地。①

（4）然而，主人公确实得到了一些东西。在这一意义上，差别与下面事实相联系，阿达帕是祭司职能的原型（就像吉尔伽美什是王权的原型一样），而亚当是人类的原型。甚至阿达帕被驱赶回"他的"土地之后，他还是以凡人的身份获得了特权，这同他的祭司职能相关，同他的"宇宙"智慧相关（"天堂与大地"）。他获准进入圣殿，每天同诸神产生联系，掌握仪式的知识和纯粹的规则，并且他的话具有驱魔的力量（他的咒语对抗南风具有效果，这在残片 D 中同祭司的驱魔工作联系在了一起）。吉尔伽美什作为一个国王是合适的，及时获得了一种永久性，那同他的"名字"联系在了一起，即不朽的声望，这属于那些完成值得纪念的功业的人。亚当作为普通人类的原型，"在诅咒的形式中"获得了物种的不朽，因而永生，这并非个体的人而是人类共同体。对女人的"诅咒"构成了生产的痛苦，对男人的"诅咒"构成了获取食物的艰辛劳作。现在生产与获得食物、营养就是人类生存的方式。② 这既是"诅咒"的方式，也是现实的方式。二者都不能被亚当与夏娃获得，这时即便他们没有被诅咒也仍是懵懂无知的。在那时，他们分享了动物本性与神性的一些方面，却根本不是人的本性。众所周知"蛇与苹果"这一对的性象征，使其相当确定通过吃"善与恶的知识树"上的果实而获得的那种知识就是性行为的知识，这不是单一的个体，而是人类在所有时代幸存的知识。

---

① 阿达帕与亚当都被从神的处所放逐了，因为他们打破了客人应该遵从的规则（参见皮特－利弗斯 1977 年，第 109—110 页），前者因为拒绝了提供给他的食物，后者因为拿取了被禁用的食物。因为两位英雄不得不获取第一次审判（智慧）的果实，并且没有获得第二次审判（生命），这一排列（以列维－斯特劳斯的术语）产生了这样的事实，前者的神话特别处理了第二次审判，而后者的神话特别处理了第一次审判。两个例子因而都处理"错失"的审判。这一排列也被与赠予者的价值相联系，在第一个例子中，赠予者是正向的（埃阿是神），在第二个例子中，则是负向的（"引诱"的蛇）。因此，这个排列被与一神教的亚当故事的经改编的起源相联系（这是一个有瑕疵的改编）。

② 在美索不达米亚，幸存总是被寄托于"种子"（zēru），例如寄托在儿辈的一代，此外，在一些例子中，还寄托于"名字"（šumu）。以"名字"作为"声望"（因此意味着寄托于所有时间），参见克劳斯 1960 年。自然，儿子也提供一种"名字"的延续（仍参见克劳斯 1960 年，第 130 页："名字→名字携带者'Namensträger'→儿子"）；用重言法翻译 šumu u zēru 为"儿子和后代"（就像在 CAD Z 中那样，S. V. zēru），就完全消除了意识形态元素与物理元素之间的对立。

第二部分

赫梯，安纳托利亚

第二章　泰利毗努或论团结性[①]

引　言

在公元前17与16世纪，赫梯人在安纳托利亚（Anatolia）建立了一个中央集权的国家，这常常被指为赫梯古王国。后来的历史传统记住了这一从公元前第二千纪的后半段开始的时代，这是一个涌现出众多强而有力国王的时代，他们都是赫梯王室的祖先，接下来则是由脆弱的国王开启的一个混乱的时代。哈图西里一世，有力的国王之一，被认为是这个国家的创建者。而他的继任者，摩西里一世，是北方叙利亚阿勒颇（Aleppo）及南方美索不达米亚巴比伦（Babylon）的伟大征服者。他回到家乡时遭到刺杀，国家因此陷入长达两个世纪的混乱。在漫长的衰弱期里，只有一位国王是杰出的，那就是泰利毗努，他颁布了一道法令，表面上试图通过调整王位的继承者而改变局势。

赫梯古王国历史的书写主要受到缺乏材料的困扰，对其本身史实的记录留存下来的极少。另一方面，公元前第二千纪后半期哈图沙（Hattusha）的朝廷保存了大量文件副本，可能在早期的某些统治者时代被记录下来。其中，最突出且保存最为完好的是《哈图西里一世的年谱》《哈图西里的遗嘱》，还有《泰利毗努法令》（该文本的英文引证过于冗长，参见库尔特1995年第238—250页）。对于现代历史学家而言，最后一个似乎更有价值，法令包括一个冗长的引言，还有这个国家从一个叫作拉巴尔纳（Labarna）的国王到泰利毗努时代历史的概览。这个文档可以作为古王国历史的史料来使用，对泰利毗努统治范围内的功能分析是这一章的主题。

这个史料让我们能够草拟出下面的国王列表，这个表中国王的在位时间并

[①] 初版标题是"Storiografia politica Hittita – II. Tepilinu, ovvero: della solidarietà"，载《东方文物》1977年第16期。

不确定：

哈图西里一世	前1650—前1620
摩西里一世	前1620—前1590
韩提利一世	前1590—前1560
吉丹塔一世 阿穆纳 胡兹亚一世	前1560—前1525
泰利毗努	前1525—前1500

(布莱斯 1998：XIII)

霍夫曼（1984年）对《泰利毗努法令》进行了充分地重编。范·登·胡特将其翻译成英文（1997）。本章所援引的这一赫梯法典最新的英文翻译，参见霍夫纳（1997年）。

> 梦解除无意识的刺激，作为一个安全阀发挥作用，同时保留前意识的睡眠以作为一个醒时活动的小支出的回报。
>
> （弗洛伊德 1955：579）

一、作为"预定"历史或者"建构"历史的《泰利毗努法令》

怠惰在历史学家中是很寻常的毛病。当他们发现一个确定时间段的"古代"史料中对事件的持续解释时，他们就轻率地准备接受史料中对事件的解释，但这种解释未必与事件属于同一时代。他们将工作限定在对史料的解读上，或者，如果需要，也将其合理化。尽管没有人在理论的层面上建议这样一种方法，但它仍然持续地被使用，尤其在方法论的认知领域，历史的目的并不重要。这种做法不值一驳——从不可能得到足够的重复——这样的"古代"历史叙事一般同材料所讲述的事件要相差几十年到几个世纪。因此，不能把这些叙事当作原初的史料，而应该视为历史自身的再建构。这一点太容易以至于不能记起来——也从不可能得到足够的重复——这样的历史叙事没有"纯正"的历史目标（假如这个目标存在的话）。他们的目的是政治的、道德的、神学的或者无论其他的什么，因此，他们从一个特殊的视角看待事件。所有这些反对都能被归纳到唯一的一点：历史不是已经存在的东西或者已经重建的东西，这一点可以被毫无疑问地接受。相反，这是一种积极的参与，古代作者按照他们自己的需要做事，不会按照现代人的需要书写。事实上，"懒惰"的历史学家们有两个错误：第一是拒绝扮演积极的角色，第二是在没有认识到事实的情况下留存了古代材料的积极角色。换言之，我们需要带着对被动的"材料"来源的尊重去扮演一个主动的角色。为了解决古代档案的被动性问题，我们需要拆解它们并剥离它们特殊的意识形态。重要的是，有必要真正地理解它们——这并不总是同一些看着可信的材料一样容易和自然，而是需要更合适的分析技巧。

历史学家懒惰行为的突出例子在对待赫梯古王国历史的过程中表现了出来。实际上，可以溯源到那个时期的史料是十分稀少的。但是因为《泰利毗努法令》保留了连续的历史叙事，可以很轻易地被作为准确的史料接受，这反而令人遗憾。① 诱惑太大了：从这个法令中，一个人不仅能够收集到关于特殊事件的"信息"，而且能从中得到对这些事件的解释，以及编年的次序、早期赫梯王国的全部发展情况等。当前，在赫梯历史的主要研究成果中，对古王国的研究都成了对该法令历史性的直接阐释。②

赫梯古王国政治史的第一个细节呈现由哈迪在1941年出版，这是该趋势的典型代表。拉巴尔纳、哈图西里与摩西里的三个统治时期均表现出对这一法令的各自段落的严格追随，还伴随其他文本段落的插入，诸如哈图西里一世的"宫殿编年"（居特尔伯克1938年，第100—101页）和"遗嘱"（索莫尔1938年）。所有这些都被毫不怀疑地并置在一起，就像它们都是"可用信息"，同等可靠并且同等重要（哈迪1941年）。接下来的三位统治者在法令的模仿中都得到了负面评价。道德判断被包括在特定句子中，标志着从一个统治者到另一个统治者的过渡："尽管赫梯王国实际上在韩提利统治时期经历了糟糕的时光，但是，更加邪恶的事情将在他死后到来"，"王室与国家的不幸持续着，阿穆纳面临着比起他的前任更加糟糕的局面"；或者说"当阿穆纳死的时候，王室与贵族中间酝酿着新的阴谋"（哈迪1941年，第207—208页）。在一个概要的表格中，

---

① 拉罗奇1971：no.19，这一文本被分割为数段，当前研究所使用的可以回溯到1926年富勒的版本（no.23）。在副本中也被发现，且由弗雷德里希翻译（1925—1926年，21ff），还有斯图尔特凡特与蓓琪泰尔的翻译（1935年，第183—193页）。

② 例如，关于拉巴尔纳的统治的描述（格策1928年，第16页提供）可以同法令中对应的段落进行比较，后面的部分进行了引用。

比较阿穆纳的统治是如何被泰利毗努与哈迪讲述的，是非常有益的。比较的重点在直接引用与释义是如何在没有更多变化的情况下被使用的。

阿穆纳成为国王，但是诸神宣称他的父亲吉丹塔死于阴谋。他们不允许他统治下的繁荣，只要他在位，果园、葡萄园、牛群和羊群都不会繁盛。之后，国家因他而陷入战争……在贾尔米亚、阿达尼亚、阿扎瓦之地、萨拉帕、帕尔杜瓦塔以及阿胡拉征战；他的军队将在各地作战，不会凯旋。（B ii 1-3，A ii 1-4；§§20-21）

在不友好与反对阿穆纳的战争开始的季节，饥荒来到了这片土地，因为"谷物、果园、葡萄园、牛群、羊群在他的统治下都没有繁盛"。在韩提利统治时期忠诚的国家与军队现在都背叛了，有这些城市……它们是贾尔米亚、萨拉帕、帕尔杜瓦塔与阿胡拉，还有阿达尼亚与阿扎瓦之地。当阿穆纳驱使他的军队去叛乱的土地平叛时，他失败了。

（哈迪1941年，第208页）

法令中描绘的画面被按字面上接受了，只补充了一些（无用的）合理化的解释。

O.R.古尔尼在《剑桥古代史》中所呈现的历史细节与众不同，这无疑是因为其鲜明的批判态度和多元且重要的新视角（下面我将讨论这一点）。但是，他呈现的这段历史并没有设法克服将这一"法令"作为其基本结构和历史情境评估向导的使用习惯。其引言中的一段就是这一矛盾的典型症候，并不具有充分的说服力：

关于古王国的这些文本，数量稀少并且大部分都是残片，这一时期的历史学家们十分重视保存泰利毗努的宪法法令，将其保存得很好，泰利毗努是古王国后期国王之一，他的法令包含了一个长篇的有历史性质的序言，这种坚定而有序的统治，令他同此前那几位伴随着混乱的统治并最终导致王国衰亡的国王形成了鲜明对比，混乱的统治对赫梯历史轮廓产生的影响持续到其作者的时代。

（古尔尼1962年，第9页）

没有必要再补充例子，甚至最为综合性的解决之道都要回头参考这一法令或者从中引用长篇大段。例如，奥腾的作品（1961年，第338、344页）就是这样，作为一部"选集"，他的阐述同上例具有一致的自觉风格。一长段的直接引用并非糟糕的解决方案，毕竟古代的文本具有一种相当高效的风格，尽管基本严谨。至少一种演绎释义的误解是可以避免的。看起来这是打算重建一种"新的"历史，实际上无非一种古代史料的泛化处理。但是，两种解决方案（直接引用和演绎释义）均固化了这样一种思想，即历史"已经被彻底地重建"，可以通过将旧的编年放入序列而形成。

《泰利毗努的法令》不能被视作一种"中立的"史料，因为它是一份政治文档，主要目的还是证明其自身的想象。它与新任国王的谢罪充分联系在一起，从而嵌入一种特殊的政治与法律情境之中。被动地承认这种形式是不够的。我们也必须准备好必要的分析工具来避免它。我们不但必须从法令中提取出关于过去事件的历史编撰传统的特征，还要具有对当前综合而可靠的理解——也就是对泰利毗努发布该法令时的情况的理解。

我们必须从开始就牢记《泰利毗努法令》利用了一种简单而有效的模式："善→恶→善"。这一模式常见于赔罪或者宣传性质的政治演说。其目的是向观众证明标准而理想的原型式往事的情境被最近事件中的消极行为破坏，最近的事件正是此刻每个人正在经历的。但这一切将被新任国王修复，或者已经被修复——那是"好消息"（大体参见利维拉尼1973a，尤其187—188页；对于细节性的应用参见第三章与利维拉尼1974a）。在对这一时代文档的独立分析的基础上，现代历史学家们能够决定的是：事实上，曾经有那么一个时期，在第一个国王的统治下，有着政治与军事上的繁荣，而后的十年陷入了内部纷争，直到泰利毗努重新恢复了秩序与繁荣。但是，现代历史学家们愿意展示一个无与伦比的天真念头，他们能从这一法令中提取这一发展（这里有一个精确的说服功能），甚至不用认清他们所掌握的不是事实而是一种历史编撰理论的偏见，就能实现这一切。查询这一时期的历史数据，并进行初步比较是必要的，这是为了评估这一法令究竟有多真实——一种"预备生成"的历史，现在被作为一种"将要建构"的历史，人们过度追随这个"毋庸置疑"的准则，却不加鉴别。

二、繁荣，腐坏，修复

该文本的开头没有引言，直接描绘了赫梯帝国的政治、军事与经济繁荣的最佳阶段。开始于拉巴尔纳的统治：

> 在旧日的时光，拉巴尔纳是一位伟大的国王，他的儿子们，他的

兄弟们，他的家族们，他的亲属们，以及他的军队都是团结的。国家虽小，但无论他想到哪儿作战，他就会用强力征服敌人的土地。他掠夺土地，他剥夺了那些国家的权力，他使边境直达大海。当他从远征中归来，他的每一个儿子都到一个（被征服的）土地上：到胡毗什纳（Hupishna），到图瓦努瓦（Tuwanuwa），到嫩纳沙（Henasha），到兰达（Landa），到扎拉拉（Zallara），到帕舒涵塔（Parshuhanta），到鲁斯那（Lusna）。他们统治的那些土地建起巨大的城镇。

(AI2 – 12；§§1-4)

这一图景形成的极端范形被事实强调，过后不久，哈图西里与摩西里的统治也被同样的措辞描绘。我们因此可以总结出一个既真实又合适的繁荣与治理有方的王国的模式。繁荣的"秘诀"在于轮廓清晰。这在皇家宫殿与统治阶级中构成了内部的和谐，也构成了直接指向外部世界的军事行动。恰好，这一国家存在的时间被模糊地定义了。拉巴尔纳被置于"古老的时光中"（karû），从中推导出了一个事实：他是第一个赫梯国王。哈图西里的统治"最终"（EGIR-pa）被介绍，可以推导出，他是拉巴尔纳的继承者。事实上，这些定位都没有得到文本的必然暗示。拉巴尔纳的地位在一开始很特殊，这更多是因为，比起一个精确的日期，他提供了一个原初的模型，这是一个距今最新近完成而且完整保留的原型。

当认识到当代的文献档案中没有他的印迹的时候，方能迈出理解拉巴尔纳统治的原型功能的决定性一步。① 我们只能利用历史编撰的投射作用，其中，泰利毗努虽非唯一的，却是最为完整的例子。② 在一个更为古老的文献——哈图西里的"遗嘱"中，拉巴尔纳的名字或者称号被用来指称三个不同的人：哈图西

---

① 这一事实的历史性实现（1959年麦奎恩的定位已经暗示了）归功于古尔尼1962年，第10、12页的研究。奥滕1966年，第113—114页，注意到拉巴尔纳与哈图西里的统治是最早的，但是最终却为后来的历史编撰传统所分裂。莱姆施内德1971年，81 n. 10与卡门胡波1970年，第282、284页的讨论反对这一想法。宾努1975年，第60—61页相信"古代的"材料来源。奥滕1968年，第104页强调："王表"的比较（参见其122页中的表格）显示拉巴尔纳与哈图西里是同一国王的两个不同名字，是被《泰利毗努法令》的编者拆分的。

② 参见在阿拉克山度条约中的拉巴尔纳（弗雷德里希1926 – 1930：II，50 – 51：i 3）。在 KUB XXI 29：ii 3 – 5中"拉巴尔纳（与）哈图西里"是匹配的，靠的是一个动词的复数形式（冯·疏勒1965a：19 n. 1）。

里本人,他的一个先被任命后又被剥夺了继承权的子嗣,以及"他祖父的儿子"。① 这已经提出了《泰利毗努法令》中的"拉巴尔纳一世"将同哈图西里的"爷爷的儿子"相区分的结论(莱姆施内德1971年,第98—99页)。可是,如果我们牢记遗嘱本身所陈述的,就会发现这一识别也是不可能的:

  我的爷爷已经任命他在沙那回塔(shanahuitta)的儿子拉巴尔纳为王储,但是后来他的仆人与大人物们没有遵从他的话,将我的(父亲)帕帕合蒂尔马赫(papahadilmah)推上了王座。现在,经年流逝,他们中又有多少人能躲避命运?伟大的圣殿,至今安在否?是否已经倾颓?

  (索莫尔1938年,第12—15:iii41-5;"我的父亲"由宾努在1975年恢复出来,第8—9、55、240页)

所以,这位拉巴尔纳既不是君临的统治者——他或许作为一个沙那回塔城中地方的小王而被记录(参见莱姆施内德1971年,第99页)——也不能作为一位赫梯王权与国家"奠基者"或值得纪念的模范而发挥作用。相反,应该强调的是,有一位恰在哈图西里之前的拉巴尔纳是一段插曲的主角,这可以被看作国家瓦解的负面模型。王室的决定没有得到尊重,"侍从们"叛变了,统治阶级分裂,结果遭到制裁。因此,在哈图西里的遗嘱中,我们没法找到重要的、在他之前的那位范型式统治者的踪迹。拉巴尔纳这个词更可能被用作一个称号而非个人名字,这个词也指明指定继承人与实际统治者之间的混乱状况。很容易设想,一位特殊的拉巴尔纳,即一位叫这个名字的人,在历史上从来不存在。在那个例子里,泰利毗努的法令中他的原型性功能所带来的结果,是其通过与一个精确的历史现实合并而实现的,这显得更加纯粹,没有掺杂其他成分,而这个现实不可能是原型。我们也应该抵制这样一种观念,即第一个国王拉巴尔纳的个人名字成为一个皇家称号T/拉巴尔纳。② 我倒是建议把它看作一个相反的过程。这个不存在的名字,具有原型意味的国王,源于一个皇家称号,毫无

---

① 索莫尔1938年,第20—29、31—32、209、251页。如果我们仅仅将其解释为一个称号(麦奎恩1959年),那么"儿子/小拉巴尔纳"(TUR-la-an la-ba-ar-na-an 在 ii2-3 中;la-ba-ar-na-an DUMU-sa-an 在 iii41-42 中)就应该是"王储"。

② 关于拉巴尔纳和塔巴尔纳及他们的变体使用问题,索莫尔(1938:20-29)做了基本的工作,但是结论是不能被接受的。参见宾努1975年,第32页。要注意在扎尔帕(Zalpa)文本(KBo XXII2Rs. 11)的早期版本中出现的塔巴尔纳的个人性名字,这被作为一个王室称号在其后来的拷贝版本中加以重新阐释(KBo IIIRs. 28';参见奥滕1973年,第12、50页)。

疑问，在赫梯语中，那是非常古老且没有语言学意义的称号。① 换句话说："曾经有一位国王，他的名字叫作陛下（Majesty）。"

当然，哈图西里的统治是具有真实历史性质的。问题是，由"法令"补充进行的对历史的重构是否精确，这种泰利毗努所描绘的模范性的和谐一致与团结的局面是希望得到羡慕与模仿的，但对照与其同时代却又无懈可击的文献，就是上面所提及的哈图西里的"遗嘱"，它显然是矛盾的。在任命其继子②摩西里作为王位的继承人后，哈图西里公开揭穿了王室内部残酷的竞争。正像我已经指出的，回到了他祖父时代的对抗。几次叛变发生之后，哈图西里陷入了孤立，他被他的儿子胡兹亚与哈卡皮里（Hakkapili）、他的女儿及他的孙子拉巴尔纳背叛（索莫尔1938：passim；宾努1975：22-25）。同一时期的其他文本虽然破碎，但证实了这一场景，也补充了有趣的细节。③《泰利毗努法令》的作者很清楚地意识到这一局面，同时也不能假装漠视它。事实上，他在哈图西里的标杆性统治的描述与摩西里同样的模范性统治的描述之间，插入了一个段落，涉及这一内部冲突的起因（§7）。在§7④中所陈述的，与先前和随后的段落中所陈述之间有明显的不一致，这不得不强调在法令中所呈现的理想的历史是如何反驳赫梯宫廷中清楚了解的内容——这对我们也是如此——关于在哈图西里统治下的内部情形。尤其§7将困局的开始归咎于"侍从"，意味着困局仅仅影响到了低等的社会阶层，是可以容忍的。统治阶级最初既不会卷入也不会成为牺牲品。但是，这一细节与哈图西里的遗嘱互相矛盾，在那里，统治阶级、王室自身被派系之间的冲突分裂。

---

① 参见麦奎恩1959年的成果，例如第180—184页关于拉巴尔纳的称号，还有第184—188页，关于类似的女性称号塔瓦南娜。在麦奎恩的研究中，对拉巴尔纳"一世"的历史价值的批评是非常值得注意的。被标记为拉巴尔纳一世（[塔瓦南娜（Tawanana）一世也是这样]的历史真实性的普遍观点带来了一个语义学上的双重替换（称号→专有名字→称号）。参见莱姆施内德1971年，第99—100页 n.106，以及卡门胡巴1968：30；1969：432。

② 这里，我认同索莫尔1938：67，建立在塔尔米-沙鲁玛（Talmi-Sharruma）协定的基础上（KBo I6Vs. 13），协定稍晚，但选取较难的（lectio difficilior）是更可取的（尽管莱姆施内德1971：82 认为"施莱布法赫勒或者伪造了传统"被宾努1975：240-241批评）。

③ 关于哈图西里时代的这次阴谋与背叛，以及关于他的法令（富勒1926年，第10号），在一定程度上泰利毗努做出了示范，见哈迪1941：201-202，结论将其归因于摩西里；宾努1975：240-241。

④ 合成的术语§7看起来也是一个嵌入的情况，它干扰了一贯的模式：A1 = 拉巴尔纳，内部的和谐（§§1-2）；A2 = 拉巴尔纳，外部的成功（§§3-4）；B1 = 哈图西里，内部的和谐（§5）；B2 = 哈图西里，外部的成功（§6）；C1 = 摩西里，内部的和谐（§8）；C2 = 摩西里，外部的成功（§9）。

该法令的第一部分暗含了一个观点，即王国的军事力量是内部协作的结果，恰恰在赫梯的军事力量达到顶点的时候，也是哈图西里将王国交给摩西里之时，内部的对抗与冲突达到了顶点，和谐因而不能维系。这一法令将使我们相信征服阿勒颇与摧毁巴比伦之后，出现了一个团结的朝堂。而实际上，朝堂此时正经历着一个惊人的冲突。而且，据哈图西里的"年谱"记录，他在位的第三年，王国经历着与西部安纳托利亚国家阿扎瓦的战争，胡利人袭击了整个国家。只有都城哈图沙未受破坏（奥滕1958年，第78页）。我们将看到泰利毗努同样以受胡利人入侵来描述自己即将当政之前王国的分裂状态，但是相似的入侵已经发生了，或许第一次就在哈图西里的范型性统治期间。因此，面对外部的威胁，那时的统治显得既不和谐也并非全然不受影响。

要想检验此后事件是否按照该法令的解释而发生影响并不容易，因为从韩提利到胡兹亚的统治，并没有发现文本记录。通过这一法令，我们可以得到这样的印象，韩提利的统治相当长，这位国王对叙利亚与幼发拉底河（Euphrates）流域采取了军事行动。很难怀疑在其统治期间或者之后不久，韩提利治下的赫梯对叙利亚的控制走向终结。但问题是，这是否是哈图沙的内部事件的一个结果很难确定。毕竟，从国际背景来看，此时在叙利亚与上美索不达米亚的政治重组达到顶峰，形成了米坦尼王国，这可能由摩西里通过击败亚姆哈德（Yamhad）而实现（参见卡门胡波1968年，第62—87页）。胡利人的政治合并过程是非常重要的，以至于通过其自身可以解释赫梯力量的衰退（回归？）。类似地，韩提利（Hantili）在哈图沙营建的堡垒及他在其他地方建造的工事绝非"脆弱"的象征，而是面对来自北安纳托利亚的卡什卡人的新压力而产生的反应。① 我们可以清楚看到，哈图西里和摩西里在军事上是幸运的，他们的继任者在军事上则是厄运连连，这是完全不同的，这同内部的凝聚力（甚至相当岌岌可危）关系并不是很大。作为整体的国际形势，才反映了邻国对抗赫梯及对赫梯扩张的应对能力（古尔尼1966年，第4页）。

---

① 冯·疏勒（1965a，第22—25页，其后还有哈斯1970年，第6页）批判地研究了韩提利时代卡什卡人的入侵，这在后来哈图西里三世与图德哈利亚四世时代的文本中有了记载，结论是时代错误。冯·疏勒可能是对的，他使用了一个恰当的历史方法论（宾努1975年，第90—91页试图不惜代价保留后期史料的可靠性，相信它们涉及韩提利二世）。我只是建议，在《泰利毗努法令》中任何关于卡什卡人的缺乏——胡利人作为侵略者被提到——可能是一个暗示，是对泰利毗努统治下形势的暗示（见下文）。

因为一个女子，阿穆纳的统治是一场灾难。随之而来的是泰利毗努的统治，显然，关于此，我们的主要史料就是法令。将法令作为此前诸事件记录的来源，需要考虑其是当时记录的来源，还是接续事件的记录来源，这对其结果而言尤其会有很大的不同。关于泰利毗努如何登上王位，以及在他统治伊始的军事事件——可能是不相干的——这一文本确实是一个好的资料来源。但这并非关键。法令作为一个史料来源，对于理解其自身和了解决定其颁布的形势都是极具价值的。我认为，到目前为止它也从未以这样明确的方式被使用过。它经常被作为一种说明其颁布之后发生事件的史料来源，这是一种矛盾而轻率的用法！法令确实涉及后来所发生之事，但这些都是关于未来的纲领性与普遍模式的征象。使用这样的投射进行解释，好像是把它们作为关于事件的真实新闻，暗示每一个决定都已经被执行（哈迪1941年，第209页），并且这一法令是有效的。但是，法令并不能告诉我们这些，随后的事件指向了一个非常不同的结果。

人们尤其相信，泰利毗努重建了内部秩序，恢复了王位继承体系，但是这一行为的影响是相当温和的，正如我们将看到的那样。他也被认为恢复了集体制（pankuš），但是在他统治之后，集体制又中断了（参见古尔尼1966年，第10页）。因此可以得出相反的结论：在泰利毗努之后不久赫梯国家发生了最为严重的危机。皇家继承权的问题并不比法令颁布前更有序，不可预知的人参与竞争并且被准许登上王位。① 在当时的国际背景下泰利毗努也被认为具有伟大力量。但是，准确地说，在这个时代——伊士普塔舒，基祖瓦特纳的国王，宣布了"伟大君主"的称号，并且从赫梯的控制之下迁移到东南安纳托利亚。② 更为明确的是，泰利毗努的统治被赋予了独一无二的重要性，在行政事务与法律事务中都是如此，因为这在法令中被陈述。直到20世纪60年代，有一种趋势认为他也是赫梯法律的编订者，他看起来是最"有资格"的人，没有任何特殊的理

---

① 由于发现了一位叫塔胡尔瓦伊利（Tahurwaili）的国王（奥滕1971年），年代被标记为图德哈里亚（－尼卡尔玛提）时代左右，多样性的重构已经被讨论。无论如何，下列事实很清楚：泰利毗努的继任者阿鲁瓦木（Alluwarnna）是一个短命的统治者，赫梯王国严重削弱，直到图德哈里亚二世的强势复兴（关于这个角色，参见霍温克·卡特1970：57－62）。奥滕正确地描绘了泰利毗努之后赫梯内部纷争的情势（1968年，第115页）。

② 哈迪（1941：209n.125）倾向于尝试保留"堕落→复兴"这一模式，他通过给伊士普塔赫舒的垂饰注明日期，证明其在泰利毗努之前。但是在伊士普塔赫舒与泰利毗努之间的平等协约清楚表明早先的形势得以保留。

由能够否定这一点。① 新手稿的复音式（ductus）分析与赫梯语言的历时性分析已经证明一些编码手稿比泰利毗努更早。对史料的每一种误解与每一种预想的理论都是假说——它被陈述出来好像很明显，甚至不能被认为是一种假说——法令确实实现了其有意的效果。甚至这一推测的背后体现了深信的观念，即法令意图对实现其宣称的影响是必要的。因此，有必要在以下两点集中我们的分析：效力与目的。

三、王位继承系统

《泰利毗努法令》很大程度上意味着王位继承系统的改革，从这一点开始是十分明智的。法令具有普遍而相当清楚的意义，它是统治阶级团结与国家命运之间存在的直接联系，也是王权合法性与神选之间的联系。而且，近期获得王位继承权的方法已经产生了非常大的混乱以至于改变继承的规则十分必要，或者为了改变现状，至少应该将其更好地定义。

我们并没有讲在赫梯历史的开端，理想的君主是如何登上王位的。拉巴尔纳是"古远时代"的国王，哈图西里与摩西里"后来"成为国王，但是法令没有交代细节。一方面，我们可以说，他们的王权太抽象、太完美以至于无法想象在变成这样之前他们是否还是国王，也可能是竞争或选择的问题，或者他们的登基是一个历史的、人类的事件。另一方面，我们也无法避免地猜测，文本的作者很艰难地维持了一个完美范型的模式，如果他选择陈述细节的话。对于他而言忽略细节也许更为明智。我们不能说哈图西里继承了拉巴尔纳，只是因为我们已经看到拉巴尔纳是一个虚构的人物。可是我猜当哈图西里从库沙拉（Kushara）迁移到哈图沙的时候，他受政治需要的启发，想到的是权力上升中的困难，而不是出于必胜主义而进行迁移（只有在哈图沙成为一座辉煌的都城之后，这才能被发展出来）。综上，拉巴尔纳与帕帕合蒂尔马赫（Papahdilmah）的桥段暗示了一个军事冲突与残酷镇压的氛围。哈图西里的"祖父"的统治（索莫尔1938年，第12页）与哈图西里将自己定义为"塔瓦南娜兄弟之子"

---

① 参见格策1928：21，注意其1957a：111n.4。伊木帕拉提1964：6–8仍倾向于接受泰利毗努是作者，尽管她早期研究的知识来自 O. 卡卢巴的论"早期表达风格"（early ductus），见其 p.6 n.7。

(奥滕1958年,第78页)的事实,没有暗示他是王位唯一合法的继承人。两个定义的结合(二者都"可信")表明,他的合法地位并非没有争议,而是证明了父系与母系的竞争。同样,哈图西里不得不宣布他的"儿子"摩西里为他的继承人,他不可能称自己为先前国王的"儿子"。①

关于从哈图西里到摩西里的这一段,由于哈图西里的"遗嘱",我们知道权力的传递发生了问题。在即位过程中,王室内部有冲突、内讧和阴谋,随后发生了叛乱并被镇压。继承权远离了"常态",即便它由遗嘱确立了"法律效力",被谨慎地确立秩序与宣传。打破常态的继承体系是每个人都希望的。遗嘱写于一个关键时刻,此时,哈图西里"已经变得老迈"并且"行将就木",这都是《泰利毗努法令》的作者所使用的表述(C ii 8-9,§18;参见卡门胡波1955年,第46—47页),他想强调一种受迫的继承性。老国王缺乏独立的意志与充沛的精力,他处于伪装者的力量之中。在这些人之中,清除或者边缘化更早且更有法定资格的候选者之后,最为精力充沛与毫无偏私者将获胜。②但是《泰利毗努法令》的作者不愿意使这一继承过程具有消极的内涵,他没有使法令形成我们在哈图西里遗嘱中所意识到的特征,即对于摩西里的受益给出了积极的暗示。总之,如果我们客观地考虑这些事情,我们不可能看到在典范国王摩西里的即位与他的邪恶的继承者们的行为之间有多大的差异。

法令的作者以非常消极的表述展示了随后的阶段。他也做出了明确的判断,尽管有一些歧义和疏漏。事件的重建大致如下:

(1) 韩提利——摩西里的内兄③——将其杀死(吉丹塔是一个纵容者)并且继承了他的王位。④

---

① 宾努(1975年,第56页,在富勒1926年,第10号28—31的基础上)坚持认为,哈图西里的父亲的统治可能是一种收养关系。至于她(原文如此)的复位,索莫尔1938:III 44(参见上面n.12)指出,首先,只是一个简单的推测;其次,这段参考了在沙那图塔的一位地方国王的任命。
② 我的意思是,摩西里将被认为是哈图西里遗嘱的真正"作者",对之前任命的继承人的资格剥夺可能被认为是一个专制的行动。哈图西里对他的指控是相当普泛与前后矛盾的。宾努在1975年,第71—72页的重构看起来相当具有幻想色彩。
③ 关于阅读DAM或NIN的问题,参见莱姆施内德1971:85-87 n.33;宾努1975:87-88 n.129-130。
④ 莱姆施内德1971年,第87—88页注意到,韩提利从未被明确称为王,尽管他仅仅扮演了一个为其子凯舍尼摄政的角色,凯舍尼是摩西里姐姐的儿子,根据母系继承系统是法定继承人。可是,韩提利的妻子被称为王后(为莱姆施内德接受,见1971;87n.38),而且韩提利从未归政于凯舍尼,即便后来他成年之时。直到老年,他一直维持着统治(为莱姆施内德接受1971年,第89页)。国王称号的缺席可能被认为是一个偶然的事件。参见宾努1975年,第90页。

（2）吉丹塔——韩提利的内兄①——杀死了合法的继承人，韩提利的儿子凯舍尼（kasheni），取代了他。

（3）阿穆纳——吉丹塔之子——杀死了他的父亲，或者加速了即位的进程，或者为自己谋取了决定性的利益。

（4）胡兹亚通过利用两个谋杀者而成为国王；缇缇雅（Tittiya）（假定是合法的继承人）及其家族被塔鲁什胡（Tarushhu）处决，韩提利（二世②，另一个可能的继承人）被塔胡尔瓦伊利（Tahurwaili）代表祖鲁（Zuru）（另一位王位谋求者？）处决。

（5）泰利毗努——胡兹亚的内兄——为了谋取王位，让塔努瓦（Tanuwa）处决了胡兹亚。

并非所有的责任都得到了公开陈述，那些关于泰利毗努的确实没有！稍后，我将回过头来阐明这一点。在这一点上，重要的是如此多的案例并不能构建出什么，诸如"一个王位的继承系统"。主要有两个原因：一是每一个例子都是不同的（继父、内兄、父亲，还有一些根本不是亲属的人的谋杀），彼此也不重复，它们构成一系列恐怖行为而非固定的程序；二是这些并非司法与道德规范的明晰应用，而是对这一规范的破坏。在这些犯罪情节的顺序之下，我们能够瞥见这样的范式：法定的继承人、儿子、太后、单独的人或者整个家族都必须被清除，以便为"法定的伪装者"在理论上合法地继承王位腾出空间。③ 总之，继承规则存在，却没有得到精确的描述，因为众所周知那极其复杂。确实没有包括这样的规则（一个恋母情结的行为，取代了一代人）：一个人不得不娶前任国王的女儿同时杀掉他的儿子，以继承王位。

如果我们想在《泰利毗努法令》的历史性断面中重建一个"王位继承系

---

① 在一个被修复的破碎的段落基础上，得到了显而易见与广泛的接受，参见莱姆施内德1971：90 n. 57。

② 这是当前的观点（见莱姆施内德1971：89 n. 50）；科尼利厄斯1956：302－304；1958：103 n. 16 在一个更短的年表基础上对此持反对意见。

③ 血统关系在法令中并没有得到表述，假定存在关系是无用且错误的（例如韩提利二世是阿穆纳的孙子）。此种观念是偏见，即认为父系继承人比母系继承人得到更多的偏爱，或者比起短的年表，长年表受偏爱，反之亦然。

统"①，就必须在"消极的方面"去做，而不是在"积极的方面"去做。我们不得不考虑那个被消除的人，而不是继承者；要考虑受害者的位置，而不是罪行的煽动者的位置。尤其认为实际的父系继承关系——韩提利—凯舍尼，吉丹塔—阿穆纳——没有意义，是一种偏见；② 同样，认为母系继承权有意义，也是偏见。一切都是通过犯罪行为而获得的，所有这些都支持一种理论，即继承者是姐姐的儿子。

至少我们必须认识到：这一法令同哈图西里的遗嘱（以及一般意义上赫梯的证据）一样，以一种父系的方式被构思与书写下来。一个继承人被按照"儿子"来指定；新任国王坐在"他父亲的王座上"（即便那并非完全正确）③；为了彻底根除竞争对手的势力，一个人必须消灭"这样的人及其全部儿子"，而并非（相当矛盾）"这样的人所有姐姐的儿子"……

无论如何，泰利毗努并没有打算取代另一个人而建立全新的规范。相反，他想（或者他描述他所想的）要一个严格的规范的应用，以便摆脱混乱的事实，这种混乱是每一个人打破规矩所带来的结果。可是，实际上如果处于一种女婿和内兄试图通过杀掉国王的儿子而夺取王位的情况中（正如法令所呈现的那样），那么由"改革者"泰利毗努所建议的规范就是相当不合适、矛盾与自取灭亡的。泰利毗努决定：

> 国王子女中，头生继承王位。如果头生不是男孩，则长子即位。

如果没有男孩（根本），长女要找丈夫，由丈夫继承王位。

（A ii 36 – 39；参见格策 1930b，第 158 页）

实质上，他等于对他的女婿们讲：如果他们想继承王位，必须先杀掉自己的儿子们。如果那是出于"改革"继承系统的目的，并且该系统有意补救上面

---

① 今天，《泰利毗努法令》改变了一个惯常的规则，即由母系继承变为父系继承，这样的观点已经被广泛接受，尤其见莱姆施内德 1971 年的分析研究。这一方向上（1959 年继麦奎恩之后）多弗格加罗的研究做出了基本的贡献，被莱姆施内德 1971：80 n.5 引用。也参见哈斯 1970 年，第 315—318 页，还有宾努 1975 年各处的研究，尤其第 213—217 页。

② 莱姆施内德 1971：91、宾努 1975：93 – 94 提出，阿穆纳杀掉了他的父亲吉丹塔，因为他已经任命了他姐姐的儿子作为继承人，在我看来同样是偏见（在这一意义上定义上面 n.21 的内容）。

③ 莱姆施内德 1971：94 – 97 总是采信"父亲的王座"的字面上的表达，因此认为泰利毗努是阿穆纳的儿子。被普遍接受的观点，见他 94 n.78 – 81；宾努 1975：17 – 21、221。

所描述的形势的话，那么这一改革就是相当不适宜与失效的。①

但我并不认为有过或者可能发生过任何改革。首先，王位更替系统严格地同常规继承系统相联系，常规系统对于每一个家庭是有效的，而且不会屈服于武力改变（参见宾努1975年，第229—230页，关于王位继承与继承系统之间的联系）。国王是一位留下其继承权、财产与社会角色的父亲。继承权同其他能继承的，除了权力范畴与切实归属不可分割之外，没有任何区别。其次，哈图西里的遗嘱与泰利毗努的法令清楚表明，王权的合法性是一个重要问题。它联系着太多的东西，王权合法性被巧妙地创造出来以对抗古老而受尊敬的习俗，保有这些习俗的全体人民不能够接受这样的创造。泰利毗努没有替代高贵的旧有力量，那是指定同龄中最长者为专制国王的制度（格策的一篇论文尤其支持此一观点，并通过现代"神话学"影响了赫梯的印欧起源的观点）。推举君主的系统从未被证实，即便在哈图西里一世的统治之下也没有出现。② 泰利毗努没有用母系的系统替换父系系统（母系的特征在古王国时期并不存在，但这样的特性倾向于自我消亡；参见古尔尼1966年，第11—12页）。泰利毗努没有把一个严格的诡辩替换为一个自由的指定。总有所谓的"在规范之内的任命"，泰利毗努唯一可能做的事情就是确定规范的存在，那些规范可能与通行的继承规则类似，宣称直系的继承人优越于靠自己争取的继承人。当遗产不能被分割时，此种规范不可避免地带来了对犯罪的刺激，王位就是最好的例子（参见宾努1975年，第91—99页，关于泰利毗努的对策的消极与保守的影响）。

泰利毗努不可能也不想改变这些规矩，他仅仅是以一种革新和坚决的口吻确证它们。他不可能创造任何技术性的司法标准，但必须显示一个新的政治愿望以确保规范被尊重。③ 他不会创造一个与旧有的、不适当的法律相比更新、更好的法律。面对一个更早的非法情形，他反对一种法律更新的应用。他的决定与他的话语，使结论拥有了庄严的色彩，甚至等同于一种神谕似的裁决，能够

---

① 法定王位篡夺者的严格路线有一种强烈的推动力进行谋杀而非由前任国王指定。比较格策的有趣假说1957b：57 与宾努 1975：235 的假说，泰利毗努的个人问题同法令建立起了联系。

② 参见索莫尔1938年，第210页；"我是一种更有价值的人（im Punkt der Thronfolge der König allein bestimmt）"；一般参见古尔尼1966年，第10—11页；普格里斯·卡拉特利1958—1959年，第100—105页。

③ 问题不是理解泰利毗努是否想革新或者只是将一个已经存在的程序编制成法典（参见古尔尼1966年，第10页；莱姆施内德1971年，第79页；宾努1975年，第230页；普格里斯·卡拉特利1958—1959年，第105—106页）。该法令更多是宣传意义上的，远胜于在性格与目的中进行规范。

让混乱走向终结，重新恢复有序的统治。这并非因为法令的技术性效力，而是因为倡导者所赋予的绝对价值。

四、血契

法令的颁布在先，并且受到了一个名为"诸神之人"的团体的抗议的激发，他们当着国王的面对他说：

> 看呀，鲜血已经流遍整个哈图沙。

(A ii 33)

国王立即召集法庭（*tuliya*），解释了他的理由，公布了他的对策，还颁布了继承王位的"新"规则。这就是法令的背景，国王显然已经陷入了困境，正值他刚刚平息了各种犯罪事件登上王位之时。公众的主张或者至少是朝堂成员和首都居民的意见，同泰利毗努相左。至少人们是迷惑的，因此他们聚集到一起，并且委托"诸神之人"代表团转达他们的困苦，人们认为他们最适合于面对国王这一严肃任务。[①]

泰利毗努能够利用他的地位进行判决。他通过转换自己的角色做出回应，从一个被告变成控诉者，从指控犯罪的人变成道德说教者。为了完成这一转换，他将自己的案例放置于早期相似案例的序列之中。然后，他竭力将公众愤怒的意见转向之前的案例，使公众的视线转移，在消极的结果之中，自己的表现并非最后的那一个，而是新的、积极的首创者。泰利毗努可能成功地得到了大众的尊敬，或者至少部分获得了认可（我们将看到他致信给他需要更加全神贯注地赢取信任的部门）。但同时，他也使我们——这些后来的历史学家——可能得到了他罪行的一丝线索，这是只有从法令中才能够知晓的。

即便只是在一个暗示与怀疑的层面来思考，我们也可以看看究竟有什么样的指控针对他。首先的一个指控是他放逐了国王胡兹亚与他的五个兄弟，并剥夺了他们的王室地位；然后胡兹亚及其兄弟们都被谋杀了；最后，王后伊士塔帕利亚与王子阿穆纳也死了。泰利毗努在这些事件中的责任通过这两组已经发

---

① 通过一个代表团将问题呈递给国王的程序在赫梯的世界里十分平常：参见 *KUB* XL 62 + XIII 9：11 – 12（冯·疏勒 1959 年，第 446—449），以及赫梯法典 §55。

生的事实而得到暗示。第一,看起来很清楚,公众的意见认为他就应该对此负责。他被代表团指控,泰利毗努被迫通过法令进行自我辩护。他甚至引证指控方的证据,并至少一定程度上承认串谋。第二,泰利毗努将自己的案例纳入一系列案例之中的意义就是宣称其中明显的相似性,同时他也毫不费力地承认早期国王们的罪行。在那些早期的案例中,国王们所处的形势同泰利毗努此时仍在讨论的案例极其相似。

泰利毗努的辩护如下:确实,我已经将胡兹亚降职并且我将他放逐,但我不得不这样做,或者我宁愿已经杀了他。因此我完成了一个对胡兹亚"报复的预防",在针对我的犯罪的意义上我抓捕了他。而且,胡兹亚确实想杀了我,然而我却只是将他降职,可见我是宽宏大量的:

> 让他们去并且待在(那儿),给他们吃喝,不许任何人伤害他们。

我强调:这些人伤害我,而我却不会伤害他们。

(A ii 13 – 15, §23)①

非法窃据王座的指控被转移导向宽宏大量、善意与坚忍的自吹自擂。但是事实上,胡兹亚及其兄弟们随后就被杀掉了②,因此泰利毗努的辩护对于一个毫无偏见的观察者而言失去了意义。

在后来的情节发展中,泰利毗努没有给自己辩护,而是忙于防卫国家。他不知道内部正在发生什么,鼓动与执行是由其他人来完成的。尽管他不可能将指控转化为我标榜,但至少实际上置身事外,假装自己没有卷入内部的具体的行动中去。可是,在某种程度上,其参与的事实看起来又十分明显。当真正的谋杀者被元老会(*pankuš*)逮捕并要被判处死刑的时候,泰利毗努将他们赦免了。虽说他共谋的痕迹很明显,但他再次竭力将怀疑的目光引向自我标榜,一再表示自己的宽宏大量、善意与坚忍。即便是为了依法执行罪犯的死刑,他也

---

① 这一宽宏大量的措辞源自哈图西里的遗嘱(i 30 – 36, iii 20 – 22 = 索莫尔 1938:6 – 7, 12 – 13),还有富勒 1926:no.10(参见冯·疏勒 1954 年,第 444 页)。

② 哈迪 1941 年,第 210 页作了相反的阐释;接着是普格里斯·卡拉特利 1958—1959 年,第 107—109 页认为一场反对泰利毗努的阴谋为了胡兹亚的利益而发生——这建立在一个不完全的阅读基础上,现在被排除了。卡瓦格耐克 1930 年,第 9—14 页已经阐明了相关段落并区分了刽子手的角色。

不愿意杀人,他怎么能够怀疑任何非法谋杀中的共犯呢?①

泰利毗努完全回避了对第三件事的关注,也就是对王后与王子的谋杀。或许他过分地闪烁其词,他甚至没有说他们是被杀的,只是说"他们意外而亡"(A ii 32)。现在如果他的妻子与儿子为反对派所杀,他一定不会如此避实就虚。相反,他倒是愿意利用抗议与控告来替代。或者,如果王后与王子的死亡是自然的,我们又如何解释这个事件即刻遭到代表团的抗议呢?不断扩展的流血事件绝非自然死亡的结果。一个合理的假说是,泰利毗努并非不想卷入伊士塔帕利亚与阿穆纳的死亡事件中,这两个人可能是王位转换的关键。但是,他们的死亡可能以一种足够神秘的方式发生(或许通过魔术的过程)②,以至于进行细节的指控成为不可能的事。因此泰利毗努不必在这一点上进行一场辩护。

那些正是泰利毗努在他的辩护中所使用的、关于指控他应该负责的情节。辩护的另一条线通过制造类似的参照,在一个更加广泛的层面被含蓄地展开。胡兹亚因为继承的顺位而被他的内兄泰利毗努谋杀,这一情节被用来与早期摩西里因继承顺位被他的内兄韩提利谋杀的情节平行比较;王后伊士塔帕利亚与她的儿子被谋害,则被用来与早期的王后哈拉普什利及其子被谋害平行比较。泰利毗努对胡兹亚的被谋害"毫不知情",可以同韩提利对哈拉普什利(Haropshili)的被谋害"毫不知情"相比较。在胡兹亚被谋害过程中,一个刽子手(塔努瓦)的使用可以同过去的事件进行平行比较:包括在更晚近的年代里,刽子手塔胡尔瓦伊利(Tahuruaili)与塔鲁什胡的例子,以及更早的伊拉里乌玛(Ilaliuma)的例子。

为何回顾这些虽然发生在过去,但却不可能被遗忘,甚至可能引起无尽争斗的情节?泰利毗努看起来对保持隐晦更感兴趣,而不是公开陈述。即便他已经是一个被指控犯罪的人,但比起他之前的许多位所做的,他简直什么都没有做。其他那些人没有被控告,那么为何他要被控告?泰利毗努也暗示,如果这么多的人做了这种事,则他们这样做超越了个人的动机。应该在机构组织内寻找原因,而不是在个人责任中寻找。因此,有必要改变体系,而不是惩罚一个

---

① 泰利毗努的讨论中暗示的同哈图西里三世写给巴比伦国王的信中所使用的明确的讨论是极其相像的 *KBo* I 10, Rs. 14-23(参见他最后的陈述:"现在,习惯于给罪犯行刑的人,他们如何能够谋杀一个商人呢?")。

② 这一假说可能解释法令(50)最后一段的出现,内容是禁止在王室使用巫术。

个体。最终,泰利毗努暗示,与其他人不同,他是善良与宽宏大量的:"我宽恕,我不会杀人,我不知道,我不在这里。我是所有人中最不该受谴责的,因此为何你们要对我愤怒?"泰利毗努通过参照相似的案例传达了全部意义,却没有明确地陈述任何事情。在这一系列的案例中,他插入了自己的案例,他对自己的责任轻描淡写,并且着重强调相关的普遍性原因与可能的补救措施。尤其是,他能够将公众的愤怒观点转移,那确实是由最后的犯罪所激起——他自己的罪行!——再次转向了对其前辈的反对,将自己置于控诉者的一边,同时大声疾呼反对鬼神,比任何其他人做得都明显。

五、主人与奴仆

《泰利毗努法令》中的社会是一个严格分层的世界。当每一个人都身处其位的时候,就会完美运行。社会被看作分离的两部分:"奴仆"与"主人"(§7),或者"低等人"与"高等人"(§33)。① 两类人之间的区别是双重的。在行为层面,奴仆要全力投入到工具性、身体性与体力的活动,而主人则做决定与口头表达。在经济层面,仆人是财产,属于主人。这种双重的区别在关于继承王位的罪行的具体例子中产生了一种固定的规则:主人煽动犯罪(但是这应该被证实!),当仆人执行命令时,他们这样做就是为了占有被谋杀的主人的财产。

对事件进行如此阐释首先是以"历史的"术语来陈述的,这解释了早期统治的理想情形如何随着时间的消逝而不断恶化:

> 后来,当主人的奴仆变得不忠实的时候,他们开始毁坏他们的房屋,他们开始阴谋对抗他们的主人,同时他们也开始抛洒他们的热血。
>
> (A i21-23,§7)

这一陈述明确地在财产的挪用与血契执行之间建立起了联系。这始于摩西里的时代,虽然当时没有立即实现,但是有助于对后来事件的阐释。在这一历史断面结束之际,当处理规范性的方法的时候,泰利毗努确证:

---

① 关于一般的社会结构二元论的观点,参见奥索斯基1966年,第23—43页。显然"奴仆"的概念是相对的;它表达的是从属关系,而非一种精确的社会地位。因此它是二元对立的,在法令中具有重要性,即便在底层之中我们也会发现那些并不是排位绝对低的人。

犯下那些罪行的人们——他们是一个……一个 *abubitu*、侍从的首领、卫兵的首领、酋长——他们希望占领王室的屋宇。他们说"这些农场（'镇子'：URU）将变成我的"，他伤害了农场主。

(A ii61-65，§32)

我们应该牢记文本的整个最后部分（§§36-38）处理了控制的问题与农场的生产力问题，还有带有仓库的"镇子"或村子问题（URU$^{\text{DIDLI.HI.A.}}$ ša É MEŠ NA$_4$ KIŠIB），它们都被列出了细节。① 有一个不为人注意的细节解释了统治阶级对这些农场保持着高效的行政控制，当控告与死亡威胁被转达给"吸食国家血液"的农民的时候，效果显现出来（iii 47）。② 敌人的突袭、破坏及行政控制力的崩溃，明显带来了农民的逃散及收成记录的错误（§§35，39-40）③，这对于国库与统治阶级是有害的。

法令的最后部分并不是每件事都是清楚的。可是当泰利毗努的手段同王位的继承联系起来的时候，一切都是虚构的，甚至适得其反，关于财产保护的措施是严密而有效的：

现在，如果一个王子违反此令，他必须付出头颅的代价。但是不会触碰他的房屋与儿子！不允许从王子们那里带走一草一木！

(A ii 59-61，§32)

以这种方式，经济驱动的政治罪行可能被阻绝。禁止凶手占有受害人的财物，受害人的儿子必须继承其父的财物，他们被从惩罚中排除了。

在奴仆与主人之间的阶级区分不仅影响了遗产，也确立了个人责任。在政治犯罪中，在行刑者与教唆者之间形成的区别替换了大多数奴仆的罪责，奴仆们执行了命令，而主人保持自由。首先，目的是区别：主人的行为——如果他

---

① 这个注释很有趣，记录了最早（也是最大数量）的土地赠予，盖有封印号87、88、89（仅有"塔巴尔纳"，没有个人的名字），或许可以追溯到泰利毗努。参见莱姆施内德1958年，第327—328页；奥滕1971年，第62—64页。如果全部土地赠予文件属于从泰利毗努（或者韩提利）到阿姆万达（Arnuwanda）时期的，它们同法令§§35-40的联系将是明确的。如果我们接受更早的带有"塔巴尔纳"封签的土地赠予文件追溯到哈图西里一世统治时期，这个建议就会变得站不住脚。巴尔坎1973年，第72—76页是建立在传记基础上的建议（但封号不同的时候，个人名字上的巧合不是决定性的）。比较相似的建议，是宾努在1975年，第156—157页独立做出的。

② 参见索莫尔1938：ii 75-iii 5，还有新加入的 *KUB* XL 65，见屈内1972年，第257—260页。

③ 滥用偷窃的记录是相当寻常的，也见于"前言"。参见冯·疏勒1957年，第50—51页；莱姆施内德1965年，第338页；冯·疏勒1959年，第447页。

们行动了，那是可疑的——是为了王权的"高贵"目的；而奴仆的行为目的是提高自己的地位与改变身份，即占有物质财富。而且，占有物质财富将使他们能够在某种程度上提升社会地位并且很大程度上接近主人的位置，他们的行动暗示了一个合适地位关系的翻转，这一改变有消极的内涵。相反，主人的行动是一种与同等人物的竞争，一种淘汰机制的磨炼，或者一种或多或少能得体地进行的"游戏"。然而，这个游戏只面对统治阶级。

46　　当谈到确定他们精确而毫无疑义的责任的时候，对待刽子手和罪行煽动者的差异性造成了奴仆的恶劣名声。刽子手的职责总是物理的并因此能够被精确地辨认出来。这是更多的一种情况，因为他必须公开地宣示他所进行的行动，以便占据受害者的财产。相反，煽动者的责任，包括泰利毗努也是这种情况，只是推定的。他可能很容易地宣布刽子手自己完成了行动，超出了煽动者的控制。煽动者"毫不知情"，因此他们没有责任。韩提利不知情，他甚至反问，"谁杀了他们？"（C ii 4）。泰利毗努身处国外——他有一个"不在场证明"——他只是事后才知道噩耗，并且迅即采取了司法措施。

　　责任的等级制度甚至是三重的。它区别于"受益人"（未来的国王）、"煽动者"、"刽子手"。在王后哈拉普什利谋杀案的例子中只有一个刽子手（侍从伊拉里乌玛）与一个受益人（韩提利），他否认自己是一个煽动者，因此刽子手被杀掉了。但是，在另外两个例子中，存在着一种三重的区别。紧接着阿穆纳之死的事件中，事实上的受益人是胡兹亚（下一任国王），煽动者是祖鲁（"卫士长"），刽子手是塔胡尔瓦伊力（他杀死了缇缇雅与他的儿子）与塔鲁什胡（他杀了韩提利和他的儿子）。在随后的事件中，泰利毗努是受益人，有很多的煽动者（"七个大人物"），塔努瓦是刽子手，他杀死了胡兹亚和他的儿子。泰利毗努受到了煽动者与刽子手们的双线保护，他能很轻易地声明自己纯粹是由于偶然的运气而变成了一个受益人，而且自己是无辜的充满善意的人。

　　责任的等级制度就是一个相当清楚、明确的信息基础，会给同一阶级的成员传递一点共谋的信号。让我们惩罚刽子手——泰利毗努对他的同事们说——并且让我们不要处理煽动者，让我们将自己留下了，我们就是煽动者。这同样适用于过去，但是过去已经逝去，控诉刽子手们是毫无意义的。确实，他们应该受到惩罚，但并不是死刑。泰利毗努对于未来有着不同的建议：利用这些刽子手的好处是什么？那些像凶手一样行事以便占据我们财富的贪婪奴仆们是谁？

相反，让我们"依法"行事！当我们的阶级、我们的圈子成员犯罪的时候（换句话说：如果我们想消灭一些人，要以其犯罪作为理由），我们不是要杀掉他，而是审判他。让我们当面惩罚他，但不要触及他的家庭（其家族成员一般都是我们的亲属）和财产（可能有成为奴仆的财产的风险）：

> 当一些人，在他的兄弟姐妹中犯下罪恶的勾当，他必须用他的王室血统的生命来偿还！开庭审理，如果他被判处有罪，他必须被杀头。但他不会被秘密处死，像祖鲁、塔努瓦、塔胡尔瓦伊利与塔鲁什胡那样。他将不会再做出任何危害他的家宅、儿子和妻子的事情。如果王子犯法，他必须以死偿罪，但他的家宅和儿子不会被株连。王子被处死的原因不会影响他们的家宅、他们的土地、他们的葡萄园、他们的禾场、他们的奴仆、他们的公牛和他们的羊群。
>
> （A ii 50-58，§31）

对于宣判和制裁要怀有敬意，我们必须记住由集体（*pankuš*）做出的惩罚判决，反对的就是最后的刽子手的血契制度，那已经被减少并且几乎失效了，这些都是在泰利毗努的直接干预下实现的。他看起来也倾向于以牺牲集体（*pankuš*）的利益为代价给予法庭（*tuliya*）更多权力。他将更多的权力给予了一个组织，这一组织在某种程度上更严格也可能更依赖国王，它在任命与职能上从属于国王。这是以牺牲一个更大组织的利益为代价的，这个组织可能已经摆脱了王室的控制并且产生了自己的意愿。在泰利毗努之后我们不再听说有关于集体议事会一说，这仅仅是一个偶然的事件吗？或许，泰利毗努正在寻找一个更有利于隐藏事件的真相而非解决问题的机构。

六、外 界

在旧有的积极的统治模式中，内部的团结性带来军事上对于外来敌人的征服。这在我上述引用的文字中被描绘成了套话，在摩西里享有声望的行动中得到了最好的展示，他是阿勒颇和巴比伦的征服者与破坏者（§9）。军事行动自身并不是终结，反而产生了两个影响。他们扩张了最初"狭小"的国家版图，同时，在被征服的土地上，它们为朝廷的成员提供了有利可图的政治和经济发展潜力。

当他从一次远征中归来的时候，他的每一个儿子到每一块（被征服的）土地上……他们统治这些国家，并且建立大型的城镇。

(Ａⅰ8-9, 11-12)

邪恶的弑君的消极统治模式也被特征化：不再团结、和谐，在对敌关系上也由成功转而为失败。尤其是阿穆纳，得到了这样的表述：

国家发生了反对他的战争……但是无论他的军队到哪儿去战斗，都无法取得胜利。

(Ａⅱ1-4, §21)

而且，军事上的衰弱导致敌人反攻进入赫梯的国土。胡利人纵横乡村，带来了毁灭和恐慌。这种形势是神圣干预的直接结果（Ｂⅱ1-2"阿穆纳成为国王，但是诸神宣布他的父亲吉丹塔死于非命"；Ａⅰ43"诸神召唤了胡利人"）。诸神打算孤立这一弑父者并且破坏它的非法王权。可是，在人类的层面，军事失败是内部不和谐不可避免的结果：一个团结的国家是强大的，一个分裂的国家很容易成为敌人的牺牲品。

就此而论，一个段落描绘了泰利毗努的军事行动，并为其赋予精确的意义：

我——泰利毗努——坐在我父亲的王座之上，此时，我正同哈舒瓦（Hashuwa）发生战争并且要打败哈舒瓦。我的军队在吉兹里皮（Zizzilippi）并且就在那里战斗。我——国王——此时去拉瓦赞提亚（Lawazantiya），拉哈（Lahha）充满敌意反对我，并且发动了拉瓦赞提亚的叛乱；但是诸神将它交到了我的手中。

(Ａⅱ16-22)

神圣的偏爱证明泰利毗努统治起点的完美，这有助于强调他的正统或者至少说明他有能力扮演国王的角色。泰利毗努通过了军事"测试"，同时他的主旨是确保他的王权与国家的经济未来。赫梯王国过去是"小国"①：卡什卡人阻止其进入黑海，基祖瓦特纳的新王国将其同地中海隔开，胡利人隔断其进入美索不达米亚和叙利亚的路。但是以往的模式证明，这并非一个难以克服的麻烦，

---

① 我认为，通过定义拉巴尔纳王国的泰利毗努为"小的"暗指泰利毗努自身所控制的王国的范围。在拉巴尔纳王国的描述中，"小的"王国却"直达大海"，其中的矛盾性已经被卡门胡波所注释（1958年，第142—143页），他将这一声明解释为一种回想，不仅从哈图西里的统治中回想，也从泰利毗努的纲领中回想（§29）。这个建议符合我的研究方法。

反而让这位国王按照早期国王的范例行动。有两个方面可以阐明泰利毗努当前的形势同该法令的军事段落之间的联系。泰利毗努建议：如果我们团结行动，我们将再次扩张到大海，恢复古代的边界（而现在基祖瓦特纳正横亘在其间），我们将获得更多的市镇，并且这些诱人的位置将是你们的，属于你们这些朝堂上的成员。相反，如果我们内部纷争不断，就不得不担心会遭到更多敌人的蹂躏，更多对我们国家的破坏，农民的逃散、农场和市镇的毁灭，获取供应的问题。

  第二个显著标志是对正在到来的威胁所形成的惊惧与为之进行动员而开始的怂恿言论。邀请臣子们加入武装力量以便面对外来的威胁——这是一种支持新政权时频繁使用的技巧。内部的冲突将被搁置一边，共同努力协作必须得到鼓励以抗击外来侵略者，不管这些侵略者是真实的还是虚构的。具体而言，可能的侵略者看起来等同于胡利人，他们可能于当时建立了米坦尼王国。泰利毗努在哈舒瓦与拉瓦赞提亚的军事行动集中于安纳托利亚的东南，靠近胡利人的地区。胡利人明确提及的，既有好的统治（胡利人在摩西里远征巴比伦尼亚的过程中被击败，Ａｉ30），也有混乱的统治（胡利人入侵践踏这个国家，Ａｉ43 - 46）。① 我们已经注意到泰利毗努所引用的事件是有选择性的。在范例性的哈图西里统治期间，胡利人的入侵已经发生了，但是这些不可能被提及，因为这被特征化为糟糕的统治模式。自此，泰利毗努便具有极大的选择性，任何胡利人入侵的线索都必须被表达成一个非常重要的信息。胡利人过去的威胁对于那些在当前面对这样一种威胁的听众而言将尤其具有意义。泰利毗努可能夸张了胡利人的威胁以便动员军事力量，但他不可能去虚构。

七、团结一致

  总结与概括这些观察，我认为我们实质上获取了《泰利毗努法令》在赫梯国家的司法与政治发展中的新景观，一个对历史介绍的新评价，一个对泰利毗努目的与行动的新理解。

---

① 关于摩西里一世击败胡利人的史实引起怀疑是合法的。可能摩西里的远征经过了亚姆哈德、哈拿（Hana）和巴比伦尼亚，这样的事件是泰利毗努每每提及胡利人就将其当前化的结果，在那个时代，胡利人对于任何一个想要重复此种事业的政体而言都是关键。

泰利毗努过去被指责。"诸神之人"代表团的出现是一种敌对氛围的官方证明，或者至少是有所怀疑——对他获得王位的方式及对其统治起始的行动的怀疑。元老会对最终罪行的刽子手进行谴责是另一个官方的特征，这指向了同样的方向。泰利毗努被控诉，他感到不安全，遂决定公布一个法令以便逃避这一困难的局面。他的人卷入进来是双重因素：一方面他是被控之人，另一方面他是国王，不得不进行判决、采取措施。双重的卷入被用来系统地阐释法令，这时，泰利毗努以作为国王的行动，去挽救作为一个被控之人的泰利毗努。他这样做不能太过明显，但文本的目的是相当明显的，如果我们读它——就像我已经试着去做的那样——在一个"深度"的层面，进行隐喻的解码和交叉引用段落。泰利毗努得到了预期的效果。我们必须佩服他在现实的信息中发现正确位置的能力。按照道德或者司法的术语来看，这并不足以进行辩护，可是它也不是那么模糊，或者隐藏得如此之深，以至于无法引起注意。掩饰的技巧是有效的。

正式的信息"在表层上"意思是简明的，而且能够被概括如下：赫梯王国给人的第一印象是内部和谐，拒敌有术，实际上却发生着一个消极的变化，主要是由于内部的争斗，这已经引起制度上的危机和敌人的入侵。国家的气运已经跌入谷底。"现在，我作为国王，决定拯救危局，要颁布终止异议的规则，要采取实现和平的具体措施。从明日始，从我自己开始，每一件事都将改变。我的改革要恢复古代的模式。"

说真的，"深层"的信息却是不同的，里面包含着指控泰利毗努的建议。他敦促人们记住其他众多的国王们（实际上是所有的）在过去已经做了同样的事情，因此为何他们现在要对自己表示愤怒？泰利毗努建议忘掉这些插曲，就当它是最后一个，从那之后每一个人都要警惕避免类似犯罪的重复发生。几乎没有必要记着泰利毗努是一个通过弑君而中断正常继承次序的实际获益者。最后，泰利毗努倡议集中注意力在道德训诫和惩罚措施上，处置邪恶的刽子手们，他们属于奴仆阶级，以此挽救统治阶级，尤其是国王。如果这些建议都被遵从，统治阶级将各司其职，确保其位置和经济利益，也不再需要集中全力防范来自低层（奴仆）和外部（敌人）的威胁。

《泰利毗努法令》的实质是一个表达明确的自我辩护，是一个对团结性的请求，这个团结性有时成为一个对共谋的谴责，面向的是整个统治阶级。对于团结一致的恳求，对于保持和谐与团结性的诉求，使泰利毗努最初根据历史的模式并且随后按照直接的呼吁与新的规范提出了建议，这并不是一般性的呼吁。这是一个统一、和谐与团结在他身边反对内部与外部威胁的整个统治阶级的吁请。对于团结性的需要是整个法令的起始点，因为它是作者的基本关注点。坚称在早王朝时期的赫梯国家与朝堂中就已经存在着团结性并不是一个客观的历史数据。相反，它是一个修辞学的、有说服力的策略，其功能是实现信息制作者的目的。古王国范例性的团结性是一个投射，反映了泰利毗努在他的朝堂上对贵族们进行演说的内容，即以过去要求团结性与对串谋的谴责。①

由泰利毗努所构建的赫梯国家的制度史（和谐→崩溃→重新和谐）除了一般模式（善→恶→善）的运用，并没有其他的东西，这概括了全部"改革"的法令的特征。赫梯国家的制度史应该在真实数据基础上被重写，要忘掉泰利毗努的模式。我认为这一"真实"的历史的重构在其细节和总体的发展上是相当困难的。关于细节，例如我并不认为摩西里或者泰利毗努获取王位——更符合现在的正统标准——与韩提利、吉丹塔或者胡兹亚有什么显著差异。我不认为军事成功与内部和谐直接相关。最后，我不认为我们能按照泰利毗努的方式在"好的"国王（前三位还有泰利毗努自己）与"坏的"国王（那些处于过渡的混乱时期的国王们）之间进行区分，而这种区分经过了多数现代历史学家暗地调整。关于总体的发展，我并不认为古赫梯王国是一个在最初的团结之后陷入崩溃的例子。相反，一个统一国家组织困难与痛苦的建设正是从一个极其分裂的政治局面开始的。在哈图西里时代我们可以清楚地发现"卡帕多西亚"②类型的形势的痕迹。多种多样的城邦共存，有时彼此征战。哈图西里的《遗嘱》与《编年》清楚地展示了库沙拉城与哈图沙城的角色，他们与扎尔帕城、沙那回塔、嫩纳沙还有其他许多城市发生战争，他们通过地方酋长与国王女儿的联姻而组成王国。相似的特征在泰利毗努《法令》所提供的画面中也能找到踪迹，即便《法令》强调团结统一！一个联盟的建立（历史性），在这种痛苦甚至暴力的景象中，是一个终点，而非（神话性）起点，朝堂上的争斗将被视作都城里冲突的缩影，这已经蔓延到整个国土。如果这是（我相信）古赫梯制度史的主

---

① 团结性已经被哈图西里以同样的目的和观点介绍了（实际上，像 n.19 中所说的，通过年轻的摩西里）。比起这句话："你的家庭可以像狼一样团结吗？"（索莫尔 1938：ii 46），我们不能找到一个更好的表达——在这儿狼是一种恃强凌弱的象征，而不是公正的象征（参见《律法》§37）。

② 古代小亚细亚地区，在今土耳其。——译者注

流，我们应该认识到这样的历史必须被重建。

除了厘清"团结性"概念的现实意义，对文本进行一个"表层"与"深层"的阅读，并在其间进行平衡并置，也应澄清"改革"的意义。表层的阅读明显是改革者的（刚刚的过去的时间里已经做得足够了，从今天起，我们将做相反的事），但深度阅读并不是这样。这种应对的实质在这样的形势下并不会带来对真实的任何翻转，至少获取王位的过程是清楚的。与其说泰利毗努采用了司法的口吻，不如说他以道德说教的形式完成了自己的抗辩。他坚持事件与模式是可重复的。所有这些元素并没有形成一次真实的改革，而是一次虚构的改革。当梦境服务于维持睡眠的时候，按照当前的术语，一次改革法令的颁布能够服务于持续的政治实践。正在浮现的冲突通过话语的形式得以解决，但没有引入应对改变的有效工具。一次纯粹的口头改革一直是有效而常规的保守主义的工具。

我们不清楚泰利毗努的统治是否根据旧有的好模式形塑自身——很难相信是这样的——但这种模式使国家再次获得和平，并且拥有了内部的和谐，在对敌的战争与远征中取得成功。现有的证据表明，恰恰在其统治期间，赫梯朝廷与国家经历了他们最为严重的危机。其时，基祖瓦特纳与米坦尼国家分别在南方与东南方巩固了权力。拿着泰利毗努的承诺与寄望于未来的声明，以及将它们转变为完整事件的叙述，这是一个非常笨拙的历史编撰学意义上的错误，但直到现在仍然非常普遍。我们不能将希望与规范认为是历史的片段，也不能将其视作证据，以为能够证明在泰利毗努统治下的赫梯王国恢复了它的团结与和谐。梦想并没有被唤醒——而恰恰相反。

第三章　舒纳舒拉或论互惠性[①]

引　言

在公元前第二千纪的后半段，赫梯人统治安纳托利亚与北叙利亚的大部分地区，给我们留下了极大量的来自古代近东的政治条约。按照条约另一方的地位，可以将这些条约分为两组。分别为与同等对手的对等条约和从属的附属条约，后者的群体规模是最大的。条约必须被重复更新，因为条约与其说是两个国家之间，倒不如说是两个个人，即国王之间的协议。也必须要考虑政治关系的变化，这些改变产生了尴尬的外交情况，特别是在原本平等的身份变得不平等的时候。而政治现实被所有人知晓，外交不允许完全符合事实的陈述。这里所要考察的就是这样一种情况。东南安纳托利亚的基祖瓦特纳与赫梯是平等的国家，但是在公元前14世纪早期，基祖瓦特纳成为赫梯国王图德哈利亚二世的属国。新的现实以一个条约来确定，条约中的用语非常谨慎，避免冒犯基祖瓦特纳国王。政治现实与外交辞令之间的差异在这一章中将得到考察。

条约中赫梯一方的身份是图德哈利亚二世，这是威尔海姆所确定的（1988年）。本章中所提到的舒纳舒拉（Shunashura Ⅱ）条约与赫梯的其他许多条约近期由贝克曼翻译成了英语（1996年）。

鹰与蛇结盟，宣誓成为朋友；但是鹰站在树冠上，而蛇在树根上。

（选自埃塔纳神话，中亚述版第9—12行）

[①] 初版标题是"Storiografia politica hittita. I：Šunaššura, ovvero：della reciprocità"，载《东方文物》1973年第12期，第267—297页。

一、对等作为互惠性的正式表达

在赫梯国王与基祖瓦特纳①国王舒纳舒拉订立的条约中,最引人注意的是其对称的结构。条约的规定部分由两个像镜子一样的部分组成,在一个可替换的条款的顺序中彼此重复,一个针对一方的利益,另外一个则针对另一方。类似的,历史性的介绍与条约结尾的段落所解决的边界问题通过平行与相对的呈现而建立起来,给人以强烈的镜像结构的感觉。② 显而易见,使用这一文学结构——在其副本的技巧中如此卖弄——是为了确保与强调双方的平等地位。

这一正式的结构在舒纳舒拉条约中并不是唯一的发现。我们的条约所属的历史时期为一种按照平等与互惠确立政治关系的方法所定性。这种方法在行动中使镜像的格式获得了特权,这些活动使得政治关系具有鲜明特征(交换礼物、联姻),同时这一方法也在文本中得到了特殊界定(条约、书信)。③ 文本或者规则都带有镜像结构,它们在近东的这一时期是频繁出现而有意义的,在其他时期虽然少见,但一样富有意义。这显然是这一时期存在的、一个广泛分布的国际关系网的结果。那些传统上在内部寻求合作的政治团体现在开始开放,同其他或远或近的团体产生联系。结果,他们使用外交规则来确保每一个人的声望与等级。

更为特殊的是,看起来平等的条约尤其同基祖瓦特纳国家联系在一起——尽管这可能是由于所发现文献的缺乏导致。在基祖瓦特纳的皮利亚(Pilliya)与阿拉拉赫(Alalah)的伊德利米(维兹曼1953年,第3号)之间的条约可能展示了最为严格的镜像结构,其使用充斥整个文本。而且,基祖瓦特纳与赫梯之

---

① 手稿中的名单可能被拉罗克1971:no.41 中发现。这里所完成与分析的阿卡德版本,已经被魏德纳1923:no.7,88-111 转录与翻译。部分由格策1940:36-42,50-51 完成。赫梯版本的残片被格策转录和翻译,见1924:11-18);也参见派斯周1963:242-243。其他残片 KUB XXXVI 127(拉罗克1971:no.131;参见派斯周1963:244-245),属于另一个条约,或许另一个舒纳舒拉,参见侯克门 十凯特1970:5 n.17,44 n.16,60 n.20;反对卡门胡波1965:179 n.13;1968:37。关于同一个舒纳舒拉,参见卡门胡波1968:87-93。阿卡德与赫梯版本在贝克曼1996:13-22 中都有完全的英文翻译。

② 另一个解决方式本质上也是平等的,但是更为短小,这一解决方式将仅仅定义一方的条款,然后为另一方陈述"相近"的事情(QATAMMA)。这在赫梯的版本中被采纳。

③ 在这个意义上,参见利维拉尼1990年的研究。对称性的问题已经有了很丰富的研究,尤其在结构主义者的"二元组织结构"研究中,如亲属系统、交换关系等。当前的研究尤其关注平等与失衡之间的表现,这是一个值得更多讨论的问题,我把自己限定在引证列维-斯特劳斯的研究中(1944年,1956年)。

间的一整套条约都使用了相同的镜像模式的副本。包括皮利亚与吉丹塔（Zidanta Ⅱ）之间的条约（*KUB* XXXVI 108 = 拉罗克 1971 年，第 25 号；参见奥滕 1951 年），艾赫亚（Eheya）与塔胡尔瓦伊利之间的条约（奥滕 1971 年），伊士普塔赫舒与泰利毗努之间的条约（*KUB* XXX 42：iv15 – 18 = 拉罗克 1971 年，第 163—164 页；参见同上 21 号），还有帕答提舒（Paddatishu）与一位不知名的赫梯国王之间的条约（*KUB* XXXIV 1 = 拉罗克 1971 年，第 26 号；参见梅耶尔 1953 年，贝克曼 1996 年，第 11—13 页）。因为这些条约是舒纳舒拉条约的直接前驱，所以它们被制作这一条约的抄写员铭记于心——即便那不是他书写的。在舒纳舒拉条约中确实精确地复制了更早期条约的语句，既包括导语的模式（下面我们将看到细节），也有各种条款（参见奥滕 1951 年，第 131—132 页；1971 年，第 66—67 页）。因此，舒纳舒拉条约符合一种已经很好地建立的、在赫梯与基祖瓦特纳之间的关系模式，一种时不时伴随条约复苏的传统，这些条约的对称结构强调了双方在等级上的平等。

尽管国王的名字缺失了并且舒纳舒拉条约的准确日期也不能确定（关于一个早期的比较靠前日期的看法，可以比较魏德纳的观点，1923：88 n.6），但在其历史引言中事件被记录下来，其中指出了政治形势与赫梯国王舒毗卢留玛统治的第一段时期。支持这一断代日期的学术共识已经成熟。① 这一条约在时间上确实不会更晚了，而更早的一个日期也不能排除。② 舒纳舒拉条约将被确定一个时间，这时政治关系上已经发生了变化，在表达这种关系的那种表述中也随之产生了相应的变化。从政治的观点上看，我们在这一刻或者接近这一刻的时间可以看到，此时两个国家之间平等的关系由于基祖瓦特纳向赫梯的屈服而改变。从社交的观点看，我们在这一刻可以看到，此时平等的条约由于被臣属条约替

---

① 参见克罗塞科 1931：6 n.6，还有拉罗克 1971：9。这一日期建立在引言中的历史事件叙述基础上，因此从正式的观点而言它看起来似乎是可信的，这并非无谓的重复，而是一种有益的确证。关于舒纳舒拉（二世）及基祖瓦特纳王朝的编年与赫梯王朝的关系（还有米坦尼与阿拉拉赫），参见格策 1975b：70—72；卡门胡波 1968：97 – 98；补充材料是奥滕同步出版的 1971：66 – 68。注意，这一条约现在被认为是始自图德哈里亚二世（见威尔海姆 1988 年），他在日期上早于舒毗卢留玛约半个世纪。

② 参见克楞格尔 1968：65 n.10。赫梯泥版碎片的语言与表达风格（*ductus*）的特征并不允许我们在舒毗卢留玛与他的上一任之间做出选择。

换而被放弃。① 政治关系的实际演变与表达其的社交活动的演变之间的一致性，对于这里的分析具有足够的意义。就像预料之中的，社交活动的演变比起政治的演变来得稍晚。当这种关系产生剧烈改变的时候，适于表达一种确切的关系类型的陈述仍然被使用。在某种程度上，表述这种正在发生的变化的需要，导致了旧有体制因为不一致而遭到破坏。我们能够使用这种不一致作为正在发生变化的标志物。一种不充分地表述不平衡关系的对称模式揭示出一些不可避免的非对称特征。

对称模式的不完全与时代错误有时导致"讽刺"的印象。很难想象这种"讽刺"的效果是有意为之的——或者至少意味着引人关注的。很明显，传统规则的使用表达了一种新型关系，目的是掩饰变化，避免麻烦。这并不意味着要对因失势而在政治上成为从属的一方加以嘲笑。然而，形式上的平等与实质上的不平衡之间形成了对照，这很明显被文本的收取方记录了下来。赫梯王宫中的大臣也就是作者，欣然而又有意识地制作了这一文本。几年后，当政治形势已经巩固，同一位赫梯大臣毫不费力地重新安排了创新（ex novo）条约的整个模式。那仅仅保留了一小部分形式上的对等，同时那些是毫无关联的——尽管它们对于政治理论而言并不是完全没有意义（参见利维拉尼 1967a 论互惠的"保护"）。

对称的虚构——或者"讽刺"的对称——因此在一个动态的时刻找到了一个精确的历史背景，在两个静态的情境之间片刻的改变既不是虚构的也不是"讽刺的"，这些情境通过既有模式得以表达。在政治关系中一种平等的传统由平等的条约表达出来，我们通过单边条款的单边法令传达出一种政治从属的传统。在这些双重的静态情境存续期间，政治的关系是如此俗套和明显，以至于那些条约几乎传达不了任何字面以外的意义。② 而且，从形式模式中获得的信息尽可能极为明显而琐细。但舒纳舒拉条约需要得到整体的细读。它所传递的信息既不明显也不可预测：它是一种新型的信息。其结构十分明显不同于传统的

---

① 臣属条约类型的确立始自舒毗卢留玛的总理大臣（参见利维拉尼 1963 年，第 45—46 页），到现在仍然没有令人满意的研究。问题通常被隐藏在类型学的分类法中，这一方法没有考虑历时性的变化，诸如绍克梅耶尔 1928 年与科洛锡克 1931 年的研究。更多细微的差别已经由疏勒在 1965b 做了介绍（也参见 1964 年，第 38—39 页），但是他极力避免了一种历时性的观点。

② 讨论预言一条信息和其所包含的大量信息之间众所周知的关系，引用皮尔斯 1961 年的研究就足够了。

惯例，就像事实所显示的那样，它使用了镜像模式来表达不平衡的关系远胜于表达通常的平等关系。其自身传递了一个信号，因为不可预见而富含信息，因为可鉴别性而富有内涵。这与其说是因为这段陈述本身，不如说是通过陈述的方式而显出意义。①

二、司法部分的分析

1. 对称条款

如上，这一文本的大部分都是通过一个严格对称的条款建构的。如果整个文本是严格对称的，或者如果没有变更的符号，我们所分析的问题甚至不可能形成。我们有一个静态的符号及其常规意义的对应，一个带有最合适表达内容的对应。因此，没有必要在这里坚持完全对称的条款。从 i 49 到 iii 33，也就是最后一个陈述中所概括的那些条款，它们不是镜像结构，却表达出了完美的对称：

基祖瓦特纳的土地与赫梯的土地真正地结盟了，他们确定保持友谊。

(iii31 – 35)

在这个概括之前的所有条款，试图展示其适用性，呈现出了镜像副本的特征。这就是最常见的简单类型 A = A'；同样的条款写两次，只是赫梯与基祖瓦特纳的位置交换。例如：

如果一些人或者一些城背叛了苏恩，成为他的敌人，舒纳舒拉一旦知道这个消息，他将派（一个信使）给苏恩发出消息。

(ii 16 – 18)

如果一些人或者城背叛了舒纳舒拉，成为他的敌人，苏恩一旦知道这个消息，他将派（一个信使）给舒纳舒拉发出消息。

(ii19 – 20)

或者：

---

① 这些问题同艾柯1971年的研究（《语义哲学》，第147—155页；《感觉的距离》，第48—50页）没有什么太大区别。它们包括为一个给定的信息分配确定的内涵使之带有意识形态特征（在我们的例子中镜像形式带有等级内的平等内涵），宣传所使用的标准内涵隐藏了其他内涵，问题由一个新内涵的介绍产生。

如果赫梯的一个人从一个敌人的口中听说一些关于舒纳舒拉的事情，他将派（一个信使）通知舒纳舒拉。

（iii 21-23）

　　如果基祖瓦特纳的一个人从一个敌人的口中听说一些关于苏恩的事情，他将派（一个信使）通知苏恩。

（iii 24-26）

　　还有其他的一些例子。① 在一些例子中，镜像模式（可以这么说）是平方式的：每一个陈述中还有一个镜像被引进来，采取了一种相互关系说明，如"正如……也一样……"（kimē……qatamma……）。这一镜像模式的类型因此是 A：A'＝A'：A。例如：

　　正如苏恩保护他自己的人民与国家那样，他也会同样保护舒纳舒拉的人民与国家。

（i 50-52）

　　正如舒纳舒拉保护他自己的人民与国家那样，他也会同样保护苏恩的人民与国家。

（i 56-57）

或者：

　　如果苏恩国家的任何城市进入战争状态——正如那是苏恩的敌人，同样也是舒纳舒拉的敌人——他们将并肩战斗。

（ii 26-28）

　　如果舒纳舒拉国家的任何城市进入战争状态——正如那是舒纳舒拉的敌人，同样也是苏恩的敌人——他们将并肩战斗。

（ii 34-36）②

　　很明显，这种"平方式对称"对条款的实质几乎没有任何补充，而对于强调对等模式与处理副本时带来互为在先的效果是非常有效的——排列等级——

---

① 镜像条款有时候一个接一个地成对出现（ii 6-18＝19-21；ii 22-23＝24-25；iii 13-14＝15-16；iii 17-18＝19-20；等等）；有时两个或者三个条款组合在一起（i 60-64＝ii 2-6，i 65-ii 1＝ii 7-15；ii 26-28＝34-36，29-30＝37-38，31-33＝39-41；ii 42-45＝52-55，46-48＝56-58，49-51＝59-62）。

② 这种类型的补充例子是：i 62-64＝ii 4-6；i 42-45＝52-55；ii 49-51＝59-62；iii 6-9＝10-12。

在条约的双方之间。

通常，严格对等的条款涉及广泛的母题：包括保护，对指定继承人的认可，对背叛、情报的处理，对部队的供应及引渡。在一个对等条约中这些都是标准的条款。我宁愿说在任何条约中它们都是标准条款：它们缺少只能应用于一类条约而不适用于其他条约的特殊性。因此它们是套话和概要条款；在某一意义上它们所体现的关系的实质是毫不偏私。如果它们只是条约中的条款，它们就会带来一种对等的关系；但如果它们伴随着不平衡的条款，它们也不会移除这种不平衡。

而且，我们会得到一个啰嗦与重复的鲜明印象，或者至少能得出尽可能多的细分的相关母题，而这些母题又很容易被组合与概括。目的很明显：它要实现最大化的结果，在空间与效果上号召听众。从这些条款来看，事实是不重要的。将母题分为碎片的设置，通过一个镜像的呈现而重复地设置，甚至通过"平方式对称"将母题四倍地设置，都是为了强调。它们没有传递出额外的信息，而强调了已经存在的信息。它们表明，"注意，我们正在传递的信息是重要的"。显而易见，作者的任务是说服关注信息重要性的观众，但是，用来强调的确定事实显示，信息本身并不是那么重要。这里重点强调的是一个无力的信息或者并不存在的信息。这是一个典型的用以宣传的程序：它使观众将注意力集中于一个"虚空"却愉悦的信息，同时将注意力从"丰盈"却不舒服的信息转移开去，这样的信息是并行运行或者位于下面的。

2. 变动的对称条款

在条约中，有一些条款保持了典型的镜像结构，但是在对一方的效力与对另一方的效力之间存在着细微的差别。除了偶然的情况，这种差别当然存在于各种情况中；反之，它们说明这种关系实质上标志了无限价值。如果在一个互惠的条款中有必要介绍一些变化的话，这就意味着实际上完全的互惠是绝对不可能的。这样的变化与赫梯国王的个人事项及他的活动密切相关。这些尤其能高效地保证赫梯国王不陷入个人承诺。这些在维持基祖瓦特纳国王与赫梯官员之间的平等上具有效率，同时又能令基祖瓦特纳国王地位低于赫梯国王。赫梯与基祖瓦特纳之间保持着对等，但并不是在对应等级的层面上。换言之，基祖瓦特纳的最高层（国王），在赫梯相当于较低层（大臣）。

第一个例子就足够明显了。它为赫梯申明：

> 如果出现了反对苏恩的情况，形成了严重威胁，即敌人全副武装地侵入了他的土地：倘若舒纳舒拉的土地是宁静的，你，舒纳舒拉将带着你的军队（ḫurādu-troops）来支援我。但是如果在你的土地上有什么问题，你要派你的儿子先带领军队来，（但之后）你必须亲自来援助我。

(ii 63–69)

给基祖瓦特纳的声明是平行的，除了最后一句，变化为：

> 但是如果在苏恩的土地上有什么问题，我将派第一等的贵族带领我的军队前去。

(ii i4–5)

总之，如果赫梯国王很忙，他可能派贵族代替自己去。很容易想象，他总是很忙并且总是用人代替。但是基祖瓦特纳的国王无论在什么情况下都必须亲自前来；他可以晚来但他永远不能拒绝。实际上，基祖瓦特纳的军队将由他们的国王带领，赫梯的军队则由一个贵族带领。在赫梯军队的常规设置中，舒纳舒拉与任何一位赫梯官员一样，都被平等对待。

第二个例子甚至更能说明问题：

> 如果苏恩向舒纳舒拉派出信使，舒纳舒拉将不会对他图谋不轨，他将不会用魔药接待信使。

(iii 27–29)

> 如果舒纳舒拉派出信使到苏恩的面前，或者如果舒纳舒拉亲自前去，苏恩将不会对他图谋不轨，他将不会用魔药招待舒纳舒拉。

(iii 30–33)

将这个例子用更早的一个例子的方法观察：基祖瓦特纳的国王能去赫梯——就像我们将看到有一个强制的会面——而赫梯国王将永不去基祖瓦特纳。基祖瓦特纳国王在等级上与一个赫梯信使等同。尤其要注意这一个特殊的细微差别，某人被派到苏恩"的面前"（ana ma ḫar），而某人将仅仅被派"给"（ana）舒纳舒拉。区别是明显的：一个去更高等级的人"面前"，而另一个则"去"等级平等的人那里。因此舒纳舒拉级别低于苏恩，等于承担信使职能的赫梯贵族。

但这个例子更有意义，因为我们能够比较条约中的声明，它包括了更早期的基祖瓦特纳的国王帕答提舒（11 – 13）与艾赫亚（23'– 24'）。这些内容对于彼此而言是完全一致的：

> 如果伟大的王派他的儿子或者仆人到帕答提舒/艾赫亚的面前，帕答提舒/艾赫亚将不会图谋对付他们；如果帕答提舒/艾赫亚派他的儿子和仆人到伟大的王面前，伟大的王将不会图谋对付他们。

（参见贝克曼1996年，第12页）

这一对等是完美的，也没有特殊的内涵①：两位国王保持联系，而每个人又都待在其宫殿中，向对方派出信使。在早期与晚期条约之间的变化可以图示如下：

1. 帕答提舒/艾赫亚时期
2. 舒纳舒拉时期

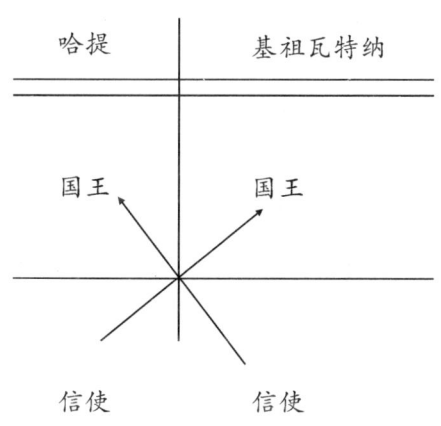

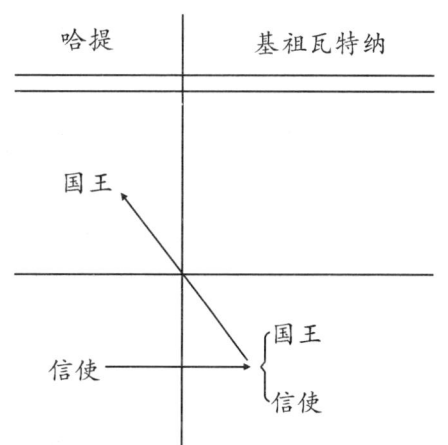

我们清楚地看到多种元素：基祖瓦特纳的国王被从高层级带到低层级；他被置于同赫梯官员（水平箭头）同样的层级，语言表述由介词 ana 换成 ana ma ḫar（斜箭头），意味着一种不平衡的关系；舒纳舒拉被迫行动（在一个箭头的开始），而赫梯国王与帕答提舒/艾赫亚有权利保持不动；最后，一般情况下有一种互惠的观念需要坚持（一个箭头指向左而另一个指向右），但在等级上并不相等（一个指向上的箭头对应一个水平的箭头）。

与早期文本进行比较也启发了一个严格的书面标准。在舒纳舒拉条约中，确定的条款已经在帕答提舒与艾赫亚条约中出现，还包括其术语（ana ma ḫar X

---

① 整个帕答提舒条约由完整的镜像条款组成：1 – 5 = 6 – 10，11 – 12 = 12 – 13，14 – 15 = 15 – 16，17 – 18 = 18 – 20，21 – 25 = 26 – 29，30 – 33 = 34 – 37，38 – 40 = 41 – 43。只有最后的条款按照些微不同的方式表述，但是我认为没有特殊的暗指。艾赫亚 – 塔胡尔瓦利条约所剩余的也是完美的镜像。

šapāru，lemutta epēšu），术语被刻意改变以应对一种差异较大的情况。我们在这里所看到的是最为粗疏的轮廓，以文学技巧的标准，旧有的模式如何适应新的现实，这对于舒纳舒拉条约是十分独特的。如果牢记条款旧的与"中立的"用法，我们如何能避免它被用来进行"讽刺"的印象呢？

3. 非对称的条款

很少有一般的非对称性条款——例如，那些只是在一个方向上有效的——具有更大的现实性与特异性的特征。显而易见，对等是赫梯专有的权益。然而，即使呈现出对基祖瓦特纳有利的而对自己不利的情形，这一条约的赫梯作者仍一直关注于保守地陈述不平衡。主要使用三个程序：提议最新制定的条件比以往的条件对于基祖瓦特纳更为有利；提议每一个义务都会带来奖励（即便它并不等价）；明确免除基祖瓦特纳明显被强加的义务。公开的司法片段提供了一个很好的例子：

> 胡利人称舒纳舒拉为仆人，但是现在苏恩陛下使他成为一位真正的国王。舒纳舒拉将走到苏恩的面前，他要看着苏恩的眼睛。当他快到苏恩面前的时候，苏恩的大人物们将从其座位中起身，面向他，没有人可以坐着。然后，当（他愿意？）的时候，他将回到基祖瓦特纳的土地。
>
> (i38－44)

全部的三个策略在这里都得到了应用。第一个同先前的条件进行了对比，即从"仆人"到现在的"真正的国王"。第二个视对苏恩的拜访为旅途的令人满意的奖赏，这并不是随便一个人就能得到的荣誉，同时，对等地用赫梯大人物的行动来奖励舒纳舒拉的行为。当基祖瓦特纳国王移位向赫梯国王致敬时，赫梯国王仍然保持不动，因此大人物们起身向舒纳舒拉致敬。第三个策略授予舒纳舒拉以想离开就离开的自由。他并不能自由离开，但是文本的作者认为强调这一事实没有意义。总之，文本可视作对舒纳舒拉的解除（"释放"）并且可视作尊重他的表达，实际上是一个严格限制的条款。它可能是一个新设计的条款，因为基祖瓦特纳早期的国王确实不用被迫去到赫梯国王的面前。①

---

① 关于这一条款，索莫尔 1932：393－394 坚持认为赫梯国王的意图是在拜访的基祖瓦特纳国王与其他诸侯之间进行致敬仪礼上的区分，而舒纳舒拉并不是一个诸侯。这一思维简单的观点证明赫梯狡猾的宣传的效力。

下面的段落是同样的：

> 无论何时苏恩将召唤他："到我的面前来！"——如果他不愿意来，苏恩将指派他的任意一个儿子到自己的面前。他将不必向苏恩朝贡。
>
> （i45-48）

只有赫梯国王有权利召唤条约伙伴，反过来则不行。也应注意，赫梯国王指定替代者，而不是舒纳舒拉。而且，在一个对等的条约中，免除朝贡根本没有意义！这一条款看起来对基祖瓦特纳有利，但是这是最大的不平衡条款。它暗示了如果赫梯国王不是如此大方且和蔼，那么进贡就会成为惯例。豁免贡赋看似将基祖瓦特纳与真正的诸侯区分开来，实际上却是将其同真正自治的国家区分开来。① 这样的一种"豁免"与遗漏的修辞比喻有着同样的效果——它强调了假意要隐藏的东西。一个终极清楚的例子在条约的末尾被发现：

> 此外，当苏恩去同别的国家进行战斗时，如在胡利的土地或阿扎瓦的土地上，舒纳舒拉将提供一百马队和一千士兵，同时也要与苏恩一起进行远征。他们到达苏恩部队旅途中所需要的给养，还有你——苏恩——将提供。
>
> （iv 19-24）②

这个例子不是互惠的。赫梯国王没有供应基祖瓦特纳参与对第三方国家作战部队的义务，由于这一简单的理由，基祖瓦特纳不能领导一个独立的外交政策。这一条款明确给基祖瓦特纳强加了一个沉重的负担——因为要提供大量的供给。③ 可是它也通过关于给养的结论性陈述提出了一个有利之处，这个陈述看起来将导出一种互惠：舒纳舒拉提供士兵，而赫梯国王提供给养。在这个例子里，我们也近乎讽刺了。从物质的层面看，供给条款对基祖瓦特纳有利，但是在原则层面，该条款强调了其臣属性。事实上，联合远征（"与苏恩一起"）并不始于两位结盟的国王，看似一方提供自己的军队，另一方提供自己的给养，

---

① 也是这个例子，索莫尔1932：393 将自己限定在肤浅的阅读里并且陷入了宣传的陷阱。科洛锡克1931：7 n.5（反对索莫尔的看法）对此已经有足够的警惕。

② 在不同的条款表述中，既有赫梯国王以第一人称表述，也有两个国王相关的第三人称表述（多样化很好地反映了从对等条约到法令的艰难替换），该条款关于征途供给的内容由基祖瓦特纳国王陈述，好像他是真正的决定者一样。

③ 索莫尔1932：393 误解了这一条款，认为其属于一个一般性的供给部队的互惠义务。事实上，只有为了防御目的的部队供给才是互惠的，而这里看起来是一个远征进攻的供给。

而是始于赫梯国王，他作为一个外人正在使用与供给基祖瓦特纳的军队。可以说，他出钱，所以他领导。最后，如果胡利人的城镇被征服，他们将被分给舒纳舒拉，区别于平均分配战俘——条约双方各自保有自己俘获的战俘。出于地理的理由，除此其他方法都是不可行的，但是赫梯国王预设了自己处置战利品的权威地位。无论是谁想要实际上属于自己的东西，都需要他进行分配。这样，在任何时候，当他分配时他都可以确证自己的权力：

> 我王苏恩将赐予舒纳舒拉该镇的全境；我王苏恩将扩展其边境。
>
> (iii 42 – 43)

4. 第三方角色

多数非对称条款之所以不对称是因为出现了——或多或少很明显——第三方角色，即胡利的国王。我们将很清楚地在历史性介绍中看到，第三方角色的出现是导致条约失去平衡的最有效元素。从赫梯的角度看，胡利位于基祖瓦特纳的另一边，与其接壤。因而不应有什么理由让胡利在条约中涉及甚深，不像其他国家位于自己的控制范围之内，处于一个相似的地位或者处于镜像的地位。从基祖瓦特纳的角度看，自己位于赫梯的另一边与赫梯接壤。如果条约真是双边对称的，那么就没有理由提及胡利。相反，胡利被频繁提及，这在赫梯与胡利之间产生了一种对称与相对的局面，而基祖瓦特纳自动成为一个中介并且在定性上也处于不同的地位。

相对的两项是赫梯与胡利；因为涉及基祖瓦特纳的问题，所以赫梯与基祖瓦特纳之间的关系比起胡利与基祖瓦特纳之间的关系更好。实际上，主导整个条约基础的是下面这个：

> 胡利人称舒纳舒拉为仆人，但是我王苏恩现在使他成为真正的一位国王。
>
> (i 38 – 39)

这同下面的两个指导方针是相对的。第一个描述了前述的胡利与基祖瓦特纳的关系是紧张的，而当前赫梯与基祖瓦特纳之间的关系是良好的。坏的关系将被终止：记录他们需求的泥版被破坏了（iv 25 – 28），胡利与基祖瓦特纳之间交换信使将中断（iv 28 – 31）。如果胡利人的国王试图怀疑赫梯与基祖瓦特纳之间的良好关系，他不应该被注意（iii 55 – 58）。中断关系必须被限定和彻底完成：

未来，基祖瓦特纳将永远不必再转向胡利。

(iii 47-48)

　　第二个指导方针以相反的方向检查了基祖瓦特纳的头领：赫梯国王承诺不同胡利国王发展友好关系。虽然可能从胡利国王那里收到礼物，但希望双方友好地接近并恢复过去局面——就是对基祖瓦特纳的奴役权——的意图将被漠视（iii 49-54 与 59-62）。这是给予基祖瓦特纳的有利条件，因为其表面目的是避免"真正的国王"再次变成一个"奴仆"。但是很清楚真正获益的是赫梯国王，他不愿意失去对基祖瓦特纳新获得的控制权。而且，赫梯国王将不会对舒纳舒拉施压，以使其考虑归还在基祖瓦特纳的胡利战俘（iv 5-10）。这是另一个仁慈而又明确安排一些事情的策略的例子，从而暗示出不可能的安排和为未来准备的条件。在两个段落中，这很清楚，可是，胡利与赫梯之间的外交关系是以基祖瓦特纳为准则的，那并不是对它的干涉。

　　一般而言，人们可以说胡利的国王对赫梯国王的行为采取了消极的策略。胡利人的行为总是消极的：国王破坏誓言（i 25），犯下严重的罪行（i 33），迫使基祖瓦特纳城叛变（iii 36-38），试图用礼物贿赂（iii 49-54），扩散带有偏见的记录（iii 55-58）。这种行为的目的就是让基祖瓦特纳服从（i 38，iv 27）。赫梯国王扭转了这种局面，因此他根据司法的标准采取行动，用自由取代屈服。我们有一个代数式的两种元素的翻转，它们在质量上是相反的而在数量上是相等的。胡利在消极的指标上领先赫梯。然而，在这两个元素之间，有一种对称又对峙的可能性。考虑到基祖瓦特纳同胡利的关系的价值是消极的，基祖瓦特纳必须牢记其与赫梯的关系是积极的，数量上也是相等的。"坏主人"的模式强调了新主人是"好的"，但这并不能否定——甚至暗示出——主人就是主人。屈服的危险被小心翼翼地去除，因为它就在眼前。通过坚持拒绝，或许将能保留一些什么。

5. 边界

　　条约的最后一部分，涉及赫梯与基祖瓦特纳之间的边界划定，需要一个相似的分析。边界通过一种对分的方式划定，设定双方处在同等的层面。通过不同的程序对分得以实现：不属于赫梯国王的位置属于舒纳舒拉（可以交换但没有一致性）；强调"测量"（*madādu*）与"划分"（*zâzu*）的平行操作；禁止边境的交叉，这由河流确定。三个程序协调而又相互连接，以便提供一个高度精炼模式的效果。例如：

> 从大海（开始）：拉米亚属于苏恩，皮图拉属于舒纳舒拉。他们将测量与划分它们之间的边界。
>
> （iv 40－42）

> 舍里加属于苏恩，鲁瓦纳属于舒纳舒拉；边界是沙米里河。大帝将不会穿过沙米里河到阿达纳的一边，舒纳舒拉将不会穿过沙米里河到赫梯的一边。
>
> （iv 58－61）

显然非常认真，强调这种划分被以等量的原则进行——像一笔遗产由两兄弟共享，因为他们的父亲想以一个绝对对等的方式进行。①

文本行文如此平顺以至于我们几乎没有意识到这一平等与兄弟般的分配竟是关于边境的划分，当然，这块土地的前主人是谁并没有得到揭示。这个边界是如何在一个历史的视界中开始的呢？文本并没有讲这一点，因为这个（赫梯）的作者对于这样做没有兴趣。但是通过专心的阅读可以把握一些事情。首先，有一些关于在确定（或不确定）位置"设防"的权利的条款②：

> 苏恩不可以在拉米亚设防。（iv42）
>
> 苏恩不可以在阿努拉设防。（iv 45）
>
> 苏恩可以在沙里亚设防。（iv 48）
>
> 苏恩可以在阿拉穆斯塔（Anamushta）设防（iv 51）

赫梯国王被允许在一些地方设防，舒纳舒拉甚至没有被提及。因而赫梯可能在边界提供一个新的军事机构，基祖瓦特纳没有这个权利。

而且，关于边界描述的第一部分（iv 40－52）与第二部分区别相当大（iv 52－66）。前者看起来定义了一个新的边界，与旧边界的确定形成了对照。不同的元素有利于这一解释：设防条款出现在第一部分却没有出现在第二部分；"测量"与"划界"的活动也只是出现在第一部分；语法时态上第一部分限定为与当时的操作正相关，而第二部分操作被设定为完成时（见格策1940：49 n.

---

① *Zâzu* 是遗产分配的技术性术语，参见 CAD Z, 77。
② 阿卡德语 *banû* 是"建筑"之义。有一个关于"（再）建设/设防"边界城市的条款已经呈现在吉丹塔－皮利亚条约中，KUB XXXVI 108：6－10（奥滕1951年，第129页），但是在一个碎裂的与不知道背景的泥板中。

192)。

在赫梯与基祖瓦特纳之间的边界,由舒纳舒拉条约界定,因此分两部分建立:一部分在条约之前已经生效了,另一部分是新的。部分(局部的)用已经发生的边界替换现在由条约所确定的边界。如果我们记得条约本质上的不平衡,就很容易想象在这个方向上有一个替代。赫梯需要基祖瓦特纳的部分领土,并且要建立一个新的边界,同时要有权设防。历史地看,一个动态的事件发生了,变化是附属的标志和结果。然而,正式呈现的是对等的条款,随着隐藏改变——或者至少不加强调——的目的明显。也是这个例子,对称以一种"讽刺"的方式被使用:平等共享被强调,但是任何共享此前只属于一方的领土的陈说被回避了。

6. 条约的开头

现在,通过分析我们已经完成的上述讨论,就会变得更加警醒,我们能够细想条约自身的序文,进而检测其中在传统与革新间的一出有趣的剧目、对等与附属。就像我已经指出的那样,措辞严格地连接着舒纳舒拉条约与早期的基祖瓦特纳条约,实质上那是平等的条约。舒纳舒拉条约中采用了典型的介绍性的套语:*inūma…nīš ilāni izkurū u riksam annītam ina birišunu irkusū*,"当……他们宣布神的誓言的时候,他们在其中规定了这个条约"。但是我们的条约具有高度的意义,从旧条约变化而来。在旧有的条约中对称被毫无疑义地接受,开头如下:

当 X 与 Y 宣称诸神的誓言的时候,他们在其间规定了这一条约。

(参见魏斯曼1953:3号:2-5;*KUB* XXX 42:iv15-19)

在舒纳舒拉条约中,开头被替换为:

因此说X:当与Y一起宣布众神的誓言的时候,他们在其间规定了这个条约。①

---

① 引用建立在两个文本之上,我认为,我们能够重建舒纳舒拉条约的开头(*KBo* I5:1-4),如下:⌈*um-ma Ta-ba-ar*⌉-[*na* X LUGAL GAL LUGAL KUR URU Ḫ*a-at-ti*]
⌈*e*⌉-*nu-ma x* (*erasure*) *it-ti*ᵐ [Š*u-na-aš-šu-ra* LUGAL KUR URU *Ki-iz-zu-wa-at-ni*]
i-na bi-ri-šu-nu ni-⌈*iš*⌉ [DINGIR. MEŠ *iz-ku-ru ù*]
ri-ik-ša-am an-ni-⌈*e*⌉-[*im*] ⌈*i-na bi-ri-šu-nu ir-ku-šu*⌉
在 e-nu-ma 之后的消失了(见魏德纳1923:88 n.b),确切地说,在这一点上新的程式与传统条约相分离,这是有意义的。就在这一刻,传统的惯性将被革新征服。

因此誓言与条约是互惠的，但是它们只被单方面表述："被污染的"格式标记着从条约到法令的改变（umma…"因此说 X"）。① 实际上，从跨国到国中国的文档类型有一个变化。赫梯国王宣布在他自己和其他国王之间有一个公约，就像他在自己的两个臣属之间宣告一个公约一样。在旧有类型中，众神是条约的保证，而赫梯与基祖瓦特纳是处在同一水平线上的缔约当事人。现在赫梯除了还是缔约的当事人之一外，自身又变成了担保人，因此将自己置于一个更高的位置上。确实，不久以后——在"新"的条约类型中，那也是在形式上的不平衡——众神从开头消失了，尽管没有从整个文本中消失。然后条约取得了一个法令的真正形式——赫梯国家的领袖制定了一系列的规定，向他的仆人或者名录中多个仆人发布。

三、历史断片的分析

1. 带有四个角色的同一结构

在适当的司法条款之前，舒纳舒拉条约——就像是寻常的赫梯条约一样——有一个很长的历史性介绍来解释当事人如何及为何达成一致的条约，尤其是达成特殊的条约。我们期望这个介绍解决两个缔约国家之间的关系问题——我们的例子就是赫梯与基祖瓦特纳——在一个对等的条约中，我们期望这样的关系呈现的是一个平等的水平。因此我们期待一个带有两个角色的结构，因为对等自然地需要一对条目。相反，我们从第八行看到了第三个角色作为主角进入了这个场景：伊舒瓦（Ishuwa）。对等确实仅仅是表面的，对立与和谐的剧目很快就完全被重建了。在伊舒瓦与基祖瓦特纳的事件之中，增加第四个角色，即第七行提及的胡利，利用翻转，就像我们所看到的，通过建立一个精确的一致得以完成。

在这样一出剧中，有四个特性，角色立即就明显了：在赫梯与胡利之间是一种对立关系，在基祖瓦特纳与伊舒瓦之间也是。二元的对称依然存在，但不是在两个国家之间缔结条约，该条约在形式上对等，而在本质上则不是。赫梯

---

① 沙切尔梅耶尔1928年，第182页认为真正的条约（Verträge）只是那些独立国家所规定的（他唯一的例子，除了拉美西斯二世条约，事实上，是舒纳舒拉条约，第180页），而臣属条约恰是法令（Erlässe）。关于法令与条约之间的区别，也见冯·疏勒1959年，第440—441页；1964年，第34—53页。

将自己放在不相关者的层面,当前的伙伴是胡利不是基祖瓦特纳。基祖瓦特纳也处于不相关者的层面,当前的伙伴不是赫梯而是伊舒瓦。四个角色成对安排,不仅是由于水平的对称,也是由于垂直非对称。在赫梯-胡利与伊舒瓦-基祖瓦特纳对组中,特性的行为有一个类比,但是在两个对组之间也有差异。就像在国际象棋中,白王与黑王走了同样的"一步",一个将军另一个,那些"步"不同于为保存白相与黑相所走的。在当事人(白方对黑方)中对等与在等级中(王对相)的非对等共同形成了一个闭合的系统,在那里由于等级的平等不可能存在误解,就像颜色对比一样简单。与赫梯缔结条约的那一刻,基祖瓦特纳就不可能假定等级上的平等,因为"黑王"的角色很清楚地被胡利占据着。

让我们看看"步"的形成。赫梯与胡利不走,因为他们的位置稳如泰山并且不受制于变化。相反,伊舒瓦与基祖瓦特纳要走:他们进入而且离开一个伟大而稳定的实体,或者更准确地说,他们"使自己分离"出一方(*paṭāru*:i 7,27,32),或者"使自己投入"到另一方(*saḫāru*:i 7,28,32;在 i 14-18 中简单的 *alāku* "去"被用在两个方向)。赫梯与胡利产生运动:他们彼此(*târu* D:i 12,20)"归还"(或不)发生运动的更小的实体;他们完成惩罚性的远征(*ana tāḫāzi alku*:i 9;*šapāru* 部队与战车的说法:i 21),不是运用整个身体,而是动动手指就这样迫使小的实体作鸟兽散了(*naparšudu*:i 11),或者将他们作为战利品(*ḫabātu*:i 22)带走。而且,赫梯与胡利彼此交流但从不对更低的实体这样做。当他们彼此交流的时候,他们讨论的内容就是更低的实体(i 12-13,25-29)。最后,赫梯与胡利彼此也了解,并且他们也知道更低的实体的行动,而低的实体彼此却不了解。伊舒瓦与基祖瓦特纳的故事平行运行,但是却毫无联系。他们之间的联系靠赫梯与胡利。游戏只在赫梯与胡利之间,而且被分成了两套,一个是伊舒瓦,另一个是基祖瓦特纳。

实际上,历史的介绍认为赫梯与基祖瓦特纳之间的关系是赫梯与胡利之间游戏的一部分。我们能清楚地概括这个"信息",可以说,赫梯解释基祖瓦特纳的地位,认为他是一个次级的也是赫梯与胡利之间一场游戏中的被动因素。这一令人不悦的信息被隐藏在一组同等级别的对手与聪明的内涵中(我将在下面分析),以便收信人——基祖瓦特纳能够收到它,并将其作为与赫梯对等的保证。

2. 基祖瓦特纳与伊舒瓦

在历史的介绍中,大多处理的平行问题是基祖瓦特纳与伊舒瓦之间的。他们的移动是平行的关系固定指向——主要的力量——赫梯与胡利。移动是交错的性质,即平等但相对立——因为有三个"行动",每一个角色在不同的方向上移动两次并且占据三个位置,第一个与第三个是相同的,另一个角色与第二个位置一致。

三次"行动"被同一条款介绍给每一个角色。第一个通过 pānānum "在过去"或"曾经"被介绍,表示最初的与最佳的形势:

> 曾经,在我祖父的时代,基祖瓦特纳属于赫梯的土地。
>
> (i 5–6)

> 曾经,在我祖父的时代,这些城镇(=伊舒瓦)已经到达胡利的土地上并且定居在这儿。
>
> (i 14–15)

第二个行动被 arkānum "过些时间以后"介绍并且指出在最佳形势中的变化。因而,意味着"(但是)过些时间以后"。

> 过些时间以后基祖瓦特纳将自己从赫梯的土地上分裂出去并转到了胡利的土地上。
>
> (i 6–7)

> 过些时间以后他们作为难民回到了赫梯的土地上。
>
> (i 16–17)

第三个行动被 inanna 介绍,指出一个最佳形势的恢复,到现在一个确定的局面。因而,意思是"现在(最后)"。

> 但是现在,牛群已经认出了它们的牛棚,已经进入了我的国家。
>
> (i 17–19)

> 但是现在,基祖瓦特纳的人们是赫梯的牛群,他们已经认出了他们的屋宇:他们已经把自己从胡利人中分离出来,转向了苏恩。
>
> (i 30–32)

很容易观察到,基祖瓦特纳与伊舒瓦的定位与运动总是对等与相对的,以至于三个"行动"(pānānum, arkānum 与 inanna)的交集都伴随着两个位置(赫梯、胡利)产生了下面的模式:

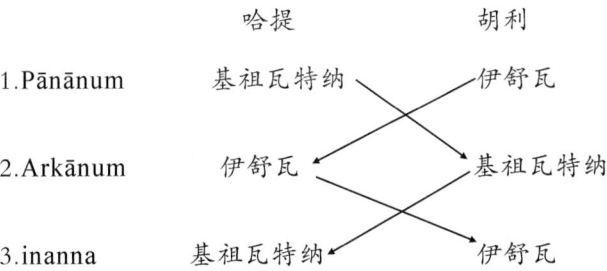

如果我们将这一变化视作赫梯与胡利之间边界的移动,并且不作为基祖瓦特纳与伊舒瓦穿过边界的物理移动(作为文本阅读),我们会得到如下的模式:

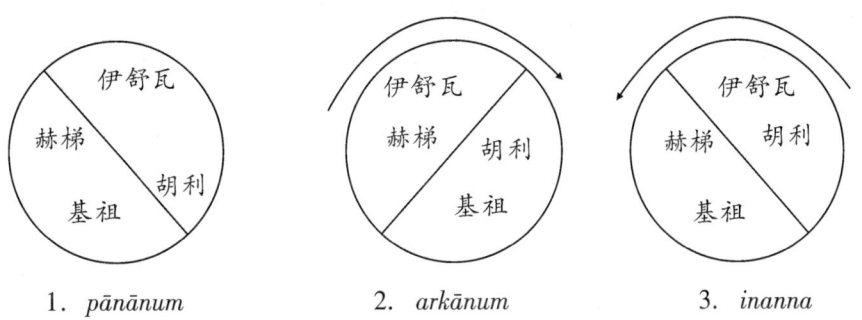

然而,我们读这些表,有两点必然变得十分清楚。首先,基祖瓦特纳在等级上(因为其位置在系统内部)与历史中(因为他的移动在系统内部)同伊舒瓦相等。这是平等的——或者至少说是可比较的——按照大小,历史角色或者当时世界的政治与文化地位来看,对于一个国家而言绝不能将基祖瓦特纳作为一个值得尊敬的可比照的对象。伊舒瓦从来没有任何主张要求获得"伟大国王"的称号,而这早已经为舒纳舒拉的前辈所设想(参见格策1940年,第73页;戈尔比1956年,第246—247页)。基祖瓦特纳在幼发拉底河谷上游一直保持着隔绝的状态,同外部的政治事件、贸易交换与文化交流都保持着隔绝状态。今天,我们对其几乎一无所知(参见克椤格尔1968年),即便知道也不是因为这个条约与沙提瓦扎(Shattiwaza)条约(贝克曼1996年,第38—50页),当然,后者多少提供了一些信息,这些信息总是偶然在其他国家的背景中才涉及。

第二点是基祖瓦特纳,由赫梯的大臣以历史的模式提及,基祖瓦特纳总是一个更大的政治系统的一部分,总是臣服于一位伟大的王的状态,因而——在我们的文本的惯用语中——牛群总该属于其牛棚和主人。后来,文本持续尝试

——相当大胆，或者至少是令人惊讶地——描绘一个解放的进程，这是从胡利势力范围到赫梯势力范围最终的替换：

基祖瓦特纳极度欢庆其解放（ina pi ṭriš）。

(i 34 – 35)

现在（inanna）苏恩陛下恢复了基祖瓦特纳土地上的自由（ana andurāri）。

(i 36 – 37)①

这既被视作一种合法的王室阶层复辟的运动，也被看作对立于更早期的从赫梯到胡利势力范围的运动，后者被视作一种征服：

胡利人称舒纳舒拉为奴仆，但是现在（inanna）苏恩陛下已经使他合法地成了国王（kittam）。

(i 38 – 39)

一方面，这里有一种刻意的操作，表面上对事件的解读最有利于基祖瓦特纳；另一方面，该文本的内在逻辑也隐含和暗示了一个真正的意义，那就是基祖瓦特纳并不情愿。

3. 以传统为准则的公义

这三个行为的内在关系的形成并非偶然，而是建立在这样一种使观众确信的方式上，即当前的局面——条约之一必须得到批准——是正确与最佳的，或者说因为其正确而理应变为最佳。条约利用了回溯过去的局面以参证当下的标准模式，这样做的目的就是让当前的局面嵌入过去已经被证明是正确的原型之中，因而使这个世界的条件趋于完美（关于过去的原型特征，参见伊利亚德 1949 年；范·德尔·莱乌 1949 年）。由语义模糊的词 *pānānum* 所引导的第一个行为是对这一模式的陈述。这样的语义模糊使得"过去"被表达为一种最优的条件而非历史上确定的时间。还有 *ana pāni abi abiya*（在我祖父的时代），这样的表达只是看起来更为特殊，并非指真正意义上的祖父，而一般是指足够久远的祖先（CAD A/1，70），他们活着时确保传统与公义，死后使之具体地持续下去（因此先人的角色是法官；参见克楞格尔 1960 年、1965a；

---

① 动词 *paṭāru*（其语义场从"分离"到"救赎"）惯用于中性地暗示赫梯与胡利的分离。在第 34 行变成了一个欢乐的事实（作为一种"从束缚中解放"的"脱离"），而且在第 37 行左右也被习惯性地作为一种 *andurāru* 的同义词，意味着"自由"（从束缚中得到解放、救济）。

麦肯齐1959年)。

因此,原初的局面就是正确的,本来基祖瓦特纳"属于赫梯"(šdutti ibašši)。因此无论现在还是将来,基祖瓦特纳属于赫梯都是正确的。类似地,伊舒瓦最初属于胡利,所以赫提不对他提出要求。相比之下,中间阶段就是变更的时间:基祖瓦特纳与伊舒瓦将自己从原来的主人处剥离,并依附新的主人。因此他们进行了一个修正,发表了关于事件的正确声明。显然,中间阶段的功能就是强调相对和正确的声明。其功能就像一对括号,将消极的特征封起来,而在其外更加清晰的是领先与落后于它的积极特性。这就是文本的内部逻辑和作者主观意愿所暴露出来的。

但是,如果我们意识到这一历史编撰学思维模式所具有的偏见性对"原初"条件下的神话特征的偏见,我们就应该将自己限定在真实与完美的档案性事件之中。我们应该意识到这种取代导致了最终的状态,实则构成了真正的改变与真正的"不公平"。基祖瓦特纳作为胡利的前封臣,已经被赫梯吸收。胡利人进行抗议并且在法律的条款内适当地行事——当然,以政治术语来讲,强大的当事方就是正确的一方。从一定的视角来看,我们可以概括地给胡利贴上如下的标签:最初始的实际状态是,基祖瓦特纳是胡利的封臣,然后变为屈从赫梯。为了重新平衡这一模式并且使公义获胜,胡利应该再次改变这种情况并且恢复其对基祖瓦特纳的控制。在另一方面,为了维持平衡的模式,赫梯只需要一个简单的"历史编撰学"的伎俩。这就需要导入一个之前"初始"的局面,却要符合当前的情况,同时将基祖瓦特纳的属臣状态由胡利自动转换成负面的状态,并且由暂时性地中断进而达到将其消除的目的(参见利维拉尼1973a,第184—188页)。

很清楚的是,这种"人为"阶段,目的就是将其他阶段安排为一种连贯的模式,这是第一种模式,而非第二种。通过将第一阶段视作神话的,我不需要探寻已经发生的属于第一阶段的事件是否是纯粹的历史问题。如果我们愿意调查这个问题,第一阶段的神话特征很可能会更加明显地揭示出来。仅仅在我们的条约生效后,基祖瓦特纳便失去了其政治独特性。在他从属于胡利——或者与胡利结盟——之前,基祖瓦特纳是一个自治的王国。我们必须回溯两到三个世纪,去古赫梯王国寻找作为赫梯属国的基祖瓦特纳的疆域。但是在那个时期,基祖瓦特纳并不是以这个名字存在的王国,作为一个国家,其政治生命还没有开始。无论如何，条约所采用的历史编撰学模式将被认为是不正确的，因为它忽视了不相关的整个自治的阶段，这一时期，基祖瓦特纳国王还在使用"伟大国王"的称号。

但是，就像已经陈述的，进入一个适当的历史分析类型是没有必要的。因为根据其措辞，"过去基祖瓦特纳属于赫梯"的陈述本身就具有神话的特征。文本的作者并没有提供历史的细节，因为他不想他的陈述嵌入历史。如果这样做，他将冒着进一步退回到"原初"时期的风险，这将具有一种正义的范型功能，因为它存在于每一个偶发事件与变化之前。相反，一个绝对的陈述不可能被篡改，因为它涉及一种原型却并不涉及一段历史时间。

这一历史编撰学的程序相当普通。若干年后，例如，赫梯的大臣不得不同乌加里特建立关系。这是一种困难的情况，因为乌加里特（Ugarit）长期是埃及的附属，早先同赫梯并没有政治联系。赫梯的大臣通过对之前关系的创新而轻易地解决了这个问题，或者至少通过将本质上不是政治的关系赋予政治价值而解决了问题。"过去，你的父辈们是朋友而非赫梯国王的敌人，因此，现在你也是如此，尼克梅帕（Niqmepa），你应该是我朋友的朋友还是我敌人的敌人"（诺盖以罗尔1956年，35—36：7-13）。这里，也是缺乏之前的历史设定，强调了由来已久的关系神话的特性，这种关系作为一个原型发挥功能。这一历史介绍令人吃惊地简短，强调之前的关系实际上是缺失的。

初始的原型价值的最佳例证由哈图西里三世与拉美西斯二世之间的条约提供，在介绍性陈述中，由条约所建立的友好关系是赫梯与埃及之间关系的最佳和原创类型。后来发生了一个消极的影响中断了关系，即在穆瓦塔利（Muwatali）的时代，但是，现在积极的情况被永久地恢复了。（尤见埃及版本：ARE III，§374）。

这一模式有三种行为的力量，其中第一种被赋予一种原型的价值，在塔尔米-沙鲁玛条约中的反面使用也是明显的（魏德纳1923年，第6号，Vs11-14和Rs11-12）。在赫梯与阿勒颇之间关系的故事中可以确认的是，阿勒颇"曾经"（*inapāni* 对应于 *pānānum*）是一个"伟大的王国"。后来"哈图西里之后"（*arki Ḫattušili*，对应于 *arkānum*），使伟大的王国阿勒颇走向了终结。因而，他也十分焦虑未来（*inaarki ūmi*）阿勒颇可能再次"成长"而赫梯要付出代价。阿勒颇的新任国王，赫梯国王的族兄弟，并没有被怂恿着以家族团结的名义做任何类似的事情。因此，不管怎样，赫梯的大臣总是能够以最便利的方式使用关系的原型范式。

4. 以互惠性为准则的公义

将传统的思想作为范型以指导正确的行为只是暗含——尽管也是清楚的——在舒纳舒拉条约中，文本公开表明的另一种思想是一种补充而非对立：互惠所指的是正确的，因为其对于双方都是有效的（参见佩雷尔曼与奥尔布赖茨‐泰特卡1958年，第297—305页）。伊舒瓦的故事作为基祖瓦特纳案例的范型被明确地讲述出来。为了看起来更具有说服力，互惠的思想只由胡利国王陈说出来，亦即现在能对基祖瓦特纳提出要求的那个人：

> 苏恩陛下给胡利人发出如下信息："如果某些国家愿意将自己从你那里分离出去并且向赫梯发出诉求，（你认为）这怎么样？"胡利人送信给苏恩如下："完全一样。"

(i 26–29)

当赫梯方面谈及基祖瓦特纳的情况时，他们重复了胡利在面对伊舒瓦的情况时所使用的特有词句，这里有一种非常明显的讽刺与得意的语气。这一思想曾经被胡利人表达，现在反而使用到了其身上：

> （胡利国王谈及伊舒瓦：）现在牛群已经认出了它们的牛棚，它们已经进入了我的国家。

(i 17–19)

> （赫梯国王说：）现在基祖瓦特纳的土地是赫梯的牛群，它们已经认出了它们的牛棚；他们已经将自己从胡利分离出来并且转而投向了苏恩。

(i 30–31)

胡利人不能抱怨，因为过去胡利国王拒绝了赫梯国王同样的要求而且创造了一个现在被赫梯国王接受并使用的范例。

这种逻辑与非常简单的程序也被应用在这一时代的其他文本中（参见扎卡格尼尼1973年，第103—104页）。最明确的例子，同时也是与基祖瓦特纳‐伊舒瓦最相似的一个例子，被发现在埃及的赫伦霍普与赫梯的摩西里二世（Murshili Ⅱ）之间关于外交联系的一封信中（KUB XIX15，参见斯特法尼尼1962年；1964年）。法老甚至都没有费心考虑答复，只是非常含蓄地拒绝了赫梯引渡背叛的泰特（Tette）［努哈设（Nuhashe）国王］的要求，泰特已经投向了埃及一边。后来，当埃及法老要求引渡投向赫梯一方的属臣吉尔塔亚（Zirtaya）时，赫梯国王想起泰特的例子中埃及的行为而拒绝了。这儿平衡是完美的，毫无问题。

在舒纳舒拉条约中，相比之下，局面更为复杂，分析其内涵可能有助于对一种评估补充一些元素。如果互惠的标准"以好的信任"被接受的话，我们将期望双方的行动用同样的话语呈现出来，并且以同样的方式进行道德上的评估。但是，这并不是其所发生的样子：赫梯作者在每一个场合暗示双方可以视作平等的，其实并不是真正的平等，赫梯国王更加宽宏大量，出于和平的理由而允许其平等。

其功能作为一个模本，初始的情势表现如下。在基祖瓦特纳的例子里，是一个静止的情势因而是真正的原型（如上所指）："基祖瓦特纳的土地曾经属于赫梯。"反过来，在伊舒瓦的例子中，是一个次要的情势，不是静态的而是替代的结果："曾经，这些城镇想进入胡利的土地并且定居下来。"胡利国王发表了这一声明，以将其坐实。胡利国王自己很清楚地意识到伊舒瓦属于胡利的次级特征。胡利国王——非常和善地！——同意作为原初情势再现来考虑这一事件，而他能够燃起反对意见并否定这一事件，该事件是一个充分主张胡利对伊舒瓦权力的基础。

第一个替代者，即带来中介与混乱的国家也发出了不同的声音。基祖瓦特纳"将自己从赫梯转向了胡利"。所说内容没有特殊的内涵，但这次从原初位置的"拆分"是一种无法被评估为积极性的行动。相反，伊舒瓦群体"到赫梯做难民"（*ana munnabtūti*）。他们的行为完全是可以谅解的：很清楚他们的替换实际上是一种"回归"，与"出走"相反，后者在稍早时候创造出虚假的原初情势。这也是一种从无法忍受的情势下的"逃脱"。胡利人将事件解释为一种骚乱，这混合着赫梯人将其作为恢复原初情势的一种解释。从赫梯的观点来看，在早期阶段，伊舒瓦属于赫梯，胡利人却试图隐瞒这一点。

最后，帮助国家恢复的第二回位移，再一次使用了不同的措辞。对于基祖瓦特纳，同样的措辞被用来作为第一回位移的表达（"他们将自己从胡利分离了出去并且投向了苏恩"），这带有使之形成代数式的零和情势的明显目的。因此最终的状态确实是原初情势的复原。对伊舒瓦，文本清晰地提到了一次叛乱："当伊舒瓦的土地屈从于苏恩的时候，敌对（*nukurta issabtū*）苏恩也开始了"。

这样一种行为客观上是对苏恩的冒犯。

因此，赫梯的态度表现出了宽宏大量与十足的平等。赫梯同意考虑伊舒瓦最初属于胡利的情况，虽然有些事情并不真实。赫梯同意将基祖瓦特纳的"分裂"与伊舒瓦的"回归"放在同一标准上看待，甚至同意将基祖瓦特纳的"释放"与伊舒瓦的"敌意"放在同一标准上看待。这样一出戏从内涵上引导观众认为胡利国王是没有理由抱怨的。

5. 强迫性类比

这出寓意剧由赫梯的大臣所策划，目的是创造一种失衡，甚至暗示一个互惠的阐释是赫梯方面做出的主要让步。不用怀疑一个历史的事件分析将产生完全不同的结果，对发生在伊舒瓦与基祖瓦特纳之间的事件进行分析，意在证明赫梯合并基祖瓦特纳的合法性，这也是强制性的。这正是操纵历史事件的结果。

两个王国在重要性上的不同已经被指出：一个伊舒瓦与基祖瓦特纳的"交换"根本是不公平的，赫梯得到了全部的利益。考虑到根据交换，伊舒瓦与基祖瓦特纳的对等本身，实际上就是对胡利的嘲弄。而现实甚至更糟。细读文本就会发现，"交换"（或者类比）根本就不是在基祖瓦特纳与伊舒瓦王国之间整体上进行的，而是在基祖瓦特纳王国与部分来自于伊舒瓦的难民之间进行的。基祖瓦特纳的故事——就像我们的文本中所讲的——是直线型的。王国及其整个疆域最初都属于赫梯，然后离开赫梯加入胡利，最终又离开胡利再次加入赫梯。整个疆域的"运动"并不是在物理意义上，而是在政治关系上。在政治忠诚内的这些变化对于国家间的设定具有极大的意义：他们在赫梯与胡利之间的边境上运动，影响范围从埃曼努斯（Amanus）到陶鲁斯（Taurus）山脉，从叙利亚与幼发拉底河到安纳托利亚全境。无论赫梯还是胡利都在西里西亚（Cilicia）通向大海。总而言之，基祖瓦特纳的控制决定了竞争者的政治命运。

伊舒瓦的故事——就像我们的文本中一直讲述的——是不同的，只有非常粗心的读者能够被基祖瓦特纳的类比愚弄并且理解伊舒瓦在赫梯与胡利之间的两次迁移（但是在相反的方向）是相似的。事实上，伊舒瓦的状态是"苏恩的奴仆"；这一稳定的地位从未产生疑问。伊舒瓦背叛与赫梯惩戒性远征期间，发生了伊舒瓦的居民有组织的逃到了胡利领土的事件。难民的具体数目从未被记录，显然，比起叙述实际情况，赫梯方面更希望暗示人数众多。最初他们被叫作"伊舒维安人（Ishuwians）"（几乎完全而合理地被恢复：URU [*I-šu-wa-i-*]

ú），一些"城镇"（URU. DIDLI. ḪI. A）——很明显在"社群"（因为他们的迁移）的意义上，亦即定居点——居民接近他们可能穿越的边境。① 伊舒瓦的领土同其大多数人口恰好保留在一起，事实上，不久之后胡利人就劫掠了这片土地并带走了囚徒。所有穿越边境的不过是一些难民。

胡利国王拒绝了赫梯引渡的要求并且讲述了这些社群的故事——不是整个伊舒瓦土地的故事！——从他的视角看内容如下：这些群体在过去已经进入胡利避难（原型模式），然后他们"作为难民"回到赫梯（因而是暂时的）。现在他们已经选择了他们的牛棚并且决定永远待下去；赫梯国王不能要求引渡他们。

这一关于伊舒瓦难民的琐碎的故事被赫梯作为一种有效的类比而重复，同时一个有效的先例将建立起基祖瓦特纳被合并的正确性。类比纯粹是形式上的而根本不是实质性的。这涉及替换的仪礼，而无关替换条目的数量与质量。一次"交换"在伊舒瓦山地群体与基祖瓦特纳重要的王国之间完成。当胡利人听到，伊舒瓦难民那无关紧要与被遗忘的故事，现在被重述用以反驳胡利人对基祖瓦特纳合并的抗议时，他们一定感到非常惊讶。

6. 有偏见的历史编撰学

我们的分析可能在这儿停止，因为场景描述得足够清楚了。舒纳舒拉条约中的历史介绍很明显利用了一种对等的模式——建立了类比与二元对立，其目的在于使基祖瓦特纳在获得平等关系时感到安心。但是对等被改造了，或者至少产生了疑问，有两种偏见：（1）一种受迫的对等在两个实际上不可比较的事件之间建立；（2）在赫梯与基祖瓦特纳之间的对等被淹没于赫梯与胡利之间的对等。后一点是如此具有破坏性以至于在历史的介绍中——作为与司法对立的环节——几乎没有留下赫梯-基祖瓦特纳的对等空间。这一对历史的介绍在暗示基祖瓦特纳独立时代的永久性终结并且其地位是赫梯的属臣方面比司法部分更为清楚。当历史性的介绍部分被阅读之后，许多平等条款具有说服力的效果被极大减弱了。仅仅在字面上阅读该条约，将产生一个基祖瓦特纳是受到平等对待的一方的印象。条约中频繁强调的只是平等的对待，而真正的等级上的不平等却从未得到清楚的陈说，只是在字里行间被暗示出来。赫梯国王看起来好

---

① 关于迁移的穿越边境的社群，参见帕达提舒（paddatishu）条约（梅耶尔1953年，*KUB* XXXIV 1：17–20，第116—117页）。这一现象非常适合于赫梯、基祖瓦特纳与伊舒瓦之间的边境的丘陵与牧原区域。

像并未考虑告诉基祖瓦特纳国王其真正合适的位置究竟在哪里,就那么让他自己理解。①

显然,听众并非只有国王一个人。包括朝堂,那里已经习惯于养成某种野心,去保留特定的等级,追求特定的政策。也包括整个大众,他们也在某种程度上对王国的政治命运保有兴趣。这样的听众必须知情和被说服,带着应有的谨慎,认识到他们国家的自治结束了。

这一演说在本质上就带有偏见——因为其目的在特殊的结论——但是它由历史事件组成。赫梯历史编撰中将其作为毫无偏见、牢固且公正②的典型再三称许,当在国际条约中使用这样的历史介绍时,并无意义——我认为根本毫无用处。③ 这些介绍在其根本的意义上确实是历史的。"事件"被关注并以特殊的目的来安排;他们瞄准的是精确的意义,显然事件的安排绝非随机而为。为了最大化服务于作者的论断,"事件"被以一种方式选择与呈递出来。④ 这样的选择充满了偏见,隐藏了真实的事件并且捏造另一些事件。所呈现的事件被精确的道德判断特征化了。它们是积极的还是消极的全凭行事人本身是正向还是负向的来评估。选择与道德判断产生了有意义的场面并且表达了一个传递意义的强

---

① 沙切梅耶尔 1928 年,第 180—186 页;科洛锡克 1931 年,第 6—7 页及诸处;索莫尔 1932 年,第 344—345、392—393 页。关于舒纳舒拉条约是"平等的"还是"臣属的"的讨论,暴露出一个过分僵死的限定与初级的司法分类,并没有考虑文本的复合语义目的和时间的差异。科洛锡克灵活的立场比起索莫尔严格的立场更为容易接受("Das der Vertrag…seinem Inhalt und seiner Formulierung nach as Ganzheit paritätisch gedacht ist, davon kann man wirklich nicht zweifeln")。

② 这种称许或多或少有意识地被重复,既出现在一般意义上对赫梯文化的处理中,也出现在更为特殊的赫梯历史编撰研究中。这里由佛拉尼(1939a;1939b)所做的两个研究需要被提及,其独创性现在看是明显的,在某种程度上依然是有价值的。古特波克 1938 年,第 96—97 页显出了他对历史编撰模式的依赖,这在当时的德国占有支配地位,其目的是客观性与无干涉。他为了历史自身的原因而搜寻到一个历史传统,"作为非官方史学(die nicht der offiziellen Geschichtsschreibung dient)",排除了整个政治史学,仅仅接受古王国的神话传说故事,如"乌尔舒的围攻"。这看起来仍具有卡门胡波的方法论背景(1958 年)。

后来,争论集中于:赫梯史学是否是"真正"的史学?"真正"的史学是否开始于赫梯或者以色列?"真正的"史学是否可能在古代近东的其他地方建立?赫梯对于历史的天才书写是否应该与他们的印欧起源相联系?(卡门胡波 1958 年,第 152 页,讨论了细节但并没有基本的方法)。这样的质疑今天应该被放弃或者以不同的术语重述。

③ 见阿奇 1969 年与克楞格尔 1969 年的处理:两位作者都搞清楚了赫梯历史书写的目的在于宣传展示而非"查找真相"。

④ 关于有说服力的讨论的特征,见佩雷尔曼与奥尔布赖茨 - 泰特卡 1958 年,第 154—160、169—174 页,还有各处。这本书里大量的修辞技巧研究可能是以舒纳舒拉条约作为例证的(例如,比较模式与非模式的页码,还有类比等等)。

烈企图。使用这个历史的介绍可能是草率的——它们字面上所陈说的——用它们来重建两个国家的关系史是不谨慎的。另一方面这也是正确的——而且也是更为有趣的——使用它们重建意识形态的团体，这些团体在互惠的辩驳中提供不同的阐释和表演。

　　这里所研究的例子，基祖瓦特纳的故事，甚至还有伊舒瓦的故事都是如此，这些完全都被赫梯的这位作者建构一种模式的企图夺去了光彩。它们成了虚幻的故事，如果作为"真实的故事"来使用就会无法辨识，引人误入歧途。可是，当这个条约被写下来时，浮现出来的却是相反的评估、阐释与反应。基祖瓦特纳的公众观点也存在，不过伴随着恢宏的记忆与对排位上降低的艰难接受。赫梯作为"胜利者"的阐释，目的在于有节制地陈说和展示局势的稳定。胡利人的阐释，由控诉与抗议组成。在基祖瓦特纳，观点被赫梯作者牢记，他使用了积极的声调并且有节制地陈说了变化的相关问题。但是胡利人的宣言也被赫梯人牢记，他们总是关注胡利人在司法层面与自己的矛盾之处，还有在军事层面，胡利人也同赫梯有战争的行为。

　　因而，我们处理一种带有偏见的历史编撰的时候，反而获得了一种实用功能，精确的讯息要表达给精确的与不同的听众，这可以作为一个通道。在其最充分的意义上讲，这是一个政治性的历史编撰：没有人会处理历史性-政治的事件，但是人们会制造政治，使用事件原始材料的目的，是建构面对彼此的、政治上的是非行为准则。

四、信息之于演说与听众的标准

　　正像我分析的一个结果所指出的，舒纳舒拉条约的历史与司法部分，在文本的对称模式与文本在对等基础上所呈现的关系的政治目的之间是一致的。尤为特殊的是，我已经指出在正式的对称中的变化与政治的对等之间是一致的。在记录下来的变化的正式结构中，一个确切的耽搁已经在他们的政治实质中被完成，导致条约的（赫梯）作者意图改变那种简洁与明晰的关系，因为这理所当然会使基祖瓦特纳感到痛苦。

　　在基祖瓦特纳与赫梯之间的对称关系衰落之后，另一个对称关系在条约中浮现出来：在赫梯与胡利之间的，相当真实却同赫梯与基祖瓦特纳毫无关联的一个条约。对称模式的两个标准——赫梯-基祖瓦特纳越是故意的对称（尤其在司法部分十分清楚），在赫梯-胡利之间就越是隐含的对称（在历史介绍部分特别清楚）——也可能被理解为建立在两个标准之上的整个文本的通用模式的组成部分。

演说的一个标准是为了解决赫梯与基祖瓦特纳之间的关系问题：这是一个完全自觉的标准，通过重点的步骤所强调，其最佳例子尚处于公开讨论之中。这是演说的标准，即我们期待着发现一个赫梯与基祖瓦特纳之间的条约的标准，其确实存在于更早的条约中，当政治形势与条约形式一致时，一切都是充分而无疑义的，这仅仅是演说的标准。

但是也有第二个标准，它解决的是赫梯与胡利之间的关系问题：这是一个无意识的标准——或者，即便它是有意识的，它也被狡猾地掩饰为无意识。我们通过阅读被掩藏的企图而不是精确的词句发现了它。这一标准适合于稳定的政治局面。通过这一条约赫梯国王使一种变化在政治形式中正式化，这将对胡利产生损害。结果在拟定条约的过程中，赫梯大臣注意着——或者全神贯注于——胡利人的地位。这样的全神贯注深深地贯穿条约，并且变成一种秘而不宣却又可见的特征。

以这样的方式，胡利也发布了一个信息保留在条约文本中。一些条款属于司法部分，特别在整个历史的介绍中，从赫梯到基祖瓦特纳作为一段信息没有什么意义，而从赫梯到胡利的信息意义却十分明确。在演说的两个标准的比较中，我们感到两个信息的发布对于那些演讲的获益者而言是按照两个标准差异化了的。官方的、天然的、明确的接受者是基祖瓦特纳，他接受的是上层的、显露的话语标准。胡利是第二层级的接受者，对接受了隐性的话语标准的接受者来说，他虽不相干，却在事实上更重要。看起来好像赫梯利用了这一机会通过基祖瓦特纳条约发布了一个信息给胡利——大声讲给一个不相干的接收者，为了使另一个身处遥远距离且没有正式聆听的人，收到一个警告。基祖瓦特纳被用来在赫梯与胡利之间建立通信，当时，这种通信在官方上中断了。我们不知道实际上作为最终接收者的胡利如何收到这样的信息。有各种可能，诸如通过一个在舒纳舒拉的朝堂上支持胡利人的聚会来完成。无论如何，文本符号学的复杂性研究符合一个狡猾的政治行动——担忧与辩护、沉默与含糊的建立——这样我们的分析已经能够重建，至少部分是这样的。

第三部分

叙利亚

第四章　将乘战车赴沙漠[①]

引　言

在 15 世纪早期，阿拉拉（Alalah）城，在今天土耳其（Turkey）南部、叙利亚阿勒颇西部约 50 千米的地方，一位地方的统治者留下了一座带有铭文的个人雕像，以表记自己的文治武功。他从阿勒颇开始被追逐，从家族所在的城，穿过沙漠，一直到幼发拉底河的艾马尔（Emar）。在这里他决定加入一个叫作哈比鲁（ḫabiru）的战士组织。几年后他征服了阿拉拉城，并且最终被米坦尼的国王——该地区的统治者——巴拉塔那（Barattarna）所承认。

这个故事为伊德利米征服、统治一座与他此前毫无关系的城市提供了一个辩护（参见第七章），创造故事的目的是使国王看起来更有资格完成这一任务的形象。故事包括一个文学性的英雄母题，英雄使自己进入一个充满敌意的疆域，他要在这里证明自己的价值。本章要将这一母题与相似的已知神话传说的母题相比较，并且通过古代近东的其他文学追踪它的源流。母题分析所使用的方法是 V. 普罗普分析神话传说的方法。埃及"命定王子"的传说会提供与伊德利米故事最为清楚的一个对照。故事的主人公是埃及一位不知名国王唯一的儿子，他出生时，有预言说会死于鳄鱼、蛇和狗，因此他被他的父亲藏在一个安全屋中。但是，一天他自己驾驶战车出发到叙利亚的纳林（Nahrin），因为他能够独自通过考验，在那里他被选出来同本地的一位公主成亲。后来他的妻子强迫他同命运抗争保护自己，他可能就不再逃避命运，尽管文本的结尾并没有保存下来。文本显然是一个神话传说，但是在近东的若干多样类型的其他文本中都部分包含着这一母题。这样的文本一定要按照它们的实际进行分析，也就是要当作虚构故事而不是历史记录。

[①] 初版标题是 "Partire sul carro, per il deserto"，载《那不勒斯东方大学学报》1972 年第 22 期，第 403—415。

伊德利米的铭文已经被翻译了许多遍了。最新的英文译文由朗曼（1997年）完成。

在两个更早的版本中我已经指出，细节与结构上的特征强迫我们将伊德利米雕像上的自传性铭文当作神话传说的文学风格的表达，或者一个历史编撰文本的更佳的例子，这一文本利用了与其他的神话传说相似的范式与叙述方法。可是，关于这两种情况，我分析的焦点是不同的——数字7（利维拉尼1967b）与《乌加里特史诗》（利维拉尼1970）——如此，一些分析的方法与比较的点没有考虑进来。在这里呈现出来我想是有意义的。①

一、伊德利米与命定王子

在神话传说的风格中，埃及"命定王子"的传说（利琪泰姆1973—1980年：II，第200—203页）提供了与像克里特的乌加里特之类的史诗最好的对照（库根1978年，第58—74页），也与像伊德利米（Idrimi）的历史文本之类的作品有着最好的对照（见利维拉尼1970年，第868页）。因为这三个文本目的不同，所以风格不同，但是叙事的发展走向是一致的。三个文本仅仅覆盖了大约两个世纪的时间［伊德利米在公元前1480年，凯尔特（Keret）在公元前1360年，命定王子在公元前13世纪］。在三个文学风格中都同时使用了相同的模式，但是不同的社会文化功能却提醒我们不要陷入可能的进化论幻境。我建议对这些文本的研究不要将其当作寻找一种"原初"模式，然后寻找次级模式或者派生用途的问题。相反，这是三个有差别却又具有相同模式的并行应用研究的问题，这很明显适合于表达广泛的政治与社会张力。

我们不能在它们各自的常规模式中比较伊德利米的故事与命定王子的神话传说。至少一段文字指出两个故事都使用了一个精确的文学传统母题。伊德利米故事的第13—15行：

---

① 利维拉尼1970年的研究，尤其是861页之后，我在研究中设想伊德利米故事的本质特征是神话传说的范式（就像普罗普在1966年所定义的）。根据普罗普的象征符号，我们可以将这个故事类型化，并且能得到像 XW↑R↓LVRmPSN 这样的一些事情。我不会走得更远，因为普罗普分析中最细致的部分只能用在其来源材料上，还因为结果看起来常常像是仅仅对事实内容的再介绍而不是渗入的正式分析（就像列维-斯特劳斯所注解的，普罗普1966年，第185页）。

> 我带着我的战车，我的骏马，我的马夫；我穿过沙漠并且来到苏特人中间。

下面是命定王子传说中相应的段落：

> 然后为他给马车装备好马具，带上各种武器，仆人跟随他作为随从。他被载送到东部海滨并被告知："无论你希望去哪儿"，他的灵缇犬都会跟随着他。他向北穿过沙漠，随着自己的心并且靠着最好的沙漠技巧生存。

> （利琪泰姆 1973—1980 年：II，第 200—201 页；关于这个文本的神话传说特征参看派珀 1935 年，第 41—44 页）。

除了事实，埃及的文本有更多的细节，而在伊德利米的段落中，只有一段铭文用在有限的空间里，两段内容明显相似。英雄乘战车进入沙漠，带着马和马夫，离开了他最初的群体——尤其是他父辈的家庭——开始了自己的历险。我们不能用偶然来解释这种母题上的相似，而应该考虑这种可能性，即两个文本的作者都有意识地使用了这个母题。

二、母题的其他资源

在其基本的轮廓内，这一母题包括了孤身英雄的介绍，他带着最少的装备（战车、马匹、仆从），进入沙漠开始历险之旅。伊德利米与命定王子在母题设置方面是一致的，还有精确的叙事顺序，我们将很快看清楚这一点。其他文本对这一母题的使用有所不同——或者更加隐晦——具有特殊的功能，尽管通常的目的总是通过指出其孤身一人而强调英雄的勇猛。我将给出一些例子，时间都在公元前 1500 年到 1200 年之间。

在某些情况下母题被包括在一次战斗叙事中，沙漠的设定不存在。但是无论哪种情况，英雄都是孤独的，或者因为他被部队中其他人抛弃，或者因为他自己离开了部队，然后他发现自己处于一个充满敌意的环境，陷入敌人的重重包围。在孟菲斯（Memphis），阿蒙诺菲斯二世（Amenophis II）的石柱上刻写着这样一段，就属于这一母题，如下：

> 陛下乘战车行进到哈沙布（Hashabu），孤身一人，没有任何人陪伴。不久，他从那里归来，并且带回了 16 个活跃的马车弓箭手（*mary-*

annu），站列在他战车的两边……

(*Urk* IV 1304；J. A. 威尔逊，普理查德出版社1969年版，第246页)

其他段落以同样的铭文强调了身处孤独的国王恰在此时开始了他的事业，通常伴随他的是战车与马匹。这一母题在卡迭石（Qadesh）战斗诗篇中变得更加复杂，诗歌以如下段落开始：

陛下所骑的就是阿蒙神（Amun）所爱的尤瑟马尔·骚特佩尔（Usermare-sotpenre）的伟大马厩中的号称底比斯胜利的伟大战马。陛下驱驰飞奔，从赫梯控制了敌人的武装力量，自己一个人，没有任何人帮忙。

(利琪泰姆1973—1980年：II，第64页)

该诗篇继续反复强调了国王的孤身一人，他被自己的军队背弃——强调这一点的目的并不是减少争议性（博森内尔1963年，第64页）。在孤独中，国王成功提到了由他的助手做出的贡献，就是他的御者门纳（Menna）与两匹战马，他们的名字被记录来而且他们的辅助将被充分奖赏。①

另外，这个母题也被用来表现与狩猎相关的内容，有两个例子可资证明，一个是埃及的，一个是巴比伦的。在图特摩斯四世（Tuthmosis IV）的"斯芬克斯石碑"上我们可以读到：

他在孟菲斯的荒原上纵情驰骋，以度余暇，从南到北用铜制箭头的箭猎杀狮子与羚羊，驾着战车，纵马快如疾风，陪在他身边只有一个人，没有其他人知道。

(*Urk* IV 1541，8 – 15；ARE II 813)②

还有，在巴比伦的"悲观的对话"中，为了一个可能完成的目标，主人公提出了如下想法：

快，把战车带来，为我套上；我将驾车去大草原。

(拉姆波特1960年，第144—145页：1.18)

从接下来所记述的，很清楚他想去狩猎。但是注意，在两段文字中，有一些事情比起单纯的狩猎更重要，这还在争论中。在年轻法老的例子中，狩猎可

---

① 在埃及，这个母题自然地同十分著名的法老独自驾驶战车击败他的敌人的图像母题联系在一起。
② 关于这一个类似的文本的文学模式，参见赫尔曼1938年。然而，这里我们的母题并没有被分析。对于狩猎的母题，在那一时代法老的图像中频繁地被描绘。

能让他证明自己的勇武。但重要的是,这一时刻他在梦中得到了一个承诺,他将成为国王。他在沙漠中奋力追逐狩猎后,停在斯芬克斯边上休息,沉睡的时候做了这个梦(关于政治的暗示,参见多纳多尼 1959 年,第 179—180 页)。在巴比伦对话的主角的例子中,狩猎是做有意义的"事情"的一种方式,也可能是一种最终被放逐的结果,这样的结果是所有其他主要角色共同展示出来的。但是,或许——牢记我们母题里英雄的角色——乘战车离开奔赴沙漠的目的不仅是一个"去狩猎"的问题,因为仆从将使之平凡化,也是一个"开始冒险之旅"的事业(布彻拉提 1972 年,第 91 页)。

最后一个例子是阿肯那顿(Akhenaten)的阿玛纳边界石碑,这一母题被用在"一座城市的建立"的背景中:

> 国王出现在装有精美金饰的伟大战车上,像阿顿神在破晓时踏上光明之地并且用他的爱填满两片土地。在第一次发现它时就踏上去往阿赫特 – 阿顿(Akhet – Aten)的完美道路,陛下已经修建了这条路……一直通向南方,在阿赫特 – 阿顿的南部大山,陛下在父神阿顿面前停下了他伟大的战车……
>
> (Urk IV 1982 – 83;利琪泰姆 1973—1980 年:II,第 49—50 页)

这里我们再次发现所有基本的特征:英雄是孤独的,驾驶着战车,开始到沙漠("大山")的冒险旅途,就是为了开始决定性的行动。

三、叙事范围内母题的地位

在这些段落中,还有其他可以举出的例子中,母题被修改以适应不同的局面和目的。在伊德利米与命定王子的故事中,母题明显被用来表达一个特殊的意义,在一个叙事序列中,有一个固定的点来表现这一母题。后来,故事提供的设置聚焦于英雄麻烦的处境,它们事关对行动的突然决定。在两个文本中,英雄的决定终结了一个静滞的时期。在伊德利米的故事中,紧接着整个王国中使他的家庭缺失的是一次带着母系的亲属的不名誉的避难,英雄可能独自终结这一切:

> 我的兄弟们,他们都比我年长,和我待在一起,但是他们没有一个人计划出什么和我一样的行动。我对自己(说):"一些人想拥有其父的宫殿,(而)另外一些人只是想做埃玛尔人的奴隶"。(因此)我

带上我的战马,等等。

(伊德利米7-12;参见A. L. 奥彭海姆,普理查德出版社1969年版,第557页)。①

在命定王子的故事中,年轻的英雄要终结他的父母收到的他命中注定的厄运而裹足不前的状态:

> 现在,时迁日久,男孩已经完全长大成人,他给父母去信说:"待在这里是我注定的命运吗?我要与命运抗争。让我去,我可以按照我的本心行动,直到神按照他所安排的赋予我命运。"然后,他给战车套上了马具,等等。

(利琪泰姆1973—1980年:II,第200—201页)

显然,先前的停滞与英雄的决定性行动之间的对立在强调他的英武方面是有效的,这通过设定他离开那些因武力行动而反对英雄的家庭成员(父母、兄弟们)而实现。② 在故事的发展中,行动的决定具有一种识别功能:它将英雄(离开)与非英雄(留下)区分开来,同时也区分决定前(保持和家庭在一起)后(为自己的命运负责)主角的行为。

在故事发展范围内,母题被置于表达的意义功能的位置。在神话传说模式中,不仅建立了同样的母题——甚或同一对母题:决定行动+离家——它们也出现在同一个时间点上,即困难的设定被展示出来之后。这是因为,在故事里这些母题具有同样的叙事功能。在普罗普的分析中(1966年,第44—45页),母题相当于"反应的开始"(象征W)与"离开"(象征↑)的要素。它们的出现,它们的紧密结合(W↑),它们在序列中的位置,它们与背景还有进一步发展的关系导致最终的解决方案——尤其是它与帮助者和魔法工具的联系,我们将马上看到——是分析整个神话传说模式的最好的确定性要素。结果,伊德利米的故事还有命定王子的传说都是一个大的叙事文集的一部分,这些叙事共享发展的同一模式。这让我们通过比较的方式,得以确认,从文本自身的分析中究竟什么是已经搞清楚的,亦即在整个故事中叙事细节的意义,还有它们与其

---

① 关于这段文字的阐释,尽管在一般意义上其细节被争论,但整体上是清楚的,参见布彻拉提1962年,第96页。

② 在他们与英雄的关系中,亲属们、官员们、朝臣们等"类似齐唱"的功能在更多的文本中非常明显。例如埃及,见赫尔曼1938年,第14—18页。赫尔曼的数据中,齐唱通常与英雄是一致的,极少有相悖的情况(第18页)。可是,我认为这应归因于埃及特殊的背景,在那里法老的思想没有给反对的声音留下空间。在有更多开放性的叙利亚与安纳托利亚世界中,反对的声音更加频繁并且相当有效。

创作目的的关系。

四、基本特征

除了在叙事序列中的功能性位置，母题的构成成分也有助于决定其意义。伊德利米与命定王子传说的比较——某种程度上同一时期其他相似的文本——表明母题的特征中有两个特殊的元素：方向是"进入沙漠"和辅助的存在（战车、马匹、仆从）。

通过切断英雄与其家庭的联系，他的离开使他转换成了不同的人与不同的自然环境。他离开了城镇——那是他深深了解，频繁出入的，内部与安全的空间，转而要面对沙漠——一切未知、孤独、外部的、不确定还有相当令人战栗的空间。① 在近东，"沙漠"② 的设置等同于欧洲神话传说中英雄在森林中冒险（参见普罗普1949年，第90—92页），等于直接讲出两个地区之间在气候与生态上明显的差异。旅途的隔绝、恐惧，自然与困难刻画了出发的特性，不仅体现在对于故事发展的转换是必要的，也体现在一种"磨砺"（普罗普）上。结果，穿过沙漠或者森林后，到达另一个人居住的空间，这里已经不同于出发时的城镇了，但是比起仍生活在那里的人们而言，这已经构成了成功。这会让一个人燃起希望，认为随后的、更严苛的考验也将被克服。

第二个要素，辅助者或者工具——它们之间的差别并不总是容易辨识或有意义的——听凭英雄使用。一开始，看起来同英雄的孤独是相矛盾的，而孤独对于故事而言至关重要。但是众所周知，在神话传说中英雄总是会得到魔法性质的助手或工具；或者他也能够通过别的方式获得他们。如果没有他们，他就不能通过考验（参见普罗普1949年，第75—81页；1966年，第88页及全文各处）。在伊德利米与命定王子的例子，还有上面所提及的其他例子中，战车、马匹、仆从在神话传说中构成了一个等同于魔法助手或者工具的单元。在两个神

---

① 关于内部（了解、稳定、有序、安心的）与外部空间（未知、不稳定、混乱、恐惧的）的对立，参见佛尔南特1971年：I，第124—170页；巴斯1972年，第141—145页；西克戈洛夫1969年，第129—131页；等等。概括而言，一种中心的、内部的宇宙空间与次要的、外部的、混乱的空间的对立，尤其被伊利亚德强调（特别是1965年），还有其他学者也以所谓的"神话思维"对待这种空间的性质差异。

② 沙漠在古代近东有其特殊的内在含义，尤其作为一个过渡性的空间。在那里，有磨炼需要被克服，同时，沙漠也作为地下世界的一个隐喻，参见哈尔达尔1950年，塔尔蒙1966年。

话传说与古代近东文本中这样的装备有双重的功能。

第一个却最不重要的功能是装备作为运输手段使用：助手与魔法工具帮助英雄在其移动过程中通过空间（普罗普1966年，第85页），这就是为何他们的出现与英雄决心离开相连。在这一意义上，战车与马匹相当于在神话传说中发现的其他的交通工具，在技术上它们往往是低调的，因为主人公的社会地位不高，诸如鞋，甚至铁鞋——拐杖，或者魔法靴（普罗普1949年，第75—81页）。① 发现马作为最知名的交通工具并不令人惊讶，就像在神话传说中它们也非常重要一样（普罗普1949年，第271—289页；1966年，第88页；也参见阿尔奈与汤普逊1928年，第86—88页；汤普逊1936年：VI，第282—286页；1946）。马的声望，实际上是一种社会地位的象征，这与英雄的特权相连，具有一种心理与社会的基础，这在公元前15到13世纪的近东具有非常强烈与固定的认知。恰好，在这一时期出现了高贵"骑士"的观念。当"骑士"流行，并且不时地被复苏时，同样的母题在神话传说中变成了陈腔滥调。

马匹的所有权与社会声望相联系，引领我们看到助手与工具的第二个功能：如果英雄要克服考验并且实现成功，那么工具与助手就必不可少。在这样的神话传说中，英雄若是没有魔法的帮助便不可能克服考验。事实上，那些没有魔法辅助的竞争者从来不可能克服考验。如果没有法力的加持，英雄就不成为英雄，也不会脱颖而出，而是泯然众人矣。在古代近东，伊德利米与相似的角色都适用于此：征服王座，在战争或类似的场合获胜。没有这一最低限度的基础，所有目标都是不可能实现的。法术支持具有即时的技术与社会影响，因为其自身在物质与声望层面都得到表达。伊德利米可能用脚从埃玛尔走到阿米亚，但是如果他真的用脚到达那里，他永远不会被当地的难民作为"他们主人的儿子"而认可。

---

① 在埃及其他传说中，英雄作为一个常人，离开时穿着便鞋、带着拐杖。例如，在《两兄弟》的传说中，"他带着他的仆从，穿着便鞋，还有他的衣服和武器，开始了他到松树谷的旅程"（利琪泰姆1973—1980年：II，第208页），还有在《真理与谎言》的传说中，"他动身为父亲复仇。带着十大块烤面包，一个仆从，一双便鞋，一个皮水袋还有一把剑"（同上，212）。

五、附属特征

在叙事顺序中，伊德利米的故事与神话传说模式之间的比较已经证明，"离开"主题的功能与地位是非常相似的。这样的一种离开的主题特征，有着非常近似的叙事：英雄是孤独的，他有助手和交通工具，然后他出发进入沙漠与森林。这样的比较亦能够帮助我们理解其他次要特征的意义。

一个共同的叙事特征是令人惊讶的旅途速度。伊德利米离开埃玛尔并且在沙漠待了一夜，第二天早晨到达了阿米亚。因此他的旅程是从幼发拉底河到地中海沿岸——300千米——仅仅一天，这显然是一个不可能完成的任务。从叙事的观点而言，很容易理解铭文忽略了无意义的细节并且只强调有意义的阶段。然而旅途被讲述的方式看起来并没有删减其记录的过程，而是缩短了旅程的距离。一些对阿米亚的地理位置没有概念的人写道："第二天，我起来并且到达迦南地（Canaan）……"这可能得到一个印象，整个旅途第二天就结束了。现在，英雄旅途的这种极大缩短是神话传说的典型特征（普罗普1949年，第76页）。在叙事顺序中，当英雄的特殊旅程发生在这样的特殊节点上时，尤其如此。有时，旅程的高速度通过魔法的助手或工具得以解释，比如生有双翼的神马，"一步七里格的"飞靴，等等。移动的速度可能是一种格式上或者心理的技巧——在叙事手法的框架中，空间条件被最大地忽视了——但是即便如此，它对于故事的发展也并非毫无意义。英雄轻松克服对于其他人而言非常重大的困难，这是非常重要的方面。速度因此是构成主人公英雄气质的细节，同样对于叙事本身，它也有一个确定的功能。

第二个相关点是伊德利米遇到了苏特人。这个事件对应于神话传说中英雄频繁偶遇一群兄弟，大部分是猎人或盗匪（普罗普1949年，第188—192页）。这样的邂逅被记录在伊德利米的铭文中，它看似毫无意义，也确实同情节的发展毫无关联。① 但是其心理暗示具有意义。在沙漠或者森林中，英雄会典型地邂逅"不法"之徒，这些人同本地的普通人完全不一样。他偶遇的人作为自然之

---

① 然而，在 ll. 84–86 中有更进一步的参考，在这里，伊德利米给予苏特人以永久的住所。一旦他取得最终的成功，英雄奖励帮助者或者惩罚他的敌人的母题在神话传说中也是很常见的。

地——沙漠或者森林——的主人对他产生了同样的心理效应，英雄款待了他们：由于未知与可能充满敌意的环境会产生不安全与恐惧感。但是，尽管英雄碰到了困难的境遇，但他仍然能够克服它，甚至在其中找到他所需要的帮助以便继续。①

最后，是几乎不相干的细节，"我整晚都待在我的有篷战车里"这句话在其他神话传说中也有对应。英雄进入森林，在小木屋中待一夜，有些情况是女巫的住所或诸如此类（普罗普，1949年，第93—103页）。我不相信这超越了普通的心理要素。在伊德利米的故事中，这看起来是唯一的动机；而在神话传说中，它可能被其他因素变得更加复杂。心理的要点简单地构成了对焦虑的强调，这种焦虑由进入一个敌意的，或者完全未知的环境而引起，当夜晚来临时，变得更加紧张。在那一刻，如果能有一个密闭的空间——战车或者小屋——作为整晚的庇护所，将会产生一种安慰，以提供一种防卫来对抗外部未知空间的敌意力量（参见第88页脚注②）。

六、神话传说模式与历史真实

我将伊德利米的故事同神话传说进行了简单的比较，目的是指出在心理设定与叙事情节的机制中细节的特殊功能。对我而言，看起来所有的细节基本上都在同一个方向上汇聚，有人指出这属于一个中心的母题：离开与最终旅程的本质是一种"试炼"，是主人公有资格成为一个"英雄"。试炼包含着英雄与家庭的分离，在家庭中他是不可能自己做主的；试炼也包含着他投入到一个新世界中——一个未知与潜在敌意的世界——他能轻易掌控这个世界，因而具有成为一个英雄的资格。

在这个意义上，我们不能否认英雄的冒险具有"启蒙"的特征，这是普罗普在其神话传说研究中特别强调的一个方面。② 按照普罗普的观点，启蒙与神话传说通过历时性的从属关系而连接。英雄的冒险被解释为一种回声或者剩余

---

① 伊德利米与苏特人过了整个晚上，暗示着他受到了他们的款待，而不是他们抢劫了他，就像城市居民可能期待他们做的那样。
② 普罗普的主题（1949年）是神话传说源自古代最初的仪式，也源自死亡的事件（还有重生）——后者过分强调了"启蒙"的形式，并被启蒙自身遮蔽。

——不再是功能也不再是理解——古代启蒙仪式的回声或冒险。我把这种关系看作同步的，回溯一种更为通行的心理内核，有两个方面的不同展示（取决于不同的社会与文化环境）：一方面是启蒙的程序，带有他们强烈的象征性行为的制度化；另一方面，同样母题的神话传说或者故事以一种意识的模糊标准呈现出来。①

在此意义上，我关注一种非常浅显的对立，就是在历史与文学母题之间或者历史与神话传说模式之间的对立，这种对立可能导致一种误解。② 我虽然指出伊德利米故事的作者有意无意地使用了套语性母题和叙事模式，但并没有打算否认叙事中的历史可靠性。伊德利米确实带着马和仆从离开，他确实整夜在战车中度过，他确实邂逅了苏特人等等，这些我接受起来没有问题。简而言之，我相信伊德利米的故事是一个"真实的"故事，在铭文中所记录下来的，或多或少都按照描述的发生了。然而，两个要点必须被仔细考虑。

第一点"或多或少"与资格相关，在这里使用引号是为了说明一些非历史的细节，诸如"七年"的母题。尽管故事的讲述者想给我们提供一个"真实"的故事，他有一种"历史真相"的概念，但他们的概念一般说来与我们的有些许不同。事实上，既然我们自己有着关于历史真相的不同观念，这些不同取决于文学风格与我们所讨论的文本的功能，我所指的是我们档案的一种特殊类型——历史档案——那已经被武断地认为等同于伊德利米的故事。故事讲述者很清楚地利用了叙事模式，他认为他的作品的风格是合适的。历史正确与文学母题之间的界限并不清楚，因为人民并不认为这很重要或很有意义。一段时间是七年或六年或九年究竟有什么关系呢？这样的精确性在一个社会中并没有什么相关——比如后青铜时代的叙利亚社会——不会保存统治长度的记录，没有日期格式或者任何其他系统来区分过去的单一年份，司法档案的"定期"只要说"从现在开始"和"永远"就是有效的。③ 故事讲述者不可能知道，而且也没兴

---

① 尽管是共时、共通的，这种关系并没有忽略其历史的具体性。无论如何，这涉及多样社会文化结构的影响，这些塑造了一种事实，其遥远的根脉保留在普通的人类身上。

② 我的研究（1970年）部分被阿奇（1971年，第187—188页）误解，我从未打算通过指出认为一个文学主题一定是虚假的。关于这些问题参见利维拉尼1973a。

③ 这种时间的参考通常被应用在后青铜时代叙利亚的司法档案中，在阿拉拉赫（魏斯曼1953年，注15、17等）、乌加里特（诺盖以罗尔1955：Passim）、卡克米什（Karkemish）（诺盖以罗尔1956：Passim）中。

趣知道这个时间有多长。他只是陈述它持续了"七年",为了强调"在第七年"形势逆转了。他的听众知道"七"并没有数字的意义,只有一个特殊的叙事功能,就是点明形势的逆转或者一个时间段的结束(参见利维拉尼1967b)。

关于其他细节的精确性,我们还剩下一个疑问,因为我们无法检验它们。例如,伊德利米讲述,在他的兄弟中他是最年轻的("我的兄弟们,他们都比我年长……")。这是真的吗?我们无法讨论它,但这并不够。例如,可能伊德利米既有兄长,也有弟弟,这将是相当琐碎的时间陈述。对于故事讲述者而言,这句话的真实性就像流放的岁月是七年还是八年,旅行的时间是一天或一周一样无关紧要。但是从叙事的观点看,明确伊德利米是"最年轻的儿子"是相当有效的。尽管年长,但是怠惰的兄长们可能已经行动了很长时间,并且在家庭权力与责任的等级上是更高的。伊德利米尽管是最年轻与最弱小的,但他还是行动了,他是我们最不期待能够解决那些年长者所不敢面对的问题的一个人。① 因而故事讲述者故意强调兄长们更大的年龄,而对于更小的兄弟的出场保持沉默。他强调并且隐藏了一个确定的事情,根据的是在整个叙事构架中一个特殊言说的功能。这就是为何神话传说的英雄,比如一些"历史的"自传的主人公,通常是众多兄弟中最小的那一个,这反映的事实在统计上不重要而语义上更有效。②

这给我们带来了第二个也是最有意义的考量点。除了一些神话传说的细节外,从整体上考虑神话传说模式也是有意义的。国王或者故事讲述者无论有意或无意所采用的模式都是为了表达一个特殊的意义。接下来就不是理解细节是否精确的问题,而是去理解为何要使用这样的细节——它是真的还是假的。问题并不在检查事件是否以某种确定的方式发生,而是人们乐于如何与为何以一种特殊的叙事模式来讲述。伊德利米按照神话传说的故事线来讲述他的故事,

---

① 也参见在合唱队与英雄之间的对立(第87页脚注②)

② 我已经引用了当代的例子(利维拉尼1970年,第863页),但是这样的母题在古代近东相当广泛:足够令人回想起以撒哈顿(Esarhaddon)的自吹自擂: *ša a ḫḫīya rabūti a ḫšunu si ḫru anāku* "我的兄弟们,我是他们最小的弟弟"(参见 *CAD* S, 182),或者大卫的故事,大卫是杰西(Jesse)"七"个儿子中最小的(1 Sam. 16: 10–11)。莱德福德已经对古代近东的小兄弟母题进行过研究。(1970年,第88—89页)。关于兄长与小弟弟之间的对立及小弟弟的占上风,汤普森比较了相关神话传说(1946年,诸处,奥尔利科的规则,注解6);1936年,第5—6页(母题L10),8(母题L101);还有母题L111,第9页:"放逐回归与继承"(参见伊德利米第30—39页),还有 R 155.1,第210页:"最小的弟弟营救了他的兄长们"(参见伊德利米,第39—42页)。

因为他有一种确定的兴趣这样做：当他爬上王座时，他必须面对被非常规的方式搅乱的公众的看法。事实上，在古代近东大多数"神话传说"故事中，主人公都是篡位者：伊德利米、阿卡德的萨尔贡（Sargon）、哈图西里三世、大卫（Daivid）、大流士（Darius）等。他们都在一个谦逊的背景下以一种非常规的方式发迹。用一种神话传说中的成就来讲述他们的故事是恰当和必要的，在神话传说中，英雄是勇敢无匹的，有魔法或神相助，虽然起始不利，却连续克服了每一个障碍最终取得成功。因此，伊德利米的故事是一个"真实"的故事，即便这一叙事模式先前早已存在。那样的模式被用来讲述带有精确目的的故事。伊德利米需要向公众舆论证明他登上王座是自身具有英雄能力和超自然力辅助的结果。

第五章　莱布-阿达，正直的受害者[①]

引　言

莱布-阿达是比布鲁斯（Byblos）哈伯城的国王，该城在今天黎巴嫩（Lebanon）沿岸，早在公元前14世纪，埃及通过一种封臣系统控制着叙利亚-巴勒斯坦地区。比布鲁斯的国王同埃及王庭保持着大量的通信，当时埃及在阿蒙诺菲斯三世与四世统治之下，比布鲁斯国王同埃及的通信大概有59—63封保存在阿玛纳档案馆中（EA 68—71、73—95、102—109、112—114、116—119、121—127、129—134、136—138、362；EA 101、110、111，还有120可能也是他的信）。在那些信中，他将自己描绘成阿姆鲁（Amurru）的国王们的受害者，他们压迫治下的国家放弃向埃及的效忠。作为忠诚于法老的封臣，他看到自己处于持续的威胁之下就祈求法老帮助他。最终他确实被推翻了——不过不是被外来力量而是被他自己的兄弟——后来他死于放逐。阿玛纳的通信提供了一个丰富的信息来源，关于埃及如何通过不干涉政策来治理这一地区。地方统治者被埃及人称为市长（ḫazānu），他们承认埃及国王并使自己隶属于埃及，地方市长不得不提供岁贡，而埃及主要关注的也是对其贡赋的征收。叙利亚-埃及地区被分成三个省，基纳赫尼（Kinahni）（=迦南）、尤比、阿姆鲁，每一个地区都有一个埃及人的治理中心，统治者（rābiṣu）住在那里。地方上的国王彼此越境交战，他们在战争中都希望得到埃及法老的支持，就声称自己是埃及忠诚的封臣，而另一方则是埃及的敌人。莱布-阿达的信必须在这一背景下阅读。阿姆鲁的国王是他指控的首要目标，他宣称他们在侵略中依靠了由放逐者组成的匪帮哈比鲁（ḫabiru）。注意，这一章对莱布-阿达的信采用文学阅读法，阐释它们的

[①] 初版标题是"Rib-Adda, giusto sofferente"，载《古代东方研究》1974年第1期，第175—201页；手稿完成于1971年12月。

风格与内容，将其作者视作一个正义的受害者的自画像的投射。

关于莱布－阿达，我们所知的每一件事都源自阿玛纳的信（参考在这一学科中 EA 典型的数字编号的分配）。这些最近由莫兰翻译成英语（1992 年）。利维拉尼自己又将其翻译成意大利语并在 1998—1999 年出版。

当前，对阿玛纳通信有必要进行再解读，其目的是通过个人信件去理解整个历史的情势。个人信件是阐释的基础，而不是对包含在其中的"信息条目"进行不加批判的使用，并据此书写历史。这一过程主要集中于指出套语的程序、模式和表达，既有行政的也有文学的特征（也参见利维拉尼 1967a；1971a）。循环的套语尤其被用来揭示观念和促使写下焦虑。而且，频繁发生的确切事实警告我们不要使用个体与特殊的陈述作为独立的证据。在书信中，尤其是外交信件中，这样的陈述很容易带有偏见，因为作者采取的是主观的立场以便说服收信人。

界定作者所处的位置非常有趣，他们解释现实的模式也很有趣。作为环绕他们的世界的一部分，他们如何感受自我？他们如何揭示自己同其他人的关系，还有同神的关系？他们如何评估行为与成功之间的联系？他们如何呈现过去与未来景象的特征？阿玛纳的信件看起来提供了有用而丰富的材料，以便研究这些问题是如何应用到具体化的历史事件中的。为了评估在个人的信件中究竟哪些部分属于具体化的事件，哪些部分的阐释模式被应用到现实中——无论是否有意——被信件的作者应用，这可能都建立了一个研究的基础。

这样做，我们能够把握这个"智慧"的世界（在其更广泛的意义上说），这里在公元前第二千纪的叙利亚只留下了少得可怜的记录。① 然而这并不是一个障碍。这甚至是一个让我们感兴趣的额外理由，即发现一些丢失的叙利亚青铜时代的"智慧"元素。我们会发现这些元素不是来自博学或者文学思考的剩余，而是来自特殊需求组成的记录，这些需求是无意识的而且与历史时刻有密切关系。我们立刻就能期待，源自对信件的细节分析的阐释模式将显示出与近东智

---

① 情况是这样的，当阿尔布莱特（1955 年）试着指出在《旧约》的智慧与青铜时代"迦南"世界的智慧之间的平行状态时，除了一些箴言与体裁相近以外，他没有发现更多（参见卡泽勒斯 1963 年）。

慧中广为人知的一个母题的密切联系，一般称之为"正直的受害者"。① 接下来的分析建立在解构单一信件的程序的基础上，然后根据"正直的受害者"模式重新组合它们。这个目的确实不是否定将单一信件作为一个单元阅读的必要性〔关于必要性我坚持一个更早期的研究（利维拉尼 1971a），现在我仍然坚持〕。恰恰相反，这样做是为了提供一个统一的阅读方式，即按照每封信都是一个具体化情境的参考模式来阅读。因而解构是一个过渡与工具化的过程，它在头脑中带有更多的意识与有机的重写过程。在某种意义上，可以把这封信看作一首长智慧诗的一节，每节重复（带有只是偶然的，甚至仅仅题材上的，变奏曲式的），同样的观念，总是在同样模式的架构中重复。

我选择莱布－阿达的通信不是因为与其他组的信件比较起来它有一个罕见的特征，只是因为它是迄今最为广泛的阿玛纳信件集，它提供了一个档案记录的基础，那是最不像受偶然事件影响的记录。在其他叙利亚－巴勒斯坦国王——如阿卜迪－何巴或者阿比－米尔基（Abi-Milki）——的通信中，我们只有模糊认知的部分，莱布－阿达的信件显示得更加准确，也更加清楚。而且，我更愿意把我的分析仅仅限定在一个单组的信件中，那可能在文学的术语中被视作同质的。原则上这允许一个人隔绝个人化的特性，这尤其被用于"正直的受害者"模式中，因为它呈现了一个高度个性化环境现实的分析。

一、现 在

1. 正直的主人公

从信件的作者即主人公开始是十分必要的，因为他们常规的焦点是绝对的自我中心。简而言之，我们能够说这个世界只是由两个元素组成：主人公与他者。主人公是中心，他者都围绕着他。他者的运动总是被认为与主人公相关：他们既向中心施压（以一种敌对的方式），中心是主人公的位置，也向外层空间逃避（也是以一种敌对的方式），在这里他们趋向消失。任何关于他者的判断都

---

① 像《圣经·约伯记》的文本与公元前第二千纪巴比伦作品 *Ludlul bēl nēmeqi*。曾经，在历史的范围内，对它们进行比较研究是十分薄弱的。今天这样的鸿沟因为新文本的出版与不同风格文本中的智慧元素被识别出来而得以填平。因此我相信我有理由评估"正直的受害者"母题，它在古代近东是一个广泛的文化模型。

应该在主人公功能的范围内被做出，并且建立在他们与主人公的关系的基础上。事情相当简单：他者是敌人。对二者道德特性的描述是基本的对立之一：主人公是正义的，而其他是非正义的。

大体上，莱布-阿达的通信是高度自传体的，但是更多的是建立在一个模式的意义上而不是叙述一个编年的意义上。许多线索表明，莱布-阿达表达更多的是自己，或者说很少提及他的城市（这恰好是同一的），我们得到了一个极端陈规化的表达与基本的"自画像"：莱布-阿达是"正直的"，莱布-阿达是"孤独的"。

首先，莱布-阿达的特征是"正义"。阿卡德语使用的 kittu，这个词几乎不能被简单对译为"正义"，因为其内含更为复杂。① Kittu（源自动词 kânu，"保持稳定"）表明这样的事实，即一个人在世界中待在自己的位置上，对自己现存的任务保持忠诚或者对建立这个任务的人保持忠诚，换句话说就是神。因而在宇宙的意义上，这就是正义；它衡量一个人自己的行为如何很好地适合已确立的规则。实际上，在那个时代的政治语言中，kittu 就是一个封臣对其领主的"忠诚"，并且忠诚于他们之间的（誓言）协议（参见利维拉尼 1971b）。阿玛纳信中典型的表达也是独有的（arad kitti），意思是"忠实的奴仆"，他就坚定地待在他的主人按照政治系统（宇宙）任命他的那个位置上。

莱布-阿达及其城邦按照 kittu "正直/忠诚"行事，就是在法老建立的正直系统架构中行事。莱布-阿达说："比布鲁斯是一座忠诚的城市，从古至今都是如此。我的主人是这片土地上的太阳。看：我是陛下脚下的凳子，我是他忠实的奴仆"（EA 106：4-7）；"我是国王——太阳的一个忠实的奴仆。至于我的嘴：我对国王说的话都是忠诚的。让国王——我的主人，听到他的忠实的奴仆的话语"（EA 107：8-13；还有 34-36）；"考虑到我是你忠实的仆人……我的忠诚是至高的……让国王听到他忠实的仆人的话语，赐予生命给他的仆人，给比布鲁斯，给他的女仆"（EA 116：14-15，29，44-47）。一些说明莱布-阿

---

① 语义学研究中对这个词语的分析是缺乏的（在阿卡德词典中许多词也是一样）。可以参考 AHw, 438-440，481，494-495 与 CAD K, 159-171，389-393，468-472 中的文章 kânu（m），kīttu，kittu（m）。这些文章中所陈述的内容被限定在公元前两千纪中期的叙利亚，这儿 kittu 的语义场可能受西北闪语 Ṣdq 的影响，这些可以参见派德森 1926 年，第 336—342 页；法赫尔格仑 1932 年；罗森塔尔 1950—1951 年。

达有资格作为一个忠实的仆人的表述是套话,也是反复重复的。"让国王——我的主人,听到他的忠实的仆人的话语"(EA 85:16-17;EA 103:5-7,23-24;EA 116:44-45;等等),"考虑你忠实的仆人"(EA 114:54;EA 116:14-15;EA 124:11;EA 132:8-9 涉及比布鲁斯),或者"让国王知道比布鲁斯,这座城忠于国王,它是安全的"(EA 68:9-11;EA 116:57;EA 134:25-26,涉及比布鲁斯;等等),或者"如果我的主人喜欢他忠实的仆人"(EA 123:23-24)。这个忠诚源自远古的时代(EA 74:5-12;EA 88:42-45;EA 118:39-41;等等),莱布-阿达打算在未来永远继续下去,直到他死去。"我将永远不放弃吾主的话"(EA 88:28-29);"只要我还活着,我就将为我王保卫他的城市,但是如果我死了,谁将做这些呢?"(EA 112:23-24);"我的目的是为陛下国王服务"(EA 119:43-44;EA 118:39-40;参见 EA 89:15-16);"让我的主人了解我愿意为他而死"(EA 137:52;参见 EA 138:27)。莱布-阿达的忠诚使他区别于他的同侪,也使比布鲁斯区别于版图内的其他城市(参见下面111—112页原文)。

有时,忠诚之所以被强调是因为一种特殊的环境,例如,当虚假的指控抵达王庭的时候。"让我的主人了解他仆人的话语中没有邪恶。我没有对国王陛下讲任何谎话……那些对国王陛下讲谎话的人,他们是虚伪的!"(EA 94:5-8,14-15);"陛下知道我没有对陛下写下任何虚伪的谎言"(EA 362:51-53);"让国王了解我对他而言是一个忠实的仆人:让国王不要听信诽谤者对他忠诚的奴仆的攻击……没有一个人向国王陛下汇报我的忠诚。让国王知道、了解我的忠诚……现在,这是一个对我正直与否的判断"(EA 119:24-27,36-39,44-45)。但是更多时候,忠诚的标榜是有绝对内容的,它具有现实的功能:莱布-阿达需要从法老那里获取财富与必要的帮助以确保"城市"的安全,而这才是忠诚的真正本质(参见利维拉尼 1971a:259-260)。基本上,莱布-阿达断言,"我是一个忠诚的奴仆而且我要保卫城市,但是你必须给我实现这些愿望的可能性"。如果"正直/公平"是主体坚持在宇宙(这里:政治)秩序的架构中的正确位置的话,接下来就是神(这里:法老)的安排,那么一种安全的状态与满足应该被提供。可是,并不是这样,这个痛苦的观察处在莱布-阿达生存戏剧的核心:"你看:从一开始,我们就是国王忠诚的奴仆。而且,你看:我是一个忠诚的奴仆;然而我现在做得很不好。"(EA 116:55-58)。事实上(我们不久将看得更加充分），莱布-阿达的这一"忠诚"是一个异常的行为——或者更好，这被主体认为是异常的——这让整个周围的世界与他显出了不同与反差。这一行为从道德上是正确的，但是从统计上看就异常了。结果是莱布-阿达被"孤立"，并且所有人对他产生了"敌意"。

莱布-阿达强烈地感受到这种孤立。反复出现这样的追问："我被孤立我能做什么？"（EA 74：63-64；EA 81：50-51；EA 90：22-23；EA 91：25-26；EA 134：15-16）① 在最基本的层面上，这一问题揭示出在一个世界中被孤立的沮丧，这个世界完全不同而且充满彻底的敌意。"我能做什么，我就居住在 $ḫabiru$ 中间？"（EA 130：36-38）。② 莱布-阿达需要帮助，但是找不到任何能给他帮助的人："马斯帕特（Maspat）的人对我充满敌意，而且看啊，没有一个人帮助我摆脱他们的掌控"（EA 69：21-24）；"我害怕没有人将我从他们的掌控中解救出来"（EA 74：43-45）。莱布-阿达必须完成一个任务，那对于他单独的武装力量太重大了："了解到反对我的敌意太强大了，我所有的城市都被占领了，只剩下比布鲁斯孤零零地在我手中"（EA 90：5-9；参见 EA 91：19-22）"在孤立中，我保护着……"（EA 122：19-21，等等）。受周围的敌意所压迫，他感到孤立；因而分析他者，即"敌人"的行动的背景是必要的。

2. 敌人

一个敌意的世界在各个方向上对主体施加压力。在每封信中，莱布-阿达都谴责这一敌对行为，我们甚至能说他写下这些信就是为了谴责敌对行为。一般来说，这样的谴责大多被公式化了。"反对我的敌人非常强大"是一种反复的声明，变化很小（EA 90：6；EA 106：8-9；EA 116：7-8；EA 117：89-90；EA 118：21-22；EA 121：18-19；等等）。具有敌意的煽动者甚至没有被提到。莱布-阿达直白地宣称敌人的压力已经变得令人无法忍受。换种说法，敌意的煽动者被术语 $ḫabiru$ 界定，在这一背景中该术语应该被理解为具有一种模糊的含义："$ḫabirus$ 对我的敌意非常强烈"（EA 68：12-14；EA 74：13-14；EA 75：10-11，等等）。$ḫabiru$ 在这里一般意指"敌人"（参见坎贝尔1960年，第

---

① $ina\ īdīni$-$ia/ši$ 这一表达专门用在阿玛纳的信件中（参见 CAD E, s. v. $ēdēnu$ 2a）。

② 关于 $ḫabiru$ 意思是"敌人"。注意在 EA 130 中的表达 $šaa\ ṣbati\ ina\ libbi\ ḫabiri$ 取代了更为常见的 $ina\ īdīni$-ia，指的是感到被"孤立"与被"包围"之间的一次通信。

13—15 页),亦即反对莱布-阿达的具有敌意的恶人。起初,该术语有一个精确的技术的意义("流犯""法外之徒",参见利维拉尼1965b,带有更早的参考文献),通常被用于政治的术语,包含有"敌对""敌人"的意义,还有"流氓"等义,但是这里它被用在一个情感意义中。在语言学术语中,我能说补充的"难民"属于外延的层面,而再生的如"敌人"或"流氓"的意思属于内涵的层面。莱布-阿达对$habirus$的行为给予了一个消极的道德评判并且也认为他们的行为方式就是敌人。

有时敌人更加具体,具有独特的个性。一种即将到来的竞争变成了一般性从各方施压的敌对力量的具体化形式。阿卜迪-阿舍塔(Abdi-Ashirta)就是这一性格特征的原型。[①] 他总是被厌恶的,他被贴上了"$habiru$"的标签(即"流氓"),或者"狗"。[②] 在对敌意谴责的套话里,他的名字是$habiru$这一术语的自由多样的变体:"阿卜迪-阿舍塔对我的敌意是强烈的"(EA 76:8-9;EA 78:8-9;EA 81:7;等等)。事实上的关系在于阿卜迪-阿舍塔是$habiru$的头儿,他煽动并且联合他们发动敌对行动以反对比布鲁斯(见阿特齐1964年;利维拉尼1965a)。"所有的$habirus$都群起而反对我,这都是阿卜迪-阿舍塔煽动的"(EA 79:10-12);"自从比特-阿哈(Bit-Arha)在阿卜迪-阿舍塔的煽动下离开,他们一直试着对比布鲁斯与巴特鲁纳(Batruna)做同样的事情,所有的土地都转向了敌人们($habirus$)"(EA 79:21-25)。阿卜迪-阿舍塔所扮演的"敌人"的身份是如此强大以至于莱布-阿达有时只是暗示甚至都没有称呼他,直指他显而易见地是每一个敌对行动的煽动者。"看啊,这一年他对付我已经三次了,两年来我基本都是歉收的状态"(EΛ 85:9-10,阿卜迪-阿舍塔没有被提及,直到第64行);"人们知道没有军队跟随他(=信使从埃及回来),巴特鲁纳投向他(=阿卜迪-阿舍塔)"(EA 87:18-20,阿卜迪-阿舍塔在这封信中从未被提及)。

---

① 在这种模式中,固化"性格"或者"原型"的使用,参见 EA 280:30-35:"莱布·阿雅常常占据我们的城市,他死了;但现在阿卜迪-何巴是第二个莱布·阿雅,继续占据我们的城市"。

② 在阿玛纳集中,"狗"的标签常常指阿卜迪-阿舍塔。莱布-阿达给他贴上这个标签是在一个反对的意义上的("他以为他是谁,阿卜迪-阿舍塔,奴仆与狗?……"参见 EA 71:16-18,等等;寇茨1970年)。阿卜迪-阿舍塔也给自己贴上了"狗"的标签,显然是在一种积极的意义上的("我是国王的奴仆还是他屋宇的(守卫)犬",参见 EA 60:6-7;EA 61:3-4;EA 159:17 中的阿齐鲁)。他反对莱布-阿达的用法中,在讽刺与争辩之间可能有着细微的差别。也见拜基1926年,第353页。

阿卜迪－阿舍塔死后，他的儿子———一个叫作阿吉鲁的——继承了他的王国、他的政策还有他对莱布－阿达的敌意（与莱布－阿达对他们的一样的敌意）。结果，他们在莱布－阿达既存的模式中扮演了"敌人"的角色。"我做得非常糟糕，敌意非常强烈，阿卜迪－阿舍塔的儿子进入了阿姆鲁和整个（属于）他们的土地"（EA 103：7－11）；"阿卜迪－阿舍塔的儿子占据了所有的城市并且煽动起反对我的敌意"（EA 133：6－8）；"国王的敌人（＝阿齐鲁）对我有敌意，他的$bazānus$决定了他们自己。因此我做得非常糟糕"（EA 114：47－50）；"阿齐鲁占据了我的所有城市"（EA 124：7－8）；"让国王——我的主人——知道阿齐鲁对我的敌意"（EA 114：6－7）。另一个独立的敌人，不属于阿姆鲁集团，也被提及，就是亚帕合－阿达，一座未知城市的国王："亚帕合－阿达行为糟糕，极力反对我"（EA 116：40－42）；"我究竟对亚帕合－阿达做了什么，（以至于）他的行为糟糕，坚决反对我？"（EA 113：11－13）。其他有敌意的角色呈现得很模糊：西顿国王吉姆利达（Zimrida）、泰尔王位的篡夺者、阿瓦德城（Arwad）的人，还有一个没有引起充分注意的埃及官员，等等。

在亚帕合－阿达的例子中，问题看起来像是一种带有司法影响的个人的争吵（参见 EA 117－119）。但是在另外一个例子中，普遍的敌意却很少得到具体的阐述。有一次，赎金被认为太高（"阿齐鲁对我有敌意：他抢走了我的十二个人并且向我索要50舍克勒银币作为赎金"，见 EA 114：7－9；一般价格是每人30舍克勒，见 EA 292：49－50）。一次是诽谤的问题（"请国王不要听信对他忠实奴仆的诽谤"，EA 119：26－27；参见 EA 94：14－15）。但是具有敌意的行动几乎总是以"带走城市"作为莱布－阿达的代价，先是阿卜迪－阿舍塔，然后是阿齐鲁，总是被$babirus$得逞。"让国王——我主——了解阿卜迪－阿舍塔对我的敌意是强烈的：他抢走了我的全部城市。啊，只剩下两座城市，他还试图将它们也抢走"（EA 78：7－13；参见 EA 76：7－10；EA 79：20－29；EA 81：6－11，等等）；"了解反对我的敌意是强烈的。我的所有城市都被夺走了，孤单单地只剩下比布鲁斯"（EA 90：5－9）；"阿卜迪－阿舍塔的儿子占领了我全部的城市，他们开始了反对我的战争模式"（EA 133：6－8）。这些例子可能很容易就被叠加。这样的行动不用怀疑在政治上是严重的。事实上，对于比布鲁斯王国而言，严重的政治与军事困难的图景就源自于它们——城市逐渐被包围，就好像被钳子夹住一样。然而询问这样的重建是否能被接受是合法的。从他第一封信到最后一封，前后持续了 10 到 12 年，① 莱布－阿达总是抱怨城市的失守，被敌人"夺取"或者自己"投向"了敌人。所有的情况到最后都是只剩两座城市，不管城市名字是什么，在数字上总是两个。它们是"最后"剩下的两座，释迦塔（Shigata）与阿姆比（Ambi）（EA 74－76），比布鲁斯与巴特鲁纳（EA 79－81），或者苏术拉（Sumura）与伊尔卡塔（Irqata）（EA 103）。显然这是一种文体上的技巧而不是准确的数字。有人可能会争论随着形势不断恶化，比布鲁斯一开始是被排除在这一估算之外的（"只剩下比布鲁斯与两座城市"EA 74：22）然后才被包括进来。但是我们必须考虑到，莱布－阿达信件的编年顺序从科诺逊起（1902；见坎贝尔1964 年，第77—83 页），就在这种"信息"的基础上精确地排定了。信件已经被按照一个设想的顺序排定了，就是说假定有一个渐进的危机发生在国王对其王国的控制之中。如果我们在这里不是处理放弃的"事实"，而是按照被放弃的"感觉"处理，每一件事都是不同的。然后，变化不是单向与渐进的，而是循环的，情况因此基本上是静止的。一些损失总会发生，只有最后的堡垒存留，而且它们也总是处于崩塌之际。很清楚城市并没有被武力夺取，他们只不过是将自己的政治与纳贡联盟从比布鲁斯转向了阿姆鲁，可能存在交替与动荡的过程，这会随着力量平衡而变化。莱布－阿达自己对法老说："你不知道，阿姆鲁人总是与强大（者）相伴吗？"（EA 73：14－16）。因此，这是一种周期性的现象，其重要性是不容置疑的。城市轮流地相互结盟或者形成彼此竞争的派别。一般相信莱布－阿达开始渐次把自己的城邦丢给了阿卜迪－阿舍塔，然后在阿姆鲁的头领死后重新收回了这些城邦，最后再次在阿齐鲁的压力之下丢失了它们。这样的重构仍然是不被接受的事件循环观点的置换，按照历史的标准，这样的立场典型是以莱布－阿达为中心的。② 关于伊尔卡塔与阿米亚国王的谋杀事件的"信息"提供了一个明确的例子。莱布－阿达控诉阿卜迪－阿舍塔（EA 73：26－29；EA 74：25－29；EA 75：25－26，32－34），而伊利－莱皮赫（Ili-rapih）控诉阿齐鲁（EA 139：14－15；EA 140：10－14）。这些情节甚至发生在阿卜迪－阿舍塔

---

① 对于阿玛纳通信的持续时间，我采用了坎贝尔的估算（1963 年，第83—89 页）。还有更久的估算是 20 年，见这里引用的里德尔与德·康宁的研究。最短的估算是 5 年，见积臣1962 年，第41—45 页。

② 阿齐鲁时代事件是阿卜迪－阿舍塔时代事件的重复，这样的识别在 EA 105：25－26 中很清楚："属于阿卜迪－阿舍塔的每一件事，他们都给了他儿子。"因此这样的变迁循环再次开始。

时代之前都是有可能的——在地方农民的叛乱中，两个国王被杀了，这是阿姆鲁国王们煽动的结果，只是莱布－阿达的观点——在有利时，作为训诫的轶事最终被回忆起来。

莱布－阿达受到感觉被包围的精神错乱的困扰，这固然有一个具体的历史基础，但这确实被他夸大了。他试图通过混合个人与政治事实、琐细与严重的情节而使问题具体化，就像他们都处在同一个层级上似的。他甚至引用与他个人无关的情节，作为在苏木拉城的例子。"关于苏木拉，敌对的态度非常强烈，反对我的敌意也是强烈的"（EA 106：8－9）；"我做得非常糟，阿卜迪－阿舍塔的儿子们的敌意是强烈的：他们进入了阿姆鲁，所有的土地（属于）他们了。（只有）苏木拉与伊尔卡塔留给了伟大者"（EA 103：7－13）；"有敌意反对我和苏木拉，现在其 $rābisu$ 死了"（EA 106：21－23）；等等。在抱怨苏木拉遭受攻击之后，在将其列在剩余的城邦之后，莱布－阿达试图将自己视作与城邦一体。可是——就像伊尔塔卡的例子——它不是也从来不曾是他的领地，而是埃及执政官的所在地（$rābisu$）。法老本人也注意到了这个怪人并且问莱布－阿达："为何莱布－阿达给王庭写信，为何他比他的同僚更加焦虑苏木拉？"（EA 106：13－16；参见利维拉尼1971a：265）。莱布－阿达精神错乱的典型症状是他认为直接针对他的攻击根本不是他所关心的。周围世界反对主体的敌意有着包罗万象的特征，强调了这个局面是心理的而非历史的。"你知道每一件事都是有敌意的。为何在敌人面前你要放弃我？看啊，因为这个我感到恐惧"（EA 102：25－28）；"我的所有城邦都与我为敌，跟随了阿卜迪－阿舍塔的儿子们，因此他们很强大"（EA 109：58－60）；"在阿姆鲁，他们都联合起来，我是（唯一）的敌人"（EA 114：14－15）；"我所有的城邦都投向了 $habirus$，而且他们都对我有敌意"（EA 116：37－40）；"阿齐鲁对我有敌意，所有的 $hazānus$ 都和他达成了一致"（EA 126：9－11）；"所有土地对我有敌意"（EA 130：43）。莱布－阿达不再知道攻击来自哪一个方向。敌人无处不在，既来自他领地的内部，也来自外部。"我该让我自己从谁那里得到保护？从我的敌人那里还是从我的农夫那里？"（EA 112：10－12；参见 EA 117：89－90）有时，他识别周围敌意的力量很清楚："阿姆比，释迦塔，尤尔拉扎与阿瓦德的城邦都是我的敌人……这些城邦在船上，阿卜迪－阿舍塔的儿子们在陆地上，他们都起而反对我，我不能离开"（EA 104：40－51）；"我不能派我的船到这儿（例如，到乌加里特）因为阿齐鲁对我有敌意，并且所有的 ḫazānus 都和他达成了一致"（EA 126：7-11）。这些真是攻击吗？或者它们只是一种被围攻的精神错乱的表达？只要想想莱布-阿达多么频繁地用一个笼中鸟的比喻来描述他的可怕的形势，就可想而知了："就像一只落入陷阱的鸟儿，我在比布鲁斯中就是这样"（参见科诺逊 1915：1317 s. v. ḫuḫāru）。

3. 遥远的神

在主体与敌人之后，当前局面的第三个重要人物是神，他是主体向之表达以便获得帮助与公正对待的对象。在这个例子中遥远的神就是法老。他很好地匹配了这一角色。这不仅在于他事实上根据传统的神圣王权的意识形态被授予了所有神的资格，还在于根本上他是叙利亚-巴勒斯坦地区当前的政治形势中不可挑战的仲裁者。无论"正直"的莱布-阿达还是"怀有敌意"的阿卜迪-阿舍塔都是法老的奴仆，他因此能——通过一个简单的决定，只要他想——一劳永逸地解决争议，矫正邪恶，结束无序与敌意。如果在未来的图景中万能是一个神-法老的区别性特征（就像我们将在稍后看到的一样），那么在悲剧性与具体的当下，他的特征就是遥远与缺席。

首先，法老在身体上是遥远的。莱布-阿达过去没有，将来也不会与他直接联系。他知道法老的存在，因为信使和士兵有时从遥远的王庭到来。他知道法老曾经亲自到过叙利亚（EA 85：69-71；EA 116：61-63；参见本章第二节第一部分）。但是现在他不再这样做了，而且一个直接的会面只能期冀放到未来了。他只剩下一个私下的口头希望："对于我来说能和您在一起是很美妙的事情，然而，在我被隔绝的状态中，我又能做什么呢？看啊，这是我梦寐以求的事情"（EA 74：62-65）。在当前的形势下，任何与遥远的神的联系都只能委托给信使。在双方的通信过程中，有完全相异与不平衡的节奏，这清楚地表明通信双方的不同态度。一边，莱布-阿达对联系的渴望产生了一个难以置信的密集的甚至恼人的通信行为。另一边，法老漠不关心，极少回应，甚至完全沉默（参见利维拉尼 1971a 年，第 155—157 页）。

这确实很清楚了，法老不仅在身体上遥远，他在这个世界的事件中也完全处于缺席的状态。他"不听"乞求帮助的请求，他"不管"如此频繁发生的严重事件。莱布-阿达带着忧惧甚至绝望评论法老的漠视。比布鲁斯的国王在许多段落中都抱怨他的信持续得不到回应，或者他的请求没有得到满足（见利维拉尼 1971a：255）。

没有回应——事实上是埃及大臣非常普通的行为——被莱布-阿达解释为法老漠视的态度，他一直使用阿卡德语动词 qâlu "保持沉默" 来表达。莱布-阿达抱怨这种漠视。他使用一种感叹的形式，表示惊讶："国王陛下这样漠视！"（EA 88：8-9；EA 126：57；参见 EA 84：16）"（国王）漠视他的仆人！"（EA 88：12）"（国王）漠视他的土地！"（AE 84：10）"但是你是漠视的！"（EA 76：37；EA 109：13；EA 121：53）"对于你的城邦，你是漠视的！ḫabirus 占领了它们。"（EA 90：23-25）或者一个疑问的形式，表示不理解："为何你漠视你的土地？"（EA 74：48）"为何你搁置而且漠视，任一条ḫabiru 的狗占据你的城邦？"（EA 91：3-5）"为何你漠视？"（EA 91：7-8）或者也有一个恳求的形式，表示焦虑："请国王陛下不要漠视他的城邦！"（EA 68：30-32；EA 137：59-60）"请国王陛下不要漠视那条狗的所作所为！"（EA 137：25-26）

一些段落更复杂。法老的漠视一方面被联系到戏剧性的当前形势，另一方面——应该没有发生态度上的变化——甚至被联系到更为戏剧化的未来前景。"如果国王对他的城邦保持漠视，基纳赫尼的城邦一座也不会（留给）他"（EA 137：75-77）；"此前他们占领了你的 ḫazānu（总督——译者注）的城邦，你保持漠视。现在他们赶走了你的 rābiṣu（市长——译者注）并且将他的城邦占为己有。看啊，他们占据了尤尔拉扎！如果你仍然保持漠视直到他们占领了苏木拉并且杀掉它的 rābiṣu，（这时）驻扎在苏木拉的附属部队还能做什么？"（EA 104：24-37；参见莫兰 1960：7n.3）；"请陛下不要漠视苏木拉，否则她将投向敌人！"（EA 68：14-18）；"请国王不要漠视这一行为，（即）一个 rābiṣu 被杀！如果你现在置之不理，皮胡拉（Pihura）将不会站在库米底（Kumidi），你所有的ḫazānus 将被杀掉"（EA 132：43-50）。

随着时间的流逝，漠视变成了真正将忠实奴仆与他的城邦"丢弃"到敌人的手中。在"保护"（naṣāru）与"放弃"（ezēbu）之间有一个很明显的对立存在。[①] 作为忠实的奴仆，莱布-阿达"保卫"委托给他的岗位，不"放弃"它，因此法老应该转而保护他忠实的奴仆，然而事实却是放弃了他。"前任国王保护

[①] 这两个词经常被莱布-阿达使用（参见科诺逊 1915：1407-1408 s. v. ezēbu，与 1483-1484 s. v. naṣāru），也都被赋予了政治内涵。尤其可以比较一下"保卫城市"（āla naṣāru）与"放弃城市"（āla ezēbu）的对立。

比布鲁斯：不放弃她！"（EA 129：46 - 48）；"看啊，国王放弃了他忠诚的城邦，（留下它）置之不理"（EA 74：8 - 10）；"你知道每一件事情对我都有敌意：为何你把我抛弃给敌人？因而我是恐惧的"（EA 102：25 - 28）。这样的例子举不胜举。

在法老实际的漠视下，这种痛苦的惊讶夹杂着对其在未来改变态度的期待，贯穿于莱布－阿达的政治生涯中，成为其特征。或许他最后一封信的最后一句话并非偶然，写下这些的时候，他所拥有的一切都丢掉了，莱布－阿达不得不将希望寄托于未来，希望他儿子的时代能带来改变，于是仍然保留着——一再出现惊讶与不解的形式——通常的问题："当我死了，我的儿子们，国王的奴隶们，将还活着，将写给国王：'归还我们的城邦！'为何国王陛下如此漠视我？"（EA 138：136 - 137）。

4. 为人民所弃

莱布－阿达感受到的戏剧性隔绝是一种真实的存在，因此也是永恒的局面，从开始直到结束一直伴随着他。可是这种局面并非静态的，而是动态的。隔绝是一个持续不间断的过程，即抛弃的过程。主体感到孤独，因为他看到自己持续被本应该和他站在一起并支持他的人民放弃，在通常情况下（迄今为止）他们确实要和他站在一起并且支持他。被放弃的感受，即便这种感受建立在特殊的历史事件基础上，在根本上也是外在于历史的。这一过程并没有变得日益严峻，却仍然有越来越多的离弃：总是处于严重性的最大值。放弃总是发生在——可以这么说——最可能的人那里。之后，主人公将被彻底放弃并且完全陷入孤独。

在通信的开始，莱布－阿达就已经感受到了孤独："位于高地的所有城邦或者位于海滨的所有城邦都转向了敌人。比布鲁斯与两座城邦幸存着"[①]（EA 74：19 - 22）。这一封更早期的信利用了此前提及的最后剩余两座城邦的母题：两座城邦的身份可能变化，但是它们总是最后两座。这可以说明在被抛弃的过程与孤独的感受之间具有联系。

抛弃的过程可能有不同的特质，根据其行动者：或者是单一的农夫（ḫupšu），或者是整个"城邦"与"土地"。农夫"逃散"或者"抛弃"（阿卡

[①] 总体性的表达通过一对对立的术语完成。关于这个技巧，参见博卡乔 1953 年。

德语 paṭāru 暗示着一种非法的逃跑,与居民对于国王的奴隶地位相联系)。他们不仅在其精神态度上转变,在身体上也发生转变。"我的农夫们试图弃离"(EA 114:21–22);"反对我的敌意是强烈的,没有粮食供应给农夫们,因此他们逃到了阿卜迪-阿舍塔的儿子们那里去了,逃到了西顿与贝鲁特(Beirut)"(EA 118:21–28);"没有粮食吃,农夫们弃逃到有粮食吃的城市"(EA 134:16–18)。农夫的弃逃显然是经济因素引起的(饥馑、债务)。然而,这也意味着他们转而向敌人效忠,也就令敌人的胜利更容易:"如果农夫逃走,ḫabirus 将占据城市"(EA 118:37–39,参见莫兰 1950:169)。由于确定的因素而迁移,他们变得有敌意,投向了另一边:"(阿卜迪-阿舍塔)企图占据比布鲁斯并且砍倒了我的花园,以至于我的人逃走/变成敌人"①(EA 91:13–14);"如果没有国王给我的配给,我的农夫将逃走/变成敌人"②(EA 130:39–42)。

在"城邦"或者"土地"的例子中,使用的表达是 nēpušu ana X(投向某一方),在其意义上有更多细微的差别:"投向某人的一边。"(坎贝尔 1960:15;CAD E,235"仅仅 EA";关于社会历史的暗示见门登豪尔 1962;沃特豪斯 1965:192–199)这个"某人"总是敌人:或者是阿卜迪-阿舍塔本人或者是 ḫabirus 群体。有许多例子。"如果没有弓箭手,所有土地将投向 ḫabirus"(EA 79:18–20 与 25–26;也参见 39–44);"国王陛下认为阿卜迪-阿舍塔有多么好,这条狗,正在做的,让所有的土地都投向了他?……看啊:现在苏木拉,陛下的牛棚与货仓,也投向了他"(EA 84:6–13;参见 EA 76:33–37);"如果国王陛下不听他的仆人的话,比布鲁斯将转向他(=阿卜迪-阿舍塔),直到埃及,所有国王的土地都将投向 ḫabirus"(EA 88:29–34);"所有我的城邦投向了 ḫabirus,每个人都对我有强烈的敌意"(EA 116:37–40;参见 EA 85:69–75;EA 87:18–20;EA 104:51–52;EA 117:92–94)。

这种放弃很少是一种特殊的、暴力的、情节化的结果:"(阿卜迪-阿舍塔)告诉巴特鲁纳人:'杀掉你们的主人!'他们投向了 ḫabirus,如阿米亚。"(EA 81:11–13)这是一次公开的叛乱。但更常见的是,这种转变以一种不易察觉的、

---

① 这里使用了动词 nakāru 包括这样的语义层,即"变得不同"与"变成敌人"。参见 AHw,718–720;CAD N,159–171。

② 这里使用了动词 šanānu Dt。参见莱尼 1970:81("变成敌人");CAD Š/1,366–370;可以参考平行比较乌加里特语中的 nkr 与 tn(戈登 1965:n.2705)。

模糊的方式发生。这更多是愿望的而非行动的事实，更多是态度的问题而非行为的问题。城邦"投向了 habirus"，当然，他们仍然很好地守住了自己的地位，仅仅是通过切断与莱布－阿达的关系并且建立同敌人的关系就实现了。因而，这样的行为不是不可逆的，并且，莱布－阿达的恐惧几乎没有被按照一个历时性的顺序设定，他的恐惧过去常常被用来重建他的力量衰减过程。他的恐惧更应该完全被视作他的统治变弱的恒定象征。

"城邦"与"土地"本质上在其首领的权威之下行动，ḥazānus，"市长"或者"城市－统治者"，还有 rabūti，"大人物"。实际上，那是一些与敌人达成一致（šalāmu）①并放弃了莱布－阿达的人。"而且，所有的城邦－统治者与阿卜迪－阿舍塔达成了一致"（EA 90：27－28）；"你知道大人物与城邦－统治者同阿卜迪－阿舍塔的儿子们达成了一致"（EA 102：21－23）；"阿齐鲁对我有敌意，所有 ḥazānus 都和他达成了一致"（EA 126：9－11）；"我所有的城邦都对我有敌意，都随着阿卜迪－阿舍塔的儿子们，因而他们很强大。Ḥazānus 也没有和我在一起"（EA 109：58－61）。这种在其他人那里普遍的"一致"的结果就是莱布－阿达完全被孤立："在阿姆鲁，每个人都一致，我是（唯一）的敌人"（EA 114：14－16）。

被放弃、保持孤立的感觉实际上同被"排斥"于共同体之外的感觉是一致的——事实上，那是"敌人"的共同体，现在包括了每一个其他的人。主体感到每个人都参与的事情，只有他被排除在外了。他被取消了资格，被边缘化。那么，为何他不该越过"其他"一方，为何他不该调整自己的行为以适应共同体呢？莱布－阿达被带到了这一节点，他呼告并威胁道："给我一个答案，否则我将与阿卜迪－阿舍塔达成一致，就像亚帕合－阿达与吉姆利达（Zimrida）已经做的，这样我就能幸存下来"（EA 83：23－27）。但是当他的城市鼓励他去调节时，他发现了答案："城市告诉我：'抛弃他（即法老）并且让我们投向阿齐鲁'，但是我回答：'我怎么能投向他并且放弃国王陛下呢?!'"（EA 138：44－47；见下面 EA 136：8－15）这与忠诚相联系，阻止他加入另一方：他者们放弃了"正直"（kittu）——对神的忠诚——出于这个理由，他们是"敌人"。实际

---

① CAD A/1, 388（EA 102：21－23）与 A/2, 108（EA 114：14－16）简单地把 šalāmu 翻译为"达成和平"。我更喜欢"达成一致"，这更加明确。比较 šalmu 是"协定"的意思，在 EA 136：13（莫兰1963年，第173页）；一般见艾森贝斯1969年，第25—26页。

上，他们没有遭受痛苦，因为他们没有被孤立。他们都以同样的方式行事并且被"整合"到一起。但是他们付出的代价就是放弃 kittu "正义/忠诚"。莱布-阿达选择了 kittu，就只剩下了孤独。"我不像亚帕合-阿达，我不像齐木利达：所有（这些）同僚都背弃了"（EA 106：18-20）；"看啊，我是国王的仆人。没有（其他）的国王的 ḫazānu 像我一样对国王的：我愿意为陛下去死"（EA 138：25-27）；"比布鲁斯不像其他城邦，比布鲁斯从一开始就是一座忠诚于国王陛下的城市"（EA 88：42-45）。与其他人有不同的认知是道学气的，这正是一个相信自己是唯一具有正确行为的人的表现——按照 kittu——不放弃的人都被"离弃"的那个世界。

莱布-阿达从自己的城市中被放逐之后，在贝鲁特写下了最后一些信件。在这些信件中，他的"放弃"感自然而然地增加了。它变得更加具体，并且转向冥思自己政治命运的基本要素。崩溃随之而至，因为遥远的神的疏离伴随着邻邦的离弃（甚至是他最亲近的）。当他最亲密的圈子出现了离弃的第一个征兆的时候，莱布-阿达没有注意到。"比布鲁斯的人们和我的王室还有我的妻子告诉我：'让我们随着阿卜迪-阿舍塔的儿子走吧，让我们（与他）达成一致'，但是我没有注意"（EA 136：8-15）。但是最终，当他的兄弟背叛了他，这是一种背弃，形势迅速到达了尾声。"（当）我回家时，我的王庭在我面前关闭"（EA 136：33-35）；"我的兄弟，比我年轻，带领比布鲁斯叛乱，就为了将这个城市交给阿卜迪-阿舍塔的儿子们……（我的弟弟）做下罪恶的事情，将我赶出了我的城市"①（EA 137：16-19，24-25，57-58）。当离弃变成了全部，隔绝完成，主体的政治"死亡"就来临了。

5. 幸运的同僚

我们能猜测莱布-阿达的条件与那一时期其他的叙利亚-巴勒斯坦的国王们没有什么差别。他们都在埃及的控制与自治的愿望之间游移，深陷于他们邻邦的扩张主义的压力与自己国家困难的经济情况之间难以自拔。事实上，其他的——尽管更小——阿玛纳书信的群体可能有类似的分析。莱布-阿达的感受产生于特殊的历史情境。然而，在他自己表达出来的分析里，他不打算在一个

---

① 在一个段落中（EA 138：36-75），莱布-阿达生动讲述了被他的城市离弃，按照文学术语而言，这或许是他整个政治通信中最显著的。

历史的语境中架构他存在的感受。他的分析始于在他自己与周遭世界之间的一个尖锐的差别与对立。确实，按照他自己的看法，其他人的形势与他的完全不同。

我们可以逐点检查这种对立：

（1）莱布-阿达与比布鲁斯是忠心的——其他的国王与城邦则不是。"看，比布鲁斯不像其他城邦，比布鲁斯是一座从开始就忠实于国王陛下的城市"（EA 88：42-45）；"看啊：我不像亚帕合-阿达，我不像齐木利达：所有（这些）同僚都叛离了"（EA 106：18-20）；"看啊，我是国王一个的忠实奴仆，没有其他的国王的ḫazānu像我一样忠实于国王：我愿意为陛下去死"（EA 138：25-27；参见 EA 109：41-44）；"如果我死了，谁还会热爱你"（EA 114：68）。

（2）遥远的神将莱布-阿达交给命运，放弃了他——但是他关心其他人的需求。"让国王陛下听到他忠实奴仆的话，让他送粮食到船上，让他维系他的仆人及其城市的生存，让他给400个人与30个马队，就像已经给齐木利达的，以便为你保卫这城"（EA 85：16-22）；"而且，为何国王给一些东西以保持ḫazānus，即我的同僚们的生存，而我却什么也没得到"（EA 126：14-17；参见莫兰1960：8；CAD B，52；CAD I，6）。

（3）最后，莱布-阿达被他的城邦放弃了，灾祸就要到来——然而，完全相反的是，其他人很容易地继续控制着各自的王国。"（你问我）为何我不能派一个人去王庭，就像我的同僚做的那样。他们的城邦属于他们，他们享有和平"（EA 113：28-32）；"你写下来：'为何你写得比所有（其他）的ḫazānus 都多？'为何他们将要写？他们的城邦（属于）他们，我的城邦已经被阿齐鲁占据"（EA 124：35-40；参见莫兰引自坎贝尔1964：85；利维拉尼1967a：8 n.1）；"而且，为何国王将我与（其他）ḫazānus 相比较？这些ḫazānus：他们的城邦（属于）他们而且他们的头领服从于他们；而对我而言：我的城邦（属于）阿齐鲁，并且他妄图也（捉住）我"（EA 125：31-38；参见利维拉尼1971a：264 n.61）。

有时，与幸运的同僚们比起来，他衍生出了荒谬与陈腐的特点："阿窓国王的信使比我的信使更加有荣耀，因为他得到了一匹马。"（EA 88：45-48）但是整体上，这种比较是严肃的而且在整个画面中这是一个重要的特征。事实上，这些更为幸运的同僚，他们从法老那里得到了一个特权并且他们不必面对莱布-阿达所持续承受的压力,很明显——作为一类,如果不必作为个体的人——他的同僚们,他们"背离"了 kittu,并且采取了一个容易的、寻常的行为。"正义的受难者"那无法解释的条件,为神所弃,通过与"非正直的幸运"的同僚的条件对比得以强调。不用怀疑,关键的转折点就是神的行为,他是人类命运的仲裁者。为何神要帮助那些背叛他的人,他为何留下那些热爱他的人等死而不管他们?问题表述得很明确,但不是莱布-阿达表述的,而是他的一个同僚,每个人都确信他与莱布-阿达遭受了类似的戏剧性情节。阿卜迪-何巴所讲述的是给自己而不是给法老听,而莱布-阿达却不可能这样明智——他偏要讲给法老听:"为何你喜欢 ḫabirus 而厌憎 ḫazānus?"(EA 286:18-20)换句话说,为何你喜欢流氓却不喜欢你忠实的奴仆?这是关键点,是围绕着"正义的受难者"的整个主题。

二、过往

1. 黄金时代

莱布-阿达当下的悲剧情势并不是一向如此的。在某个时代,事情完全不同,莱布-阿达常常以对比的方式回顾过去,以便更有说服力。① 如果我们收集他的书信中所有使用词语 pānānu (m) "此前""曾经"之意的段落,还有所有提到"父辈的时代"的词语(ina ūmē abbūti,或者类似的),我们会得到一个同质的图景,并非没有持续的重复。这个图景就是黄金时代般的景象,一个天堂的状态,现在已经不再了。当然,过去,莱布-阿达已经是国王的一个忠诚的奴仆。"在过去,米塔尼国王是你父辈的敌人,但是你的父辈们从未与我的父辈分隔开"(EA 109:5-8);"看啊,我的目的是为国王服务,就像我的父辈们习惯做的那样"(EA 118:39-41;参见莫兰1960:5 n.1);"比布鲁斯是安全的,从他的父辈起,就是国王的忠实奴仆……让国王在他父辈的王庭中看见碑牌,

---

① 在莱布-阿达的文化环境中,有一个强烈的观念,即一些事情过去是正确的,那它就总是正确的。传统的行为是对的,改变只能更糟,特别是当比较一个原型的理想条件的时候。尤其在法律的案例中也是如此,传统是一个做决定的标准。例如,在诺盖罗尔1956年,第64页中,赫梯国王摩西里(Murshili)把城邦在他们的传统的 (ša laberti) 拥有者中进行分配(类似的例子见同上 78:ultu dārūti),还有同上 219,传统 (ultu dārūti) 与更古老的证言 (abbē āli) 在一次关于税收的争论中被引用。

不论这个住在比布鲁斯的人是否是一个忠诚的奴仆"(EA 74：6-8，10-12)。比布鲁斯与莱布-阿达的忠诚是一个永久的事实，它"自古"(ištu dārīti) 就存在着。"我们是国王的忠实奴仆，自古已然"(EA 116：55-56)；"与其他城邦不同，比布鲁斯是国王的忠实奴仆，自古有之"(EA 88：42-45；参见 EA 106：4)；"让国王陛下知道比布鲁斯，你的自古以来的仆人，是安全的"(EA 75：7-9)。

过去并不缺少麻烦与焦虑，但是这些由于法老方面有着不同的态度而很容易被克服。在那个时代，他不是一位遥远的神，而是关心他奴仆困难与需求的好父亲。"在过去，反对我父辈的敌意是强烈的，但是一支国王的卫队与他在一起，并且国王也提供给养。现在反对我的敌意是强烈的，既没有国王的给养，也没有国王的卫队和我在一起"(EA 130：21-30)；"让（国王）派一支卫队来保护他忠实的仆人及其城市，努比亚人的（Nubian）士兵也和他们在一起（例如军队），就像你的父亲做过的那样"(EA 117：78-82；更多的段落在后面引用)；"在过去阿卜迪-阿舍塔站出来反对我，我写信给你的父亲：'派王家军队来，我将占有全部的土地。'难道不是阿卜迪-阿舍塔带着所有的财产被捉吗？"(EA 132：10-18)；"我写信给你的父亲，他听到了我的话，然后他就派来军队。难道阿卜迪-阿舍塔不被捉住吗？"(EA 108：28-33；参见莫兰 1960：16)。总之，过去的法老保护比布鲁斯，而今他放弃了她。"在我父辈（时代），前任国王保护比布鲁斯：你不可以放弃她！"(EA 129：46-48) 被国王保护的莱布-阿达，更强大也更有能力保护自己："陛下，在过去，当阿卜迪-阿舍塔来侵犯我的时候，我是强壮的，而现在……"(EA 127：30-33)

过去法老对其土地的关注，与当前的漠视有着如此的差别，甚至他突然出现。"难道你的父亲没有露面，难道他不检阅他的土地和 ḫazānus 吗？"(EA 116：61-63) 后来国王出席的情况没有了，形势就恶化了。"自从你的父亲从西顿返回，从那天起这片土地就投向了 ḫabirus。"(EA 85：69-73) 这种在场确保埃及当局及其军事力量具有一种相当与众不同的威望，现在这两者都陷入了危机："曾经苏木拉的 rābiṣu 常常在我们中做决定，但现在没有 ḫazānu 听（他）的了。"(EA 118：50-54)"过去，只要看到一个埃及人，基纳赫尼的国王们就从他面前逃走了，而现在……"(EA 109：44-46；参见莫兰 1950：170)

法老态度变化的实际后果是严重的。过去，他的关心体现在派出卫队力量并且提供配给；而现在，他的漠视表现为拒绝派出卫队和提供配给。"曾经有国王的配给提供给我……现在既没有国王的部队也没有配给了"（EA 112：50-51和54-56）；"我的父辈们（有）国王的保护和配给，而现在我没有了配给，也没有国王对我的保护"（EA 121：11-17；参见 EA 130：21-30，被上文引用）；"此前，在我父辈的时代，有国王的卫队和他们在一起并且国王给予他们一切，而现在我没有了国王的配给也没有了国王对我的保护"（EA 122：11-19）；"在过去，王廷赐予我父辈们银子和各种物品以便他们生存下去，我主还派给他们士兵，而现在……"（EA 126：18-23）。这一幸福的局面与两个地点相连接，苏木拉和亚利木塔（Yarimuta），法老控制的要塞，埃及来进行政治-军事干涉与设定经济标准的据点。"苏木拉和他人曾经是一个要塞，提供卫队力量"（EA 81：48-50）；"曾经我的农夫从亚利木塔获取配给"（EA 114：54-57）；"过去（有）国王的卫队和我在一起，国王给予从亚利木塔来的谷物以维系生计，而现在……"（EA 125：14-19）；"对于国王陛下而言，给予产自亚利木塔的谷物看起来可能是有益的。曾经给予苏木拉的，现在让他给予比布鲁斯"（EA 85：33-37）；"建议你的主人将亚利木塔的物产给予他的仆人，就像过去给予苏木拉一样"（EA 86：31-35）。在莱布-阿达的记忆中，这两个地方获得了天堂般的待遇。它们完全不同于当前的形势：现在苏木拉丢失了，而亚利木塔已经变成了一个受奴役的地方。

115　莱布-阿达显然把正确形势的模式投射到了过去——一个模糊的过去，有时是他父辈的时代，有时是他自己初登王位的年头。他总是"正直的/忠实的"仆人，而且这是适当图景的唯一特征，这场景在反常的当下仍然存在着。但是过去，法老愿意奖掖忠良，他是在场的，当必要时他是有帮助的，他提供所需的工具确保地方的安宁。现在他仍然假意提供这样的服务，但是实际上并没有提供任何东西。过去的非历史特征作为一种模式与原型至少在一个细节上得到证实。莱布-阿达统治的最初年头以及他起初对抗阿卜迪-阿舍塔的那段时间被描绘成反常与灾难性的，一切都发生在那段时间。但是当他们身处过去时——在反抗阿齐鲁的时间——这一时间段被理想化为幸福与高效的时期。莱布-阿达没有提供对形势的历史分析，却将自己生命的悲欢离合调适成了一个预想的架构。

三、未 来

1. 终局前夕

局势如此严重以至于不能再维持多久了。因为莱布-阿达是这个即将崩塌的世界里唯一忠诚的幸存者，他的结局将意味着敌人力量狂乱的失控，将导致法老的统治在整个亚细亚（Asia）丧失殆尽。因而，莱布-阿达的坚持不仅代表自己，也尤其代表了法老。在一封信写完时，他已经被自己的城市驱逐，并且正试图恢复对它的控制，他明确表达了比布鲁斯的情况是整个埃及帝国命运的范例。"如果国王继续漠视他的城市，基纳赫尼的所有城邦不会有一个还和他在一起。（因此）让国王不要忽视这个事实"（EA 137：75-77）。但是，甚至在那之前，他就一贯强调这一点。"如果国王不能将我从敌人的手中拯救出来，所有的土地都将投向阿卜迪-阿舍塔"（EA 79：39-44）；"如果国王陛下不听他的仆人的话，比布鲁斯将投向他（=阿卜迪-阿舍塔），所有国王的土地直到埃及都将投向 *habirus*"（EA 88：29-34）。

持续最多的申斥是关于派出军队的紧迫性。军队必须立即调遣，否则就可能太晚了。"如果年内弓箭手没有出现，所有的土地将转向 *habirus*"（EA 77：26-30；参见 EA 79：18-20；EA 117：56-58）；"如果两月内弓箭手没有到来，阿卜迪-阿舍塔将前来并占有两座城"（EA 81：45-47；参见 EA 81：29-30）；"如果军队没有到来，在这一年内，他们（例如，敌人）将占有比布鲁斯城邦"（EA 129：40-42）；"所有剩下的卫兵感到糟糕，只有极少数人留在城里，如果你不派弓箭手来，你就不会剩下哪一座城了。但是如果弓箭手将（出现），所有的土地将转向国王"（EA 103：47-57）。从最后这一段落来看，军队被假定到来具有多么明显的决定性（也见下文）。这一行动能够产生一个秩序完全得到恢复的结果。同时，如果这没有实现，最终的崩溃将接踵而至。一切都依赖于法老的决定。因为看不到这样的决定即将到来，毁灭将不可避免地到来。因此莱布-阿达开始思考他的个人安全了。"如果两个月内没有弓箭手，我将放弃这座城逃离，（因为）我要保命"（EA 82：41-45）；"如果年内没有军队，派船来把我接到我的神——陛下那里活命"（EA 129：49-51）；"如果你没有这样说，我将放弃这城并逃离，带着那些热爱我的人"（EA 83：45-51）。

这些祈求以最后通牒的措辞被重复,并从始至终贯穿在莱布-阿达的通信中。考虑到隔绝时,每一个恳求看起来都暗示着一个历史的识别,即形势发展到了这样一个临界点,一个终极解决(无论来自哪个方向)将很快到来。可是,正是重复祈祷的事实证明它们并不是建立在历史识别基础上的,而只是建立在一个通常意义的存在感的基础上。贯穿他统治过程的始终,莱布-阿达不断地感受到——或者至少讲——他就处于结束的边缘,无论实际情况是怎么样的。他的感受外在于历史时间,一成不变,没有发展。确实,在莱布-阿达的通信中,这是一个基本的情感模式特征,不具有事件的历史陈说特征。① 即便莱布-阿达在比布鲁斯的困境不可否认——尽管结局将来自一个意外的方向——埃及帝国的一场可能已经迫近的整体崩塌,这是莱布-阿达论说的关键点,可以被排除了。②

2. 救主的期待

即便一种情况已经出现——甚或一直存在——在这里,莱布-阿达处于最终灾难的边缘,没有什么是有偏见的。情况如此只是因为(只要)法老是冷漠的。他的一次简单的介入就会解决所有问题。莱布-阿达类似于最后通牒的通信恳请指出解决问题的方式:埃及军队要到来。"派大量弓箭手来,你将把国王的敌人赶出他的土地,所有土地将转向国王"(EA 76:38-43),类似这样的请求是一个固定的点,出现在几乎所有莱布-阿达的信中。军队被设想成以两种不同的形式到达,并且带有两种标准的功效,依据的是类型、数量与兵种。在一些例子里,小队的武装者是一个问题,主要被定义为"卫队"(amalūti maṣṣarti),他们的职能就是"保卫"(naṣāru,是名词 maṣṣartu "garrison" 的来源)城市对抗敌人的压迫与攻击。他们的出现几乎是一个象征,而且其价值在于表达法老的支持。一个单独的人自己可能获得这个结果——一个埃及官员负有保卫城市的职责。"让国王陛下派他的 rābiṣu 来保卫陛下的城市"(EA 84:26-28);"让国王派他的 rābiṣu 来并且看护这个地方"(EA 94:71-72)。一些经济措施,如

---

① 所以,我认为,使用"一年内"和"两个月内"这样的表达,为了精确计算组织一次远征需要的旅途或者时间的长度,就像有时已经做的那样,这是危险的(例如,坎贝尔1964年,第67页)。
② 我已经分析了(利维拉尼 1967a)阿玛纳书信的情感本质的误读如何常常导致学者们将其作为历史地建立主题而接受(即埃及亚细亚控制的崩溃发生在阿玛纳时期),这只能是建立在叙利亚-巴勒斯坦的国王们继续他们与法老的关系方式的基础上。关于这里军事协定与埃及控制的持续性问题,见克楞格尔1965b;舒尔曼1964年。

运送粮食，也以这种方式呈现（上面讨论过）。所有的例子中，措施都部分地起到缓解作用，它们只是延缓崩溃的到来，但不会解决核心问题。

埃及军队的"出现"与否，在其最充分的意义上而言，是不同的。在这个例子中，动词 asû 意为"出现"被多次使用，而对于卫队，官员和补给品则更多使用了动词 uššuru，意为"派出"。① 这个"出现"有一个清晰的救主的内涵。它被认为如此有效以至于能够彻底消除麻烦的根源，因而确保和平状态的恢复，毕竟，这是常规的解决之法，或者至少是渴望的解决之法。常常以明确的术语陈述的是派出卫队（或者补给品），这仅仅是暂时的解决之道，而真正等待的是全部军队的决定性到达。"派给我埃及和努比亚的士兵……直到弓箭手出现"（EA 70：17-19，22）；"让陛下派卫队到这两个城市，直到弓箭手出现"（EA 79：29-32）；"尽可能快地派附属部队到苏木拉来保卫它，直到国王——太阳的弓箭手到达"（EA 103：25-29）；"让陛下给 100 个士兵，100 个努比亚人和 30 辆战车，我将保卫陛下的土地，直到一支大军出现，陛下为他自己占领阿姆鲁，以至于这些土地将重获平静"（EA 127：35-42）。决定性的"出现"领先于——或者与之等同，正是其显著的结果——一种国王关注他的土地的"思考"的行动（idû）② 或者"决定性措施"（malāku）的行动。"派一支卫队来保护你的城市和你的仆人，直到国王考虑他的土地并派弓箭手来平定他的土地"（EA 112：33-38）；"让国王派附属部队到苏木拉，直到国王决定他的土地的对策"（EA 104：14-17）；"国王陛下赐予粮食看起来可能是好的……而且我们将幸存下来，直到你决定你的城市的对策"（EA 85：33-39；参见 EA 86：31-37）。不仅莱布-阿达在等待解放性的军队的"出现"，而且整个国家都在等待，或者至少那些对于法老持有善意的人在等待。因而"出现"将不会遇到任何反对——毕竟，谁能抵抗呢？——这将自动恢复秩序。"让国王陛下知道阿姆鲁正在整日整夜地渴望弓箭手的出现。弓箭手到达阿姆鲁的那一天，所有人（阿姆鲁）将投向国王陛下"（EA 70：24-30）；"你不知道阿姆鲁正在整日整夜地等待弓箭手吗？……告诉国王：尽快前来！"（EA 82：47-52）甚至在其从比布鲁斯被

---

① 表达 aṣû ša ṣābē piāti 的研究由品托雷出版（1972；1973）。将 ṣābē piāti 翻译为"弓箭手"是惯例。事实上，他们是一个完整的军团。参见奥尔布赖特 1966：7；本哈特 1971：139。

② Idû ana 有"考虑""关心"的意思，这被证明只在阿玛纳的书信中出现，参见 AHw, 188 s. v. edû (m) B7；CAD I/J, 28 (b)。

放逐之后，莱布-阿达继续对埃及军队"出现"的自动效应有把握。"当军队出现时，他们将知道，在他们到达的每一天，城市将回归国王陛下"（EA 137：49-51；参见莫兰 1950：170）。

当然，救主期盼的顶点是一个法老亲自"出现"的可能性。如果他再次莅临西顿，他将恢复各处的秩序。"让国王听到他的奴仆的话并且尽快派出战车与弓箭手以保护国王陛下的城市以及他仆人的城，直到国王陛下抵达"（EA 88：23-27）；"让国王陛下出现视察他的土地并且取得一切！看，在你到达的那一天，所有土地将转向国王陛下。谁还敢站出来反对国王的军队？"（EA 362：60-65）但是这种可能性如此遥不可及，以至于莱布-阿达很少暗示这种可能。

3. 重获天堂

补救很轻松——这对于法老而言要"考虑"他的土地并且让弓箭手"出现"将是充分的——在隐藏戏剧性的当下条件是有效的。很容易理解，当莱布-阿达规划他未来的愿景时，这基本上是悲观的，他也可以想象公正与和平的天堂的特征作为一种终极结果。除了恢复最初的条件，什么也没有。天堂的特征以两个周期性的术语为中心："要和平"（pašāḫu）与"要活下去"（balāṭu）（见 CAD B，46-63；希尔施，1968—1969年）。

对和平的希望是明显的，与动乱和痛苦的当下形成了对比。军队抵达后，整个国家将恢复和平。"让国王派他的军队，让他平定在 ḫazānus 统治下的土地。（如果）城邦将属于他们，他们将处于和平"（EA 118：42-45）；"让国王听到他仆人的话语，让他派弓箭手为国王保护国王的土地；让他用粮食平定国王的 ḫazānus"（EA 121：45-51）；"让我的主人给100个士兵，100个努比亚人和30辆战车，我将保护陛下的土地，直到大批军队出现并且陛下占领阿姆鲁，这片土地将处于和平"①（EA 127：35-42）；"派军队平定这块土地"（EA 132：58-59）；"想想你的土地，平定你的土地"（EA 74：58-59）；"派一支卫队来保卫你的城市和你的仆人，直到国王念及他的土地并且派弓箭手来平定他的土地"（EA 112：33-38，带有完全的模式）。

这种对和平渴望的范例性特征，还有它在这一时代政治意识形态中的价值，

---

① 完整的模式在这里呈现出来：先是派出（uššuru）军队保护（naṣāru）城市，直到决定性的出现（asû），这给整个国土带来和平（pašāḫu）。

都在阿卜迪-阿舍塔的宣传材料中以同样的术语反过来使用而阐明清楚了。这些已经作为语录在莱布-阿达的信件中保存了下来，因此用词的一致不可能是偶然的。莱布-阿达期望的和平将因为埃及军队的到来而实现，并且确保 $hazānus$ 将控制他们的土地。相反，在阿卜迪-阿舍塔的计划里，埃及军队和法老本人可能到来，所有土地的和平是赶走所有 $hazānus$ 而实现的结果（参见利维拉尼1965a：275-276，这里阿卜迪-阿舍塔计划中的乌托邦特征已经得到了强调）。阿卜迪-阿舍塔与莱布-阿达各自的计划被灵巧地做了对比；双方目的都是达成同样的"和平"状态，但是却通过采取完全相对的措施而实现。

通行的例子证明，所有土地得以平定那是不太可能的，莱布-阿达希望至少实现他自己的"和平"。他希望身体上从当前的麻烦中逃离并且从法老那里得到庇佑，那里和平的条件在本质上是永恒的，总是保持当下的和平状态，而不仅仅是未来和过去的投射，可是就像莱布-阿达现在所处的人类境况一样，无法真正在现实中获得。对于个人得到救援的希望被表达为最后的可能性。"对我而言，和你待在一起是非常愉悦的：我将处于和平"（EA 116：48-50）；"看来国王陛下派一个人到这里是好的，我将见到国王陛下。对我而言，和你（待在一起）是高兴的，（而）现在我被隔离能做什么呢？看啊，我整日整夜地想着这个"（EA 74：59-65；参见 EA 114：44-46）。

莱布-阿达的基本期望是"活着"。能否活下去现在无法预知，他的希望的实现就只能投射到未来——当法老将"考虑"他的土地并送来救助的时候。"我整日整夜地等待着国王陛下的弓箭手；国王陛下可以为他的奴仆采取措施。如果国王不采用一个不同的态度，我将死掉。请国王陛下让他的奴仆活下来"（EA 136：37-43；CAD B 中第70行的解释是错的）；"让国王听到仆人的话并赐给他生路，让他的仆人活下来（EA 74：53-55）"；"如果国王将保护他的仆人，我将活下来。但是如果国王不保护我，他要保护谁？如果国王尽可能快地派埃及人和努比亚人的士兵还有战马来，请让我这个人带领，我将活下来为国王陛下服务"（EA 112：14-24）；"让国王听到他忠实仆人的话语，并且给他的仆人和比布鲁斯的女仆活命"（EA 116：44-47）。对"活命"的频繁期盼被与食物的材料运输连接在一起。"让国王陛下听到他忠诚仆人的话并且用船送来粮食让他的仆人和他的城市存活"（EA 85：16-19）；① "而且，但愿国王看到给予粮食，亚利木塔的产出是好的。那些曾经被给予苏木拉，愿它现在被给予比布鲁斯，这样我们将活下来"（EA 85：33-38；参见 EA 86：31-37）。就像这个关于"和平"的例子，如果"生存"没有在这片土地上被广泛地恢复，那么至少它能被莱布-阿达独自承认，他所提供的能让他从当前的局势中逃掉。"如果两个月内没有弓箭手，我将弃城并且逃跑，我将自己保命"（EA 82：41-45；参见 EA 83：45-51）；"请送给我答案，否则我将与阿卜迪-阿舍塔达成一致，就像亚帕合-阿达与吉姆利达所做的，这样我就将活下来"（EA 83：23-27；参见莫兰 1960：12 n.1）。在他"坚持活下去"的过程中，莱布-阿达有意识地暗示出法老授予生命的形象。② 在这一句中他甚至引用了法老特殊的陈述。"你是国王——太阳，陛下——莱布-阿达写道——你让你忠诚的奴仆活下来"③（EA 80：31-34）；"你让（人们）存活——你让（人们）死亡"（EA 169：7-8；EA 238：31-33）。

莱布-阿达生活在一种不确定的末世论的状态中：他既处在彻底的灾难的边缘，也处在被救援的边缘。"如果你不派弓箭手过来，没有城市留下来给你了——如果弓箭手抵达，所有的土地将转向国王"（EA 103：51-57）。法老的态度是决定性的元素：如果他决定"考虑"他的土地，他将救援它；如果他保持"漠视"，他将看着它毁灭。莱布-阿达不得不等，顽固地坚持他的"忠诚"并且顽固地提醒法老局面的严重性。

四、历史与智慧

在这里，为了分析，我已经拆分了多种特征的聚合。虽然，这都源自多种

---

① 类似这一个的例子，*CAD* B, 61（7. *bulluṭu*）采纳了这个翻译"提供食物"，还可参见莫兰 1960：5（EA 74：53-55）"提供生计的手段"。

② *CAD* B, 55 正确地为这些段落（像 EA 112：23）奉献了一个特殊的片段（2d："归因于皇室的魅力"）。但是当一个人使用一个特殊的翻译如"安全的""鼓起勇气""获得新的勇气""集聚了新力量""感到安全"，这些技巧性术语的意思已经丢失了。

③ 莱布-阿达通信之外也可以看到这样的段落，（比如，EA 147：5-9）"陛下——我的太阳……他通过他正常的呼吸保持生命"；（EA 149：21-23）"如果没有了来自国王陛下口中的呼吸，一个人的生命是什么？"这些段落中（还有他们的埃及模式），参见威廉 1969：93-94。

研究的跨界参考，也参考了被频繁使用的不同背景下的同一个段落。这种一致没有被后验地重建，它已经在莱布-阿达的书信建构中呈现了。当我们按照我的方案读这些信时——阅读它们（就像刚开始所阐述的）作为单一的档案，每一封都被赋予了一个精确的动机，但是作为更大单元的一部分——很明显每封信中的多样元素明确被以一种功能性的方式连接起来。对过往的回忆，还有对未来解决之道的期待，同当下的戏剧性条件产生了对立。在主体的忠诚与他周遭背景的敌意之间的对照形成了明显的矛盾态度，一方面是漠不关心的神，另一方面是即将到来的灾祸的预期结果。主人公的孤立与他正直的行为相连接，他者的结盟源自他们一致的背叛。保持忠诚的可能性与恢复早期的繁荣，都是建立在神的不同态度的条件上的。在我的分析中，各种不同的孤立的元素可能聚合成一个完整的网络。莱布-阿达存有的条件将清晰地浮现出来——在其一致性与完整性中——在每一封单独的信件中。①

画面的一致性及其存在的特征在莱布-阿达的政治生命中的最后阶段得到了特殊强调。他的结局是悲哀的，看起来证实与强化了这位比布鲁斯国王贯穿其统治的恐惧感。看起来这给出了一个历史现实，即他的角色是作为"正义的受难者"。然而情况不是这样。最终打击他政治生涯的来自于一个意外的方向，即他的兄弟，他可能为了个人与普通的理由而行动——野心、嫉妒——这些在莱布-阿达的挽歌中没有提到。更为重要的是，篡位者刚登上比布鲁斯的王位，莱布-阿达太紧迫了以至于没有办法给法老——遥远的神写信（EA 139-140）。他急切请求法老的帮助以对抗（常见的是阿齐鲁）从各个方面形成压力的敌人，给他的忠诚制造困难。"正义的受难者"的智慧模式被确定下来。无论主人公是谁，无论发生什么，这都是关注和焦虑的焦点。真正发生的是即刻强迫进入这一模式，如果完全可能；否则这将被忽略。

一个真正的结局，一个真正的结论是缺乏的，因为这一模式在当下总是被其确定的本质固定，它是动态的却不是发展的。未来总是保存在未来，它从未

---

① 这儿，我不希望被误解。强调这幅画面的现存特征时，我并没有打算否定其历史基础。莱布-阿达的形势真的非常困难，而且他实际上承受着来自阿姆鲁的扩张主义的压力。最后，他丢掉了他的王座，或许被埃及政策的变化影响了。然而，我希望强调的是，主人公认识到——或者至少表达了——在一个预想模式的轮廓范围内这样一种事件的情形。我们必须辨别这一模式的"网状"表现以便在其真正的结构中重建历史现实的内核。

变成当下而且从不会实现。此外，通常发现于智慧文学中的这种解决之道是缺失的。没有神对解放的介入，那只是一个人造的"幸福结局"，一个心理希望的文学具体化，那企图降低观众的情感紧张。没有"正义的受难者"的心理发展，他通过受难变成了智者，更加自觉，更有能力接受神的不可预测，或者承认他自己有犯错的可能，一种——或许无意识与未知的——"罪"。

莱布-阿达在终极危机中，承受了心理上的一些变化。当他孤立的恐惧以政治生命"死亡"的形式实现的时候，无独有偶，身体上的疾病也找上门来——另一个被神放弃的明确信号。他可能真生病了，但是他所感到的究竟是什么样的病况，即认为他的身体状态是同事件的进程相联系的。"有反对我和苏木拉的敌意。看啊，现在 rābiṣu 已经死了，我也病了"（EA 106：21-23）。在其最后的书信中，疾病被放到了显著位置。"我老了，我的身体中有严重的疾病。让国王陛下知道比布鲁斯的众神离去了（?），我的疾病很重，我向众神坦白我的罪孽。因此我不能前去到国王陛下的面前了"（EA 137：29-35；奥彭海默 1967：132 做了自由的翻译，改变了逻辑联系）。罪孽与疾病之间（用"坦白"作为一种消除罪恶的方法），行为与命运之间的关系清楚地建立起来。正义的一个人，他总是如此确定自己的正直并且因而讶异于神的放弃，最终颠覆了他通常所使用的推理方式。如果我生病了，就意味着诸神对我发怒了；如果他们发怒，就意味着我对他们犯下了罪行。尽管生病往往被用作不去埃及的一个借口——疾病能够反映这个时代普通的诊断程序并且伴随着一般精神状况的常见范例。这并没有转到政治局势上来，没有发展或者结果而维持下来。在政治层面讲，这是有意义的。在同一封信中（也在第138封信中，写于同样的形势下），莱布-阿达仍然强调着他对法老态度的不解，并且坚持着他对未来变化的希望——这个希望现在传给了他的儿子，因为未来并没有留给莱布-阿达。最后的危机过后，莱布-阿达感到死亡将近。他不止一次暗示了死亡，就像他的思想被死亡的想法牢牢吸引了一样。

莱布-阿达一生的变迁起伏对应了"正直的受难者"的模式，形成了这个有意为之的问题。它适用于一种文学模式吗？我认为我们不能对这样一个直接与简单化的问题给出一个肯定的回答。可是，莱布-阿达与他的朝廷圈子（尤其是抄写员阶层）知晓美索不达米亚的智慧文学是可能的，这种文学类型准确地在这个时代彻底变成了公式而且传到了叙利亚海岸线上的宫殿与恢宏的抄写学校。① 很可能一个像 Ludlul bēl nēmeqi（拉姆伯特1960年，第32—62页）的文本在比布鲁斯被知晓。其中主人公宣称他的正直与忠诚（ii 23 – 30），抱怨疾病（i 47 – 48, 71 – 76, ii 49 – 81）与公民的不幸（ii 55 – 70, 77 – 83），注意到他被亲友离弃（i 4 – 5, 112 – 113）。类似的文本可能已经被知道，确实可能被了解，因为类似的模式和莱布－阿达的信件在系统和精确上面完全吻合。即便我们不接受阿卡德人的智慧文本对于莱布－阿达信件的写作有一个直接的影响（我不这样认为），我们仍然能够在两组文本之间建立一些联系。

第一，有一个年代顺序上的联系。现在可以确定的是，美索不达米亚智慧文学系统化与创造性形成的主要阶段是加喜特（Kassites）时期（拉姆伯特1960年，第13—19页），这一时期与阿玛纳档案是一致的。即便对古代近东的文化史仍然只有极少的了解，可显然，关注公元前14世纪到前13世纪的智慧作品应该回溯那个时代的文化特征，去看思想潮流或者广义的存在经验。② 从这一角度看，莱布－阿达通信与阿卡德智慧文学属于同一文化时期确实是有意义的，即便我们不考虑可能的特殊联系。第二，也是最重要的一点，在巴比伦智慧文学和莱布－阿达的政治通信之间的联系，可能从双方起源的社会设定中辨识出来。这一社会集团的预期与现存问题受到双方的反射。这一设定是一种朝堂的环境。其核心直接引发了智慧文学，即抄写的核心——宫殿机构的形式部分。作为行政官员，抄写员整体属于宫廷环境的一部分，他们属于"国王的人"的圈子。他们的生活经历就是朝堂、行政官员、官僚职业，还有政治活动。这些经历投射在智慧文学中。他们关心的不是国王喜好的缺失，同僚的嫉妒与诽谤，而是忠诚于他们自己的行会，对其他人的背叛予以谴责。一般而言，在智慧文学起源的社会圈子里的问题包括人类交往的经验与正确行为的知识，还有在周遭世界中一个人的合适位置的知识。这些问题出现在智慧文本中，显示了这些文本并没有抽象与做作地处理人类泛泛的问题的解决之道，而是要历史与具体地处理其作者的日常经验。

---

① 在乌加里特发现了一些美索不达米亚智慧文本的残片（诺盖伊罗尔1968：265 - 300）证明了这些文学作品传播进叙利亚－巴勒斯坦后青铜时代的抄写员与恢宏的中心。通过这一渠道与《旧约》智慧篇发生了联系，这需要加以研究。参见格雷1970年。

② 悲观的形象——适合于一个"危机的时代"——在中巴比伦的智慧文学里或许能与同时发生的青铜时代文明的最终危机相联系。这个危机在技术上只是次要的，主要是社会、政治和道德方面。

而宫殿与朝堂的智慧文学的环境已经在一般意义上得到研究①,另一个积极的结果可能通过指出专业与技术文本中的智慧特征而实现,这些文本源自皇家宫廷。文学文本定位他们的智慧观点为想象的、文学的局面。莱布-阿达的通信在真实的事实中定位了当下的生活。因而,我将不会寻找莱布-阿达书信范型在智慧文学中的起源。相反,我将寻找现存的条件,那是莱布-阿达经历智慧创作的起源,集中于"正直的受难者"的问题。

毕竟,一条鸿沟分开了两种风格的文本确实是真的吗?有多少自传的材料,有多少关于个人的典故,在一个文学特征的智慧作品中被发现?又有多少永久的、预想的材料在信件中被发现?或许唯一的不同在于莱布-阿达的信件面对的对象是一个具体、真实的人,而文学文本面对的是一个非个人与更广泛的同僚"听众"及后人。②但是,莱布-阿达的信件表达——遥远的神漠视与从不回答(作者提前意识到他不会回答)——的抱怨是实际内容吗?有时我们得到了这样的印象,比布鲁斯的国王写那么多信以发泄他的不满,而不是要求得到回答,只是为了写而写,而不是为了有人读。

---

① 古代近东智慧文学的朝堂环境广为人知,尤其在《旧约》研究里。参见杜斯伯格1966:59-95,147-176;杜巴尔1969:248-249。

② 美索不达米亚的一些"写给神的信件"也被认为具有智慧的特征,雅各布森1946:205-206,范·戴克1953:13-17,克劳斯1971都已经聚焦于这个问题。一些《圣经》诗篇也明显有"写给神的信件"的内容,带有清晰的智慧腔调,诸如"正直的受难者",见莫文凯尔1955年。

第六章 阿齐鲁，二主之仆[①]

引 言

莱布－阿达灭亡的原因来自阿姆鲁的王庭，阿姆鲁在叙利亚，是内陆国家，从比布鲁斯起最北的埃及封国。莱布－阿达不断抱怨阿卜迪－阿舍塔及其儿子们，尤其是阿齐鲁的敌对行为。而他的抱怨中最多的是为了引起法老注意的空洞修辞，就像在之前章节中所指出的，阿姆鲁的领导者并非可靠的封臣，这是他们在给埃及的信中自己宣告的。法老怀疑有违规的表现，就要求阿齐鲁亲自到他面前解释，这是一次后者想避免的旅途。关于这次事件的阿齐鲁信件的形式与内容是这一章的主体。

阿姆鲁通常并不属于叙利亚－巴勒斯坦的范围，它并不是一座王国内吸引众多焦点的中心城市，也没有一个古老的王朝。阿卜迪－阿舍塔作为这一地区的统治者，比较晚近才为自己建造了阿姆鲁，仅仅在阿齐鲁当政时，其宫廷才被作为王室的所属而接受。这个国家的名字与埃及人在北部叙利亚组织起来的更大的行省的名字之间有一个奇怪的交叠。这个省被海岸线上的苏木拉城管辖，这座城已经被埃及的统治者摧毁并放弃了。重建该城是阿齐鲁的任务之一，而且在这儿他也不愿意继续下去。因为埃及统治者的缺席，他能够行动，就好像他是整个阿姆鲁省的统治者，而不仅仅是王国的统治者一样。

阿齐鲁结束了到埃及的旅程，被免罪回到家乡。可能之后不久他就结束了与赫梯国王舒毗卢留玛的封臣条约（贝克曼 1996：32－37），并且公开脱离了埃及的势力范围。阿姆鲁保留了一个赫梯封臣的地位大约150年。对于阿齐鲁生涯研究的主要基础是阿玛纳通信，其最晚近的翻译可能来自莫兰（1992）和利

[①] 初版标题为"Aziru, servitore di due padroni"，收入 O. 卡鲁巴、M. 利维拉尼、C. 扎卡格尼尼编：《东方研究纪念弗兰科·品托尔文集》，帕维亚：GJES 出版社，1983年，第93—121页。

维拉尼（1998—1999）。这些来自阿姆鲁的信件由伊兹雷'艾尔（Izre'el）通过一本独特的专著进行了研究（1991）。

一、书信的技巧

1. 我（不）来！

在一小组有12封阿玛纳的信件中，都是阿齐鲁写给埃及王廷的，有4封完全属于同一时期。它们快速地被接续发出，如果不是同时写就的，就无法委托给同一个信使。然而，它们却是发给不同的收信人：法老（EA 165）、官员杜度（Dudu，EA 164）、亥（Hai，EA 166），还有一个不知名的人（EA 167；或许这封信也是写给法老的）。信件包含有关于阿齐鲁拜访埃及在阿玛纳朝廷的内容。这次拜访是埃及一方要求的，并且被阿姆鲁国王故意耽搁了。额外的信件也涉及同样的问题，既因为它们包括了可能要有耽搁的暗示（EA 162：42-45；也参见 EA 161：4-6，EA 168），也因为指涉阿齐鲁对埃及进行了实际的访问（EA 169-171）。在埃及与阿姆鲁之间的通信有一半在阿齐鲁统治的时间内，由他主持处理这个问题，尤其是他统治的后半期。就像我们所了解的（参见克楞格尔 1964），在他朝觐法老期间，阿齐鲁如此聪明以至于消除了埃及人对他政治行为的怀疑，他还获得了允许回到阿姆鲁。① 但是他一回去，立刻就变成了赫梯国王舒毗卢留玛的封臣（弗莱丹克 1960，I 24'行；参见下面§2.3）。阿齐鲁从根本上改变了他效忠的对象，证明埃及人怀疑他的忠诚的理由是多么充分。

几封信件聚合到一起，表达出了拜访埃及的重点，这甚至比档案本身的内容更加清晰，阿齐鲁这次拜访法老对于政治关系的框架是如此重要，而且是二者之间外交关系的难点。案例很简单：阿齐鲁想回复法老他将不去埃及。他竟然公开而突然地陈述了这一点，这很明显显示他没有重视法老的邀请，实际上，这是一个命令。阿齐鲁的问题是安排他的信息——这基本上是令人不快的，既与一般的行为准则相反，即他在双方的关系中起支配作用，也与收信人的特殊期待相反（参见利维拉尼 1971a：259）——以便它将尽可能原貌送达。解决方

---

① 在叙利亚关于阿齐鲁拜访的结果的一般观点被努哈社的国王讲述（EA169：19-28）："当（法老）将从埃及释放他的时候（＝阿齐鲁）……阿齐鲁从未离开埃及！"

案就是回答"我正在前来",但是又要暗示"我不来"。这样一种解决方式相当寻常而且被我们在人际关系中定期使用。

回答"我不会来"将产生更为直接与即刻的效应,只要关注实际信息的传播就是了。但是这样的回答会比送信人所想的具有更丰富的内涵,这些不会给他带来好处。"我不会去"这样的回答,以递进的思维序列表现出"我不想去""我不服从""我想抗拒",还有"我并不属于你所领导的政治体系的成员"。这些极端的暗示不符合阿齐鲁的利益或者意图,他至少在写这封信的时候是这样想的。而且如果他们这样做了,对于他隐藏这样的意图也更为方便。因而,阿齐鲁计划通过有节制的表述来掩饰他的不服从。严格说,他希望可以不动声色地送达。他自己以积极的措辞解释以便保持在一个系统范围内,在其中他可以一眼就看到破坏。

第一,阿齐鲁要送出的是一个确认,他确实属于法老所领导的政治系统:"哈提布(Hatib)到来并且送上国王陛下的美好祝愿,我非常高兴。我的兄弟们与我的国家一起作为国王陛下的奴仆,还有杜度陛下的奴仆,当国王陛下的气息传到我的身上的时候,我们非常高兴"(EA 164:1-14);"现在我与哈提布,我们是国王的好仆人"(EA 165:8-12);"我与巴'路亚(Ba'luya),我们是你的奴仆,我保卫着国王陛下的土地,我的脸转向服侍国王陛下"(EA 165:8-12);"我是国王的一个奴仆,一个非常好的奴仆"(EA 165:26-27);"我,我的兄弟们和我的儿子们,我们永远都是国王陛下的奴仆"(EA 165:43-45);"我,我的儿子们和我的兄弟们,我们都是国王陛下的好奴仆"(EA 166:9-11);"我是陛下的一个奴仆"(EA 166:20)。

第二,阿齐鲁关注送出信息,声明"我想服从",或者"通常,我确实服从":"陛下,我的神,我的太阳的话,还有陛下杜度的话,我没有偏离"(EA 164:14-17);"服从陛下的话,我不敢分离出我自己,也服从你的(例如,埃及官员亥的)话"(EA 166:17-19还有类似的段落,参见下面§2.2)。

第三,阿齐鲁表明他正服从于他拜访埃及过程中的特殊情况,甚至让他感到最满意的一个原因就是这次拜访。显然,他非常乐于成行,甚至热情极其高涨:"陛下,我的神,我的太阳:我最大的愿望是什么?我愿意永远注视国王陛下美丽的面庞"(EA 165:4-8;EA 166:6-8;EA 167:8-9),还有"在平和中,我将看到国王陛下美丽的面庞"(EA 165:12-13),因此我将确定而明确地要前去。确实，当他在每一封信中一再确定的时候，他已经在路上了：

EA 164："我来到"（20：*ni-il-la-ak*），"我来到"（25：*i-il-la-ak*），"确实，我们到来"（34：*lu-ú a-al-la-ak*），"我来到你面前"（*al-la-ka-ak-ku*）。

EA 165："我们到来"（15：*ni-il-la-ak*），"我迅速抵达"（17：*ka-aš-da-ku i-na ḫa-mut-iš*），"我来到"（25：*a-al-la-ak*），"我正在抵达"（31：*ka-aš-da-ku*）。

EA 166："我们现在快速到达"（13–14：*ni-il-la-ka-am i-na-an-na i-na ḫa-mut-iš*），"我正在抵达"（16：*ka-aš-da-ku*）。

EA 167："我们快速到来"（30–31：*i-il-la-ka-am i-na ḫa-mut-iš*），"我正在抵达"（17：*ka-aš-da-ku*），"我正在抵达"（33：*ka-aš-da-ku*）。

通过增加副词"现在"和"迅速地"，通过使用动词的状态形式，或者增加动词 *kašādu*，这些暗示着一个行动的完成，他开展了一次行动，甚至这行动还没有开始被理解就已经彻底完成了。阿齐鲁表明"我正在抵达"，甚至是在他还没有动身之前。同法老的预期相比较，仅仅在时间上有所不同。阿齐鲁说"我正在尽可能快地赶来"，这并不意味着即刻赶来。或许它没有明确地表达出来，法老的命令必须被立即执行，然而这在意识形态中是含蓄的（参见珀斯奈尔 1960：42–43，48–49），阿齐鲁确实很清楚地意识到了这一点。但是在命令与执行之间有一个简单的时间差，这本身并不能被认定为不服从。无论如何，埃及一方明确知道这个时间差。埃及国王做了一些事情以便限制这一时间差的长度，进而避免他的命令的实质内容有被打折扣的可能性。他加入了禁令："从你写下'让国王今年离开我，下一年我将到国王陛下面前，否则（我将派出）我的儿子'。国王陛下今年应要求离开你。（但是之后）你亲自来，或者派你的儿子来，你将在国中的任何地见到国王。不要说'再给我一年'以便来到陛下的面前。要么你派你的儿子代替你到国王陛下面前，要么你自己（亲自）来！"（EA 162：42–54）。

至于耽搁的理由，阿齐鲁注意将其呈现为自己处于埃及的政治系统中，而不是与其分割。他强调他停留在阿姆鲁因为要"保卫"国家的利益，处于埃及当局的架构范围内，这是他作为法老的奴仆的责任（参见，下面§2.1）。他宣称他被迫违背自己的意愿而耽搁了他对法老命令的响应，因为他要忙于服从另一个也是更基本的法老的命令。在这一点上，作为整体的系统中就没有什么命令可以用来反对他在系统框架内的合理延误。

当阿齐鲁将自己同埃及的官方信使哈提布相联系起来的时候，可以发现另一个更为特殊的——但很老练——参与技巧的应用，哈提布已经抵达并催促阿齐鲁拜访埃及法老，而且他确实与阿齐鲁一起在路上了。留住哈提布，让他与自己的行为与意图产生联系，阿齐鲁能说："你知道我们都是忠实而服从的"（参见 EA 164：41-42），或者"你知道我们都将前去"（参见 EA 164：18-20，25-26；EA 165：14-15，25-26；EA 166：12-14，30-32；EA 167：14-15）。因此阿齐鲁能宣称他自己有信用，而埃及信使哈提布最后将确定这样做。①

2. 大量的信息

这一组信件最明显的特征就是它们的信息量极其烦冗。它们在几乎同样的时间内传递的是同样的信息——或者完全同一时间——收信人或者联系紧密，或者甚至可能被认为是有同一立场的公共机构的成员。确实，这些信件被归档在同一档案馆中。它们在内部也确实累赘，因为一再重复同样的信息。当超越了一个确定的点时，冗余就不再能够确保核心消息内容的传递，反而会尽可能地使它变得不再清楚。繁冗变成了一个有力的"嘈杂声"，坚持一种"无意义"的信息（并不是真实的信息），事实上隐藏了一个令人不快的现实（参见利维拉尼 1973b：273）。如果繁冗被用于次要的因素，那将是愉快和明显的，而要是用在重要的新信息上，就将既不愉快也不令人期待。阿齐鲁提供的信息的逻辑链条可以被总结如下：（1）我是忠实的奴仆；（2）我服从；（3）并且我愿意去；（4）但我不得不保护国家；（5）因而我不能立即前去。（1）到（4）条具有很高的可预见比率（因而有较低的信息量的内容），既因为是在那个时代官方通信的套话，也因为它们正确地融入了它们所属的政治系统。法老习惯于收到肯定的答复。第（5）条不可预期而且令人不悦，被隐藏在周围的冗词之中，但从逻辑上将自己的令人不悦与反常同之前的几点很好地连接到了一起，如果不太注意该信息的实质，很可能就一带而过了。

---

① 羁留一位信使一般会被认为是一个敌对行动，有消极的评价。但是在这个例子中，埃及朝廷却给予了积极评价，将其作为一个信号，阿齐鲁根本不会耽搁他前来的行程。事实上，阿齐鲁获准耽搁一年（EA162），阿齐鲁送哈提布与自己的信使一同返回（EA168）。那封信也使用了动词 kašādu，"抵达"。当这个动词涉及阿齐鲁时，产生了一个将在随后发生的幻觉，而涉及哈提布时，则是准确的（7—10）。

如果我们能够在阿齐鲁的"典型"书信中对多样部分的信息内容①定量分析的话,我们就能从图表中看到在从低标准层面运行的肯定/愉悦的信息突然向下移动到一个否定/令人不快的信息的高水平层面:

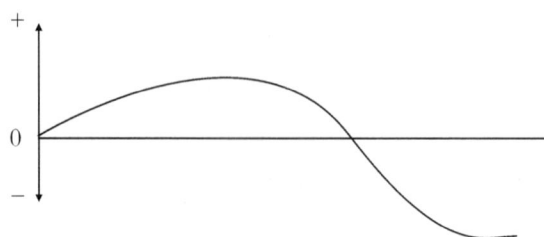

矩阵中负向激增的时候,表明收信人最终认识到"我服从","我马上来","我就要到达",实际意思却是"我不会来的"。

阿齐鲁传递信息的技巧当然是一种正常的"外交"技巧,确实非常普通。然而在阿玛纳的档案中,并非所有法老的通信者都使用了这样的技巧,并非所有的都能证明同样的狡猾伎俩。莱布-阿达,法老最烦冗的"通信者",将他使用的技巧用图表来表示,则与阿齐鲁的完全相反:

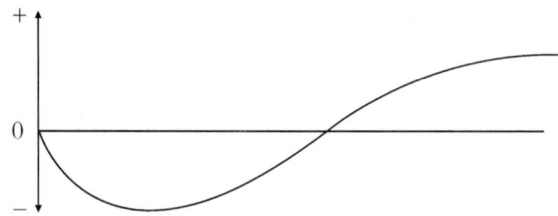

他宁愿即刻给出不可预见与令人不快的消息,甚至在常规的次要问题上补充令人不快的陈述("保卫"城市,提供"活路/食物")。只有从下面所展示的,以及从整体上阅读这封信之后,才可以变得更清楚,他对于法老的关键与反诉的地位并没有暗示出他有摆脱埃及政治体系的愿望(见利维拉尼 1971a 对 EA 126 与 EA 130 的分析)。如果完全以外交式的技巧而论,莱布-阿达的书信技巧很少有"外交辞令式"。他使用的烦冗的措辞产生了负面的结果。事实上,他没有重复与强调令人愉快的因素以隐藏令人不快的因素,而是令人不快的因素进一步强化了负面的回答。从所存的数据判断,可以得出结论,这两个外交/

---

① 文本中所包含定量信息的特殊技巧已经被建议很多次了,但是我发现这里能充分利用的仅仅是非常普通的概念。有一个引言,见德·李罗 1971 年;还有一个政治文本特别是由拉斯韦尔与雷茨在 1965 年的书中所保留的都包含了宝贵的基本原则。

书信体的技巧产生了最明显的结果：莱布－阿达的技巧导致了法老宫廷的愤怒与烦心，而阿齐鲁能够获得他所希望的拖延的许可。

3. 重建苏木拉

阿齐鲁在另一个问题上运用了同样的论证技巧，是以他拜访埃及作为类比对象的；这就是重建苏木拉城的例子。这件事儿也明确地与法老的一个特殊命令有关，但是包含了一些前提，即构成阿齐鲁依赖埃及的关系的基本元素。重建苏木拉的责任是这一思想的一部分，阿姆鲁已经被"委托"给阿卜迪－阿舍塔，阿齐鲁的父亲，后来交到了阿齐鲁手里（参见§3.2）。他们必须代表埃及执政者看顾与保护这个国家。直到最近苏木拉还是埃及行政官（rābiṣu）的驻所，享有本地国王们的治外法权（见科诺逊1915年：II，第1138—1141页；海尔克1962年，第258页；克楞格尔1965—1970年：III，第9—10页）。利用苏木拉的埃及卫队陷入了军事困境之机，阿卜迪－阿舍塔能够"解救"这座城市，并且最终将其并入自己的版图。他同意重建这座城以便使它能够再次履行其在埃及直接控制之下的功能。① 恢复苏木拉的命令是得到埃及承认的基础，这也是阿卜迪－阿舍塔的朝廷有资格统治整个地区的基础。而且，自从逐步取代了埃及执政官，他将在不同的位置统治其他本地的小国王们。

阿齐鲁不情愿去埃及很容易被解释为他害怕受到控制与惩罚（在EA164:35－40中担保明确地被要求）。可是，关于他不情愿开始重建苏木拉的真正原因，我只能提供猜想。或许，阿齐鲁延误这个工作是因为其耗费巨大，他打算在一个更有利的时期执行它，或者尽可能地延迟执行。以政治观点来看，苏木拉重建工作的完成意味着埃及执政者的回归，因此阿姆鲁的国王可能耽搁它以便保持自己对这个重要地点的控制。从埃及方面来说，对阿姆鲁的控制作为一个整体，其上没有任何直接的存在与监管。从阿齐鲁的视角看，重建苏木拉的任务在政治上是正确的，而实际执行起来却是一个负担。

尽管如此，阿齐鲁还是要再次在常规的服从的陈述之下遮盖他实际的不服

---

① 关于这些事件的基本档案是 EA 62，由阿卜迪－阿舍塔发送。他讲述了舍拉尔城（Shehlal）对苏木拉的攻击。它的救援，以"保护"这样的措辞来描述（也参见 EA 60 与 EA 371）；它的重建，以"委托"这样的措辞来描述。以我的观点，在阿姆鲁与苏木拉之间的关系应该被重新考虑。我们不应该信任由莱布－阿达，即比布鲁斯国王提供的信息，他的态度与事件循环的观念带有反对阿姆鲁国的明显偏见。我并不相信阿尔特曼在1978年，第104—107页中关于舍拉尔的定位。

从。他使用同样的说服技巧：（1）他的消极行为被证明是暂时的，就是一个小延误，而他的服从被表述为在常规标准上是有效的；（2）延误是因为更重要的保卫国家的需要，因此他的努力也是常规的目标，苏木拉的重建就是其中的一部分。我们再次看到了同一细节，如一年的延误（EA 160:27-28），"现在，迅速"的使用（EA 159:43-44；EA 161:39-40），还有使埃及官员哈提布卷入其中（EA 161:38）。最后却并非是不重要的，政治与军事理由也是一样的：从努哈社而来的威胁需要首先面对。正像阿齐鲁不能赴埃及是因为赫梯军队正在努哈社（参见§2.1），他不能重建苏木拉，因为努哈社的国王怀有敌意（EA 160:24-26；EA 161:36-39）。他将敌对力量定位于努哈社不仅因为现实的政治与地理形势，而且也因为要使埃及收信人认识到努哈社背后是赫梯。因此牵制阿齐鲁注意力的不仅是他自己的问题，而且还是关乎法老自身的利益的问题。它们是"伟大的国王们"的标准问题。阿姆鲁是埃及政治体系中最北的元素，努哈社则是敌人的政治体系中最南端的问题。阿齐鲁的表述很明显，保护阿姆鲁与努哈社之间的边界，是他要关心的问题，这也必须由法老自己考虑，法老要将其作为埃及整体的边界安全防护的重要性考虑。

二、移动的密码

1. 条件的置换

阿齐鲁对法老的关于自己拜访埃及的解释——很明显同重建苏木拉相联系——完全建立在身体与可操作元素的基础上，在移动与静止基础上，以及在一个双向平衡与对立基础上。在 EA164 信件中，这一模式如下：

——正像哈提布来到（*alāku* 164:4）并待在（*uzuzzu* 164:19）阿姆鲁//因此赫梯国王来到（*alāku* 164:22）努哈社。

——如果赫梯国王离开（*patāru* 164:24）// 然后我将到来（*alāku* 164:25）。

——只要赫梯国王还在（含蓄的）//我就不来（*lā le'û* + *alāku* 164:23）。

在 EA 165—167 的信件中，这一模式甚至更加清楚：

——赫梯国王正待在（*ašābu* 165:19；165:39；166:22；167:12；

167:21) 努哈社 // 我就待在 (ašābu 166:26; 167:22; uzuzzu 165:23; 166:29) 阿姆鲁。

——如果赫梯国王离开 (patāru 165:24①; 165:41; 166:29; 167:12; 167:24) // 我将来 (alāku 165:25; 166:30; 167:15; kašādu 167:24)。

——如果赫梯国王来 (alāku 165:21; 166:24②; 167:26) 或者攻击 (šaḫātu 165:40; 166:26) // 我将……（结果被删掉了！他只是表明"我害怕"）(palāḫu 165:40; 166:27; 167:27)

注意，除了 EA 164-167 这组信件外，这里使用阿齐鲁其他的信件作为分析的焦点，包括了有条件与相反的移动模式，在上下文中总是与阿姆鲁在赫梯与埃及的两个"阵营"之间的政治位置相关。因此在 EA 157 中，阿齐鲁希望埃及的军事力量介入 (ana rešūti nadānu 31-32) 以对抗一种可能的带有敌意的赫梯国王"来到"(ana nukurti alāku 29) 阿姆鲁，以便实现一种防卫上的平衡 (naṣāru 33)。在 EA 161 中阿齐鲁被指责款待了赫梯的信使却没有款待埃及信使（47-50），他以两种方式进行辩护：(a) 当阿齐鲁"留在"(ašābu 12) 吐尼普的时候，埃及的信使哈尼 (Hani)"抵达"(kašādu 16) 阿姆鲁。当哈尼将"抵达"(kašādu 17) 埃及的时候，他能证实阿齐鲁的兄弟们"留在后面"(uzuzzu 20) 与他相会。(b) 当阿齐鲁将"去"(alāku 26) 埃及的时候，哈尼将"去"(alāku 27) 欢迎他。因而，当哈尼去阿姆鲁的时候，显然阿齐鲁有兴趣去欢迎他。最后，EA 170 所有的内容，体现在阿齐鲁所写关于他在埃及的一封信，也是建立在不动与移动之间的对立的一出戏的基础上。

现在，回到我分析的焦点上来 (EA 164-167)，移动的元素一方面是阿齐鲁自己，另一方面是赫梯国王和他的军队。若阿齐鲁留在阿姆鲁，赫梯军队也留在努哈社。如果赫梯军队移走，从边境线努哈社/阿姆鲁离开，那么阿齐鲁也就能离开并且前赴埃及：

---

① 也可能要保持 li-tu₄-ur（从 târu 到"返回"），但是我认为恢复为 li-<ip>-ṭu(m)-ur 更好，在平行段落的基础上，阿齐鲁的词典是有限而且重复的。

② 这里，也可能或许保留 i-la-am（从 elû"上升"，在西闪语中意思是"来"）更好，或者在平行段落的基础上修订为 i-la-<ka->am。无论如何，我的分析没有被这一替换影响，也没有被 n.5 中的讨论所影响。

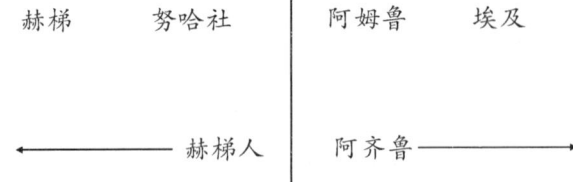

但是赫梯人应该留下了，然后阿齐鲁也必须待在他应该待的地方，显然为了面对他们；因而他将不得不宣布放弃拜访埃及。

第三种可能性只是暗指了一些事情"令人害怕"，因为赫梯军队从吐尼普（Tunip）到来只需要两天的时间（EA 165：39；166：26；167：22）。赫梯人能够行进到他的方向，入侵阿姆鲁。这种情况下——因为对称的规则不是可选的——阿齐鲁应该背向或者朝向他们而行：

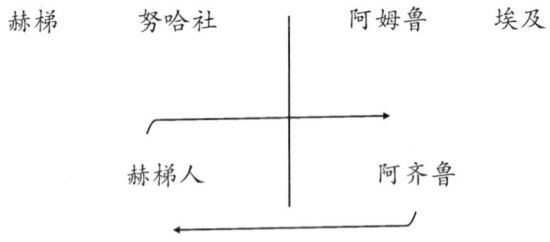

"背向"还是"朝向"？这是一个问题！我们必须将阅读分为两个层级。一个是明确的层级，表达一种身体的/军事的观点。阿齐鲁讲他不能动身因为他"害怕"（palāḫu，参见上面）赫梯人的入侵或攻击。因此他假设了一个埃及人的观点。他的意思是他的身体象征性地去埃及的方式——他拜见法老——一旦威胁结束，一旦对头国王离开就能实现。否则，他对法老的忠诚就只能保存在他身在前线的想象中了。在这一阅读框架下，很清楚的是，如果赫梯对阿齐鲁进行攻击，他将去"对抗"敌人。但是还有一个阅读的层级，即我们可能定义为"无意的"，这表达了一种政治的/制度上的观点。阿齐鲁在埃及与赫梯之间运动的可能性，他的个人运动是受其他运动（赫梯军队）的条件限制的，也是政治棋局上的运动。阿齐鲁不能公开承认这一点，但是他却非常了解这一点，如果赫梯人入侵阿姆鲁，他将不得不站在赫梯一边。因此他不能去埃及，除非他宣布放弃王座。只要他没有了解到发生了什么，等待是更为明智的。如果赫梯人从努哈社撤退并且尊重埃及在阿姆鲁的统治，可以确定阿齐鲁就会归属于埃及人的势力范围。然后阿齐鲁将去拜见法老并且重申他的服从。但是如果赫梯的攻击发生了，阿齐鲁将叛变，并且"去朝向"赫梯国王并且服从他。

所以政治的阅读同身体的阅读有联系，但是也与它完全相反。指出隐含的政治阅读暗示着阿齐鲁坚持使用移动与静止的动词，这不仅是这个主题不可避免的结论，也是一个真正的表达密码，一个我称之为"运动的密码"。他坚持使用移动或静止功能的动词作为一种隐藏了主要考虑因素的信号，作为他的基本的政治问题的信号：他在两个有力的力量之间的位置，以及通过"移动"到另一边，改变位置的可能性。

2. 作为分离的反抗

在阿齐鲁的书信中，为了对"移动密码的"相关性进行定量（EA 156 - 161，164 - 168），我把动词的形式分成了四组：

A：移动与静止的动词；

B：引起移动的动词（给和拿，发出与带来，离开与准备，等等）；

C：说，听，看与知道的动词；

D：与移动没有联系的各种动词（做与愿意；害怕，希望，等等；是与愿意）。

比较起来，我分析了莱布－阿达书信的同样的例子（EA 68 - 77）和来自巴勒斯坦的统治者的书信的例子（EA 260 - 284）。这一百分比仅仅有一个参考价值，不仅因为样本规模的限制，也因为给这四组中的一个分配一些动词有武断和困难的情况。按照这样的规定，百分比如下：

	A	B	A+B	C	D	C+D
阿齐鲁	38.8	21.1	59.9	19.6	20.5	40.1
莱布-阿达	19.4	26.9	46.3	24.4	29.3	53.7
巴勒斯坦	19.8	30.7	50.5	31.1	18.4	49.5

在阿齐鲁的信中作为一个整体（A + B）表示移动的动词占有更大的百分比是明显的，也并非偶然的。这种高百分比主要由于众多移动与静止的动词严密界定（即属于人的替代，A 组），也由于更小程度地引起移动的动词的存在（主要属于物品的替代，B 组）。在阿齐鲁的书信中 A 组的百分比是其他两组书信的两倍。① 而且，或多或少动词形式的固定限额属于陈腐的套话（称呼、问候），以至于在剩余的部分，这种不平衡甚至将更大，那里面包含着特殊的信息。

---

① 在其他两组中差别也更小。巴勒斯坦的书信，更短也更多陈词滥调，尤其扩张了 B 组（货品的替换，他们的主要主题）与 C 组（关于通信机制本身）。

"移动的密码"的使用没有被有真正的身体移动的上下文限制，即便强调这些可能其自身就是一个与它们相联系的过度的政治重要性的信号。"移动的密码"也被用在完全没有关系的情形中，作为一个纯粹的隐喻。阿齐鲁反复陈说："从陛下的话语中我没有分离自己"（EA 157：8；158：33－35；159：5－6；164：14－17；166：17－19；167：5－6；这里的动词总是 paṭāru），这是一个属于"移动的密码"的表达。埃及的封臣通常以一个"听众的密码"表达想法："我听到国王陛下的话语"（EA passim）。这个表达某人服从的更为普通的方式是一个明显的隐喻，天生具有一个直接的身体的基础。法老的话确实被封臣"听到"，当这个消息被他读到的时候，只有实际执行命令属于一种纯粹的政治层面的问题。

　　在国王话语中的"不是自行脱离"的隐喻，根本不是不言自明的。这意味着不服从将暗表一种政治依赖的转变，并且因而也暗指一个移动（在这个意义上被界定，见§2.1）。使用动词 paṭāru 带有一种政治意味并不偶然，阿齐鲁信件范围之外，卡特那（Qatna）的阿齐兹（Akizzi）信件也可以证实（EA 52：46；55：6；56：11）。阿齐兹是另外一个值得注意的政治立场移位的主角，在不断进逼的赫梯的压力之下，他转换了效忠对象，从米塔尼转向埃及。在莱布－阿达的一封信中，带着差异与隔绝，一个"移动的密码"的明证，也暗示了在米塔尼与埃及之间的一次可能的移动。①

　　看起来在服从的范围内"移动的密码"的使用依赖于作者持有的一个地理政治学边界的立场。站在一个临界的立场上，不服从是可能的并且充满了政治后果，因为这是以一个替换到另一个的势力范围为基础，并且也导致这种情况的发生。由于地理的原因，这种移动对于那些很好地处于埃及势力范围内的统治者是可能的。因而他们使用了"听众密码"，在其蕴含中是静态的，就像运动的密码是动态的一样。"内部"的封臣唯一可能的替代性选择不是听，而是一种没有结果的选项，一种消极的抵抗甚至自杀。这不是一个启动替代性的策略的移动。在特定的时刻，当"没有听到"的可能性被表达出来的时候，使用修辞性的问题与羞辱性的比喻（"谁没有听到国王的话语谁就是狗？"EA 319：19－21；320：22－25；322：17－19；324：16－19）也作为不可信而遭到否定与拒绝。

---

① 莱布－阿达一般性地描述了政治立场的改变，用的是 nēpušu ana（"变成"，字面上"使变成"，以一个埃及的表达为基础，见利维拉尼1979b）这样的表达，不要将其视为移动（移动的密码，B组）而应该视为自我修正（D组）。

对于内部的封臣而言，移动的选项就是听并且服从。对于在边界的封臣而言，他们还有一个选项，就是"离开"这个国王与他的命令，显然要到另一个国王那里并且接受另一些命令。

总之，我认为阿齐鲁使用了"移动的密码"而不是其他密码，是因为这个尤为适合他的王国的政治形势，而且因为其有代表性地表达了隐藏的焦虑与愿望，这不能被明白表陈出来，并且构成一个可以称为"移动的政治学"。

3. 国际性的场景

在政治关系中应用"移位的密码"于这个时代的司法与政治的文献并不鲜见。国家与社群常被谈及"进入"与"离开"所划定的政治范围的边界。他们也被谈及已经被"带入"或"引起进入"这样的范围。好像边界被视为固定的、不可移动的，还有政治与领土的元素作为可移动的实体（参见利维拉尼 1990：I.5）。这完全与现实相违背，显然这是位于一个政治范围中心的"伟大国王们"的观点。他们认为存在着这样的范围，是一个确定而不可挑战的事实，这是伴随着其对于其他（同样确定）势力范围的边界而存在的。另一方面，他们认为小国家与他们中的任何一只有随机的相关性。

可是在阿齐鲁的信中，我们也看到了另外一些东西。不仅有在身体移动的术语之下使用隐喻揭示一种政治关系的变化。我们也注意到一个特殊的强调，描绘了一个运动（阿齐鲁的移动、赫梯军队的运动、信使的位置），这个运动只是简单地将身体视为重要的、令人担心的与有意义的。如果它不是一个完全不同的"运动"，即一次政治运动，这个运动将不会这样受到关注。

这一政治形势呈动态的、"运动的"观点在国际场景中表现了边界地区与变化的时期的特征。早些年，在伊舒瓦与基祖瓦特纳就存在着"迁移运动"，这两座城位于从西里西亚到幼发拉底上游的延展带中，属于赫梯与米塔尼的势力范围。"过去，我父亲的父亲的时代，基祖瓦特纳土地属于赫梯。后来基祖瓦特纳之地从赫梯脱离（patāru）转向（saḫāru）了胡利……现在基祖瓦特纳已经从胡利脱离转投苏恩"（魏德纳 1923：no.7，Vs I 5 - 7，30 - 32；该文本中对"移动密码"的分析见其第三章）。在阿玛纳时期，移位被定位在中心叙利亚，而且牵涉了赫梯与埃及势力范围的重新定位。阿姆鲁与努哈社，还有卡特那与卡迭石，都位于边界的两边，它们都处于移动发生的位置，因而这儿运用带有政治功能的"移动的密码"会更加频繁。"卡特那城拥有货物和一切，我引领着进入了这个（erēbuš）赫梯的土地……那些人都和他们的土地及一切在一起——赫梯国王舒毗卢留玛正在讲话——我引领着进入赫梯的土地……那些土地都被我掠夺并且引领着进入了赫梯的土地,我从黎巴嫩到幼发拉底河把他们带回（*târu*）到我的边境"（魏德纳 1923：no.1，Vs 37，45－47）。

至于阿姆鲁，"离开"埃及的政治势力范围并"进入"赫梯体系的过程被阿齐鲁个人的移动标记了出来。开始，他到赫梯国王那里去（EA 165:29－32）；然后他到法老那里去；最后，他尽可能快地从埃及返回，跑到赫梯国王舒毗卢留玛那里并拜伏在他的脚下。因此他的新的与可靠的依赖对象通过一个强烈的"移动的密码"的展演被表现了出来："（阿齐鲁）从埃及的大门来，并且在伟大的国王苏恩陛下的脚前跪拜下来。"（弗雷丹克 1960：i 24）

三、建立一个王国

1. "我正在做其他人所做的"

在阿齐鲁的书信中，还有一个循环并且持续的主题就是强调他对法老要求的顺从，尤其关于提供货物的要求。他强调特殊的供应（参见 EA 160:14－19；161:54－56），但是也笼统地表达了他的愿望。例如，他"关于苏恩陛下表达的愿望：我永远是你的奴仆"（EA 156:4－7）；"陛下的每一个愿望，我将提供"（EA 157:17－19）；"无论你的愿望是什么，写下来给我，我将给你你想要的"（EA 158:17－19；参见同上 5－9）；或者"国王陛下无论想要什么，我都全力准备，无论国王陛下口中说出什么要求，我都全力准备"（EA 160:9－13）。他也使用一些这样的表述："我的屋子就是你的屋子"（EA 158:16；参见 161:51）。这种陈述越是俗套与惯常，就越是暗指这样的事实，即阿齐鲁并不是简单地传递一种信息，更重要的是他要向收信人指出他自己的行为。他的信息并不只是"我服从"，而是"你能看到我服从"。同样适用的表述还有"我并没有罪过"（EA 157:13－16），只有在同其他段落比较关于对他的指控和诽谤时，这才变得有意义。面对这些，阿齐鲁轻蔑地在自己的信与一封法老的回信（EA 162:33－38）中加以拒绝（EA 158:20－31；160:30－32；161:7－9；165:42－43）。看起来阿齐鲁全力强调了他行为的常规性与正确性，还有回击任何敌对与恶意的对手对他忠诚的质疑。

在我看来，理解这种反复强调的谎言的关键体现在两个段落中，在其中阿齐鲁明确表述他的行为是正确的，因为那同法老的其他封臣是一样的。"无论

（其他）ḫazānus 给出什么，我也会给国王陛下，我的太阳，我永远给下去"（EA 157：37－41），还有"我是你的仆人就像此前所有居住在他的城中的ḫazānus一样"（EA 162：8－9）。阿齐鲁主要关心的是他作为国王的地位得到承认以及是否具有合法性。至少，在一个段落中所建立的逻辑联系，"我会供给你所要求的——因而让我统治"被明确地表述出来："至于苏恩，陛下所表达的愿望：我永远是你的仆人而且我的儿子们也是你的仆人。现在我给你两个孩子，X 的儿子们，他们会按照国王陛下的命令去做；（这样）让我待在阿姆鲁！"（EA 156：4－14）回忆阿卜迪－阿舍塔（并不只是被授予了国王的称号）治下建立的在阿姆鲁的王室几乎是不必要的，回忆只在阿齐鲁（阿齐鲁变成了他父亲的继任者，当他与他的兄弟们分享权力一段时期之后）治下的阿姆鲁的王室获得了稳定也是不必要的，无论实际上还是在别人看来（阿齐鲁被授予了国王称号；参见克楞格尔 1964 年，第 65—66 页；利维拉尼 1965a，第 268—269 页）都是如此。形成一个新的王室要遭到周边国王的反对，这一过程需要多么执着，回忆这些几乎不必要。他们的态度从莱布－阿达身上得到很好的证明，他们也认为阿卜迪－阿舍塔及其儿子们是 ḫabirus（狗和叛徒），并且试图在法老的眼前以各种可能的方式取消他们的资格（见第五章）。我们所面对的是一个"新"王权获取合法性的困难过程，他们的起源是"不合法的"，也是"私生的"。实际上，在有限的空间内无端增加了一个占有者，这引起了一种困扰，转化为意识形态。阿齐鲁所使用的合法化的技巧对于那个时代并非不寻常，其中所包含的证明一个真实的合法性就是实际的人。阿齐鲁是一个合法的国王，因为他实实在在地统治着。他确实这样做了，以一种有效的和标准的方式，"就像其他人所做的"——既具有空间意义（＝就像邻近的国王们，如 EA 157：37 41 中的），也具有时间意义（＝像之前的国王们，如 EA 162：8－9 中的）。

比较篡位者与合法者的表征，对其进行分析，在同一历史时期的"新"国王们的著名的谢罪文中可以被发现。细想一下阿拉拉赫的国王伊德利米的陈述："我造就我的王座就像国王们的王座一样，我对待我的兄弟们就像国王的兄弟们一样，我的儿子们就像他们的儿子，我的同志就像他们的同志一样……我造就我的城邦就像此前（时间上）我们的父亲们的一样"（伊德利米 81－84，87）。[①]细想一下赫梯篡位者哈图西里三世的陈述："那些与我的前任国王们关系和睦的

[①] 参见奥勒 1977 年，第 15—16、107—113 页。关于伊德利米是篡位者的问题见第七章。

人，他们和我也同样有好的关系。他们向我派来信使，他们给我送来礼物；他们送给我的礼物（甚至）从来没有送给我的父亲和祖先任何人……甚至那些我父辈与祖先的敌人，他们也和我达成协议"（格策1925：36-37；iv 50-59）。最后，细想一下巴勒斯坦人中与阿齐鲁相等的人的陈述，莱布'阿雅（Lab'aya）："我是国王的忠实奴仆，我不是一个罪人，我不是一个犯人，我没有拒绝朝贡，我没有拒绝统治者的愿望"（EA 254：10-15）。阿齐鲁的陈述属于这种自我标榜的合法性。事实上，伊德利米与哈图西里"向下"对他们臣属做了这一番讲话，而阿齐鲁与莱布'阿雅"向上"对领主讲了这些。然而他们的信息的本质是同样的：一个新的王权通过功能性的"合群"实现了合法性，或者比之前更好，比起其他人也更好。对于法老而言，阿齐鲁是新人，还是旧王室的继承人又有什么关系呢？重要的是，他们正在做一个小国的国王所被期待做的事：无论什么要求都满足，纳贡还有确保稳定，以及保卫他的土地。

莱布-阿达是一个旧有王室的成员，他的行为的与众不同的特征再次得到印证。而阿齐鲁强调了他与其他国王的相似性并且尽力想得到承认，莱布-阿达强调他的差异性并且拒绝与其他人比较和被同化。① 甚至在细节层面这都是真的。而阿齐鲁强调他愿意按要求供给，莱布-阿达有时看起来坚持强调他的拒绝或者他满足这些要求的无能为力（利维拉尼1971a，第260—261页）。

阿齐鲁	莱布-阿达
想相似	想不同
强调供给物品	拒绝送出物品
避免联系	过多寻求联系
提供保护	渴求被保护
与兄弟们共同统治	与他的兄弟竞争
新王权	旧王权
寻求实质的自治，伪装屈服	在埃及的监护之下寻求形式上的自治

2. 起源异常，结果异常

有几次阿齐鲁要求法老把他"留"（*wuššuru*）在阿姆鲁，即作为一个国王：

---

① 参见EA 88：42-45（"比布鲁斯不喜欢其他的城邦，比布鲁斯是一个传统的忠实于陛下的城邦"）；EA 138：25-27 ["我是国王的一个奴仆，没有（其他的）ḫazānu像我一样对待国王，我愿意为陛下去死"]；或者EA 125：31-38 ["国王为何把我与（其他的）ḫazānus做比较"]。见第五章更多的段落。

"让（国王）将我留在阿姆鲁的土地上"（EA 156:13-14）；"陛下，我希望长久地服务于国王陛下，但是苏木拉的'伟大者们'不允许我这样做"（EA 157:9-12）；话中暗示并不清楚："因为国王陛下不允许我保卫他的土地"（EA 165:36-37）。① 这一题目，呈现出验证第三节第1部分的内容（"我正在做其他人所做的"）的逻辑结果，明显与阿玛纳通信中另一个关键的主题与关键的术语有联系，就是"委托"的主题（*paqādu*；参见坎贝尔1976年，第45—54页）。"新"国王阿卜迪-阿舍塔（EA 60:30-32"让国王陛下将我委托给帕哈马提（Pahamati），我的行政官，即有管辖我的权力的行政官"）和莱布'阿雅（EA 253:32-35"让国王陛下将我委托给他的执政官，为了保卫国王的城市"）的信中，动词使用了恳求的形式，因而带有对未来的期许。使用叙事形式，因而作为一个已经完成和稳定了的过程，在一个国王如泰尔的阿比-米尔基的信中，他就频繁地加以使用（EA 148:20-22；148:28-29；149:9-10；151:6-7；155:49-50）。

从 *paqādu* 到 *wuššuru* 的替换反映了时间的流逝。法老与阿姆鲁国王们之间的关系仍然在按阿卜迪-阿舍塔时代的情况发展，需要一个明确的"委托"行为。在阿齐鲁的时代，这种关系很团结，仅仅需要"维持"现状。但是这样的团结并不是最佳的，仍然可能受到威胁，就像在阿齐鲁的通信中以口头的形式表现出来的那样（有一个例子是恳请，还有两个例子是相互指责）。阿卜迪-阿舍塔关注的是"委托"（*paqādu*），阿齐鲁关注的是"留"（*wuššuru*），二者都是同王室家族的出现联系在一起的。然而他们都不可能依赖于旧时王室开疆拓土所留存的制度惯性。反而，他们必须依赖于法老明确而积极的承认。阿齐鲁还有另一个包含不同术语的陈述也值得注意："这是我主的土地，国王陛下将我（*šakānu*）置于 *ḫazānus* 之中"（EA 161:51-53）。在其他的新王权建立的过程中，有两个可以进行推论的说明方式：一个是"我是国王，因此我就这样做"（§3.1），另一个是"我是国王，因此我决定这样做"（§3.2），能够有助于理解这一情况。

当阿卜迪-阿舍塔、莱布'阿雅，还有阿比-米尔基，使用 *paqādu* 这个词

---

① 在法老给阿齐鲁的信中，EA 162:42 当他引用阿齐鲁的去埃及前"留下"一年的要求时，使用的是 *wuššuru*。这里动词被用在一个更加特殊的上下文中。然而这只是阿齐鲁担心离开王座的表现。注意，法老的回答用的是 *ezēbu*，也使用了"留下"，但不是移动动词。

的时候，按照逻辑的而非年代顺序的标准，有一个相当模糊的含义，也可以替代"委托"的概念。在四个构成的要素中有一个不同的结合：委托（paqādu），埃及统治者（rābiṣu），保卫（naṣāru），以及城市（ālu）。在第一个和寻常的概念阶段，地方国王被委托给统治者以便保护城市；接下来的阶段，城市被直接委托给本地国王，他们因此变成了一个更加自治的领袖并且不再是一个被委托的客体。在阿比－米尔基的例子中，例如，差异只是形式上的，因为所涉及的城市泰尔是他的城市，这儿无论如何他都在一个 rābiṣu 的控制下进行统治。但是在阿卜迪－阿舍塔的例子中，还有阿齐鲁，差异是实质性的，因为被保护的这座城市——苏木拉，是一个 rābiṣu 的治所，而不是一个本地ḫazānu的。在此种情况下，被委托给一位 rābiṣu 和以收到 rābiṣu 的确切职位进行托管之间有相当大的不同（参见§1.3）。通过表达希望恰当地被整合进埃及的政治－管理体系，这属于第一阶段，阿姆鲁的国王试图使自己被认可为监督者，或者在其最广泛的意义中成为整个阿姆鲁地区的保护者。他利用了苏木拉的形势，其重建的问题，定居的 rābiṣu 的缺席，诸如此类。阿卜迪－阿舍塔，还有阿齐鲁，看起来也利用了阿姆鲁条款的模糊性。阿姆鲁指定了中北叙利亚海岸线在埃及控制下的所有疆域，苏木拉是其行政中心，接着的区域名叫乌比（Ube）/阿比那（Abina），其中心在库米底，还有基纳赫尼，其中心在加扎（Gaza，参见赫尔克1962年，第258—260页）。但是阿姆鲁也指更小的区域，匹配的是阿卜迪－阿舍塔王室所统治的王国。阿姆鲁的国王企图——是成功的——从分区的主脑上升成为同名的主区的头领。在正式的/口头的标准上，他扮演着同音异义的角色；在实质的/政治的层面，他在这一地区使用了他超群的军事才能。

阿齐鲁继承了第二阶段的地位。苏木拉的重建委托给他而且是法老要求他来完成的，这清楚地暗示出一种既是模糊的因而也是动态的地位。阿齐鲁将完成苏木拉的重建，代表的是埃及的行政管理以便完成它供自己居住（或者是他的驻地之一）。但是，同时苏木拉作为更广泛整体的地位对于阿齐鲁将是有益的，他企图在涉及该地区其他国王的事务中爬上更高的层级——这些国王们只是维持着他们各自次级联盟的首领的地位。相邻的"小国王们"意识到了阿卜迪－阿舍塔与阿齐鲁要充当"伟大国王"的倾向。至少莱布－阿达就很好地意识到了这一点，他坚持问法老："他们以为他们是谁，那阿卜迪－阿舍塔的儿子们，奴仆和狗？难道他们或许是卡什舒（Kashshu）的国王（＝巴比伦），还是米塔尼的国王，他们将国王的土地窃为己有？"（EA 104：17－24 还有类似的段落)"将国王的土地窃为己有"的行为在绝对意义上并没有被攻击,只是因为其属于"小国王"的地位的冲突。阿齐鲁正在非法行事,然而却像一个"伟大国王"在合法行事。

因此,阿姆鲁的国王追随一贯的政策,利用了委托与维持的术语中的模糊地带。在一个"稳定性"的清晰内涵之下,政治图景发展与动态的方面被隐藏了起来。什么也不能远胜于将自己固化进埃及体系,阿姆鲁的国王们参与了在地位上的一次迅速转换。从一种"非-国王们"的地位开始,作为简单的部落或军事领袖,他们并不被他们的邻居承认,甚至被邻居轻视,他们以迅速获得国王的地位为目标,最终甚至从埃及与赫梯的"伟大国王"那里寻求自治。他们的企图最终失败并不能隐藏这样的事实,即计划并且切实执行到一个确切的程度,以致通过一系列至关重要的事件最终实现破坏和颠覆。

3. 水平与垂直的移动

与丑角(哈勒奎因,Harlequin)一样,阿齐鲁不得不同时扮演"两个主人的仆人"的角色。为了完成这一点,他不得不使用大量的身体的移动与语义的模糊。丑角的目的是"得到双倍的薪水与吃到双倍的给养"。阿齐鲁的目的是在两个主人的监督之下使自己保持自由。

阿齐鲁的伟大运动广为人知。他没有固定的都城,在吐尼普与苏木拉之间运动,还有他兴起的高地也是活动范围。他无法联系埃及信使,因为他正在与赫梯信使交谈,也可能偶尔相反,只不过记录缺失了。当他形式上仍是埃及封臣的时候,他去见赫梯国王。当他已经决定与赫梯达成实质协议的时候,他去埃及。他一从埃及王廷回来,就回归赫梯国王舒毗卢留玛的怀抱,做出决定性的屈服。他在两个"伟大的国王"之间的运动是他的政治活动投射到身体行为上的语言的对译。他使自己从国际保护中获益,源自他归属于埃及势力范围,要在阿姆鲁避免赫梯军队的出现。他使自己从舒毗卢留玛身上获益,目的是使自己获得自由,至少部分地从埃及的霸权中得到自由。他的运动的政治学是楔进两大对立的政治集团之间的政治学,其目的显然是获得地位的提升,获得实际上独立于两大国王的条件。同时,他也有成为伟大国王的目标,这通过建立自己的利益与周边国王的非对等关系而实现,涉及从乌加里特到比布鲁斯,从吐尼普到阿瓦德甚至到卡迭石地区。他采取了军事行动(参见克楞格尔1964年,第67—69页),对相当于保护国的地方提供了一种类型的保护,暧昧地假定充当埃及 *rābiṣu* 在苏木拉的职能。

给阿齐鲁贴上"双姓家奴"的标签是不公平的,因为他渴望不再是任何人的奴仆。他的双重依赖属于一种地位的表现,这种地位是他在自己政策的发展中设想出的,带有过渡性与工具性。他看起来从未在形式上宣称独立于埃及——或者与之结合独立于赫梯——在他最后与明确的选择站队之前。在他的阿玛纳通信的整个时间段内,有模糊、怀疑、背叛、谴责和自卫。他的"两面派"特性很明显,不仅针对附近的小国王,也针对遥远的法老。后者给阿齐鲁的信(EA 162)中反复问讽刺的问题:"如果你真的是我的忠实的奴仆……"(EA 162:15,19,25-26,32)法老不但查问任何明确的事情,他的信还显示了一种完美的知识,以及埃及王廷对阿姆鲁发生事件的情况的准确评估。只有阿玛拉档案给了我们关于这些事件的信息。例如,如果我们有他和赫梯大使——这时埃及信使正在徒劳地等待听众——交流的记录,阿齐鲁的"两面派"特性甚至更明显。但是即便带有一种档案的偏见,"两面派"的阿齐鲁的政策也是相当明显的。①

  语义模糊是这一政策的显著元素。在意识层面以一种合适的方式由访问的双方组成。阿齐鲁对一方所说的,可能是他对另一方所说的相反的内容。他隐藏了有用的,强调甚至虚构了让他在他们的眼中是好的一切。但是在这种故意的含糊之下,另外的东西却变得明显。这些是相当无意识和不知不觉的,与前面的相反。阿齐鲁焦虑与未明说的目标暴露在他的演说中,以几乎执着的坚持的形式——尤其在"移动的密码"中——和词汇用法的形式,这在意识形态上是反转的。勉强地,阿齐鲁让我们理解到他有可能全部隐瞒下来,并且给我们他糟糕的良心的"信号"。因此我们知道故事的结尾,我们很容易注意阿齐鲁藏起来的目的的"信号"。法老也注意到它们了吗?

---

① 阿姆鲁的情况整体上依赖对米塔尼的参照,由克斯特蒙特1978年,第27—32页重建,是在有限可选证据的基础上(对一个参考文献的不充分的掌握下进行的),这样的证据是不可接受的。可以确定的是这可能被作为建议看待,然而,需要在阿姆鲁的政治形势中确认这种显著的语义模糊。

第四部分

希伯来《圣经》

第七章 约阿施的故事[①]

引 言

《圣经》中约阿施的故事（《列王记》下第十一章与十二章）暗示在公元前9世纪后期大卫（David）家族对犹大王国的统治已经中断了。国王亚哈斯因为（Ahaz）在战争中受伤已经死去，而他的儿子约阿施还是一个婴儿。亚哈斯的母亲亚他利雅（Athaliah）成为摄政王并大肆屠杀王室的剩余成员，约阿施为他的一个姑姑所救，被藏在了耶和华的圣殿中。七年后大祭司耶何耶大（Jehoiada）承认约阿施为真正的国王，送他坐上了王座，并且杀掉了亚他利雅。

在这一章中，利维拉尼阅读了这个简短的叙事，并以此为致歉文本的范例，这一文本是篡政者写给君主以便证明他们的统治是正当的。他将其同公元前第二千纪的两个著名致歉文本进行了比较：伊德利米纪功碑上的铭文（第四章），还有赫梯国王哈图西里三世所做的说明——那是他从他的侄子乌尔希－泰舒普（Urhi-Teshub）手中夺取了王位之后写下的（最近的翻译，见范·登·霍特1997年）。约阿施的插曲于是变成一个高级祭司亲手炮制的虚构的解释，他实际上通过将一个七岁的男孩送上王座而掌控了一切。这就像一部已经上演的戏剧表演的剧本，在其中对小孩子的承认就是去除中断大卫家族统治的事件。与其他的致歉文本相比较，这一文本是建立在一种结构分析的基础上的，要确定主题及其在叙事范围内的顺序，这三个文本在此点上是一致的。而且，在文档的其他类型中，主要是赫梯与其封臣之间的条约，部分顺序也可能在所谓的历史引介中找到。这些内容的最新翻译已经被加里·贝克曼出版［1996；沙提瓦扎＝no.6，玛什慧鲁瓦（Mashhuiluwa）＝no.11，本特什那（Benteshina）＝no.16］。

[①] 初版标题为"L'histoire de Joas"，载《维图斯旧约研究》1974年第24期，第438—453页。

一、作为政治宣传之形式的戏剧风格

《圣经》中亚他利雅的谋杀故事与约阿施继位为王的故事（《列王记》下，第十一章）具有显著的戏剧性特征，这已经激发出了著名的悲剧灵感，诸如拉辛的《亚他利雅》。追问这个故事的舞台般的效果是否在《圣经》文本中就已存在是很有价值的——或许并不在我们所见的文本中，而是在此前的被投射于其中的文学公式里——或者甚至这种效果是否会成为理解事件最初所呈现出来的内容的障碍。纯粹以机械论的术语考虑，"事件"不能被定性为具有"戏剧性"，或者相反。然而，当被用来表达人类的关系时，它们就能变成如此这般。

换言之，约阿施故事中的戏剧性的特征可能是主人公们所参与事件的一个巧妙"展现"的结果，要不然当这一插曲第一次被讲给观众，稍晚一点的时候他们就已经能上演这部剧作了。因为这一插曲对于犹大王国而言有很大的政治意义，因此其戏剧性无论如何都应该具有一种政治目的。这种故事结局中的戏剧性变化应该能够利用，以此来引起整个社群的注意——看到情节的发展的观众并没有处在虚构的范畴中，而是处于现实之中。这种现实当然根本不是一个偶发事件，而是被那些有能力这样做的人在行动的层面上或者在展示的层面上操纵。

如果这一戏剧性是无意识的，其构成要素应该不会在一个结构化的序列中随之而来。但是如果这是一个聪明的为了一个特殊目的而运作的事件的结果的话，在其他政治局势与宣传目的类似的例子中找到同样的叙事类型的应用就是合情合理的了。因而查找档案以展示与约阿施的故事具有同样模式的事件是分析的基本步骤。

二、约阿施与伊德利米

在约阿施与公元前15世纪早期阿拉拉赫国王伊德利米①的故事之间有一种

---

① 伊德利米雕像的文本，见史密斯1949. A. L。奥彭海默的翻译可能在普理查德出版社1969年，第557—558页中找到。该铭文第一部分叙事的主题研究在本书第四章。

精确的一致。可以确定的是，两个故事流传到我们这里已经是不同类型的文本。伊德利米的故事被记录在国王自己雕像的铭文中。它有一个庆祝与特殊的辩护的目的。写下铭文的主人公有直接的义务使用精确的措辞来讲述这个故事。相较之下，约阿施的故事是一个持续的历史叙事的一部分，它带有明显而众所周知的关于被讲述事件的来源和时间的间隔问题。一个更加直接的比较显然能够在伊德利米铭文与约阿施命令修订的铭文之间建立起联系——或者耶何耶大以他的名义——用来庆祝其登基。但是就像我们所看到的，这样一个铭文，我们可能坚信其存在，却永远丢失了。即便它们处于一种相当一致与保守的文化背景之中，两个故事的发生时间也相差650年，书写的距离也相差了500千米。最后，语言是不同的：伊德利米的铭文使用的阿卡德语是一种书面语，学习它的抄写员说亚摩利语（Amorite）或者胡利语，而约阿施的故事使用当地方言写就，是希伯来语（Hebrew）。毋庸置疑，在许多方面的历史数据也是不同的。这些基本的差异在两个故事之间形成了本质上一致的结构，这更有意义。这种一致如下表：

	伊德利米	约阿施
1	父亲宫廷中的叛乱；逃到埃玛尔	亚哈斯被谋杀；其整个家族被亚他利雅屠杀；约阿施逃跑
2	伊德利米藏在阿米亚七年，而某人（一个篡位者）统治阿勒颇	约阿施藏在神庙六年，而篡位者亚他利雅统治耶路撒冷（Jerusalem）
3	伊德利米被难民承认为他们主人的儿子（难民最终将组成军队重获王权）	耶何耶大使约阿施被加里特斯（Carites）和卫队承认为国王的儿子（卫队最终将组成军队重获王权）
4	第七年伊德利米在军队的支持下重获王位	第七年约阿施（在耶何耶大的帮助下）通过军队重获王位
5	人民安乐	人民安乐
6	在人民的注视下，巴拉他那与新王立约	在人民的注视下，耶和华与新王立约
7	宗教改革	宗教改革
8	统治共持续二十年	统治共持续四十年

同样的叙事模式的特征在其他的故事中也可能被发现——尽管很少有系统的序列——并且总是涉及对王位的非法继承。相似的主题可能在哈图西里三世

（格策 1925：1930）①的辩护书中被发现，然后乌尔希－舒普统治了七年，哈图西里处于边缘（2号）。在一个梦中，所有大人物都收到了一个关于哈图西里王室命运的神启（等同于3号）。文本巧妙地避开了武装篡夺（4号）。还是在哈图西里的例子中，哈图沙的人民的偏爱（5号）得到了强调，还有神（绍石卡，Shaushka）的帮助与国王对他的依赖（6号）。最终，当他成为国王并且在祭仪中进行改革的时候（7号），文本提到了他的虔诚的态度。

来自叙利亚与安纳托利亚的其他故事，尽管包括了不同的特殊语境，诸如封臣的条约，揭示了同样的叙事结构。米塔尼国王沙提瓦扎（魏德纳1923年，第1—2号）从对其家族的大屠杀中逃脱，他的父亲死了（1号），然后在赫梯国王舒毗卢留玛那里找到了避难所，而阿塔塔玛（Artatama）统治了米塔尼（2号）直到沙提瓦扎通过武力夺回了王座（4号）。获得承认的主题在这里因其被指定为法定继承人而得到替代（参见利维拉尼1962）。同伟大国王的协议的主题（6号）被作为条约的文本的确定属性而得到，而第5、7、8号主题的缺失是因为它们并不相关。更简单些，本特什那，阿姆鲁的国王（魏德纳1923：9号）丢掉了王位（1号），在哈图西里那里找到了庇护（2号），并且重获王位（4号）。安纳托利亚阿扎瓦的玛什慧鲁瓦（弗雷德里克1926-30：I，3号）②被他的兄弟们赶走（1号），被舒毗卢留玛收留（2号），他最终重新任命前者继承了其父亲的王位（4号）。实质上，最后两个文本强调了与伟大国王立约（6号）。这些故事在赫梯世界是如此典型以至于它们都被整合进占星预兆中，其中表述道："国王的儿子，已经被驱离了，他将回来并且重获他父亲的王位"（KUB VIII 1：ii 7 – 8）。③

三、篡夺王位与合法继承

伊德利米与约阿施的故事，还有相关的例子，都被两个篡夺王位的事件特

---

① 相关的段落参见其 iii 38—iv 40 页。哈图西里文本中关于宣传鼓动的主题，参见阿奇1971年（但是我不赞同其189页比较的表格）和沃尔夫1967年的研究。

② 诸如本特什那与玛什慧鲁瓦的那些文本中，关于政治的"死亡"与"复活"见维金佳兹1967年。

③ 弗雷德里克1925-1926：I，27翻译；阿奇1966：77－78翻译。这个被驱逐与回归的细节是一个赫梯的补充，很有意义，这种预兆在阿卡德原型中并未见到。

征化了：第一个篡位行动（1号）主人公是受害者，第二个篡位行动（4号）主人公却通过其获得了权力。篡夺是一种可以在道德上被定义与评估出不同甚至完全对立的结果的行为，这都是根据叙事的观点与这一行为与之前事件的相关性来确定的。道德上模糊不清，但总是有高度意义的。对此，它不同于通常的继承，根据简单的时间的机制，就是前任国王指定其儿子中的一个作为继承人，在他死后继承王位（参见利维拉尼1974c：335-338）。按此种方式，权力的转移过程并不是显著的：统治者变了，只是儿子设想父亲的角色，家族构架范围内的延续性集中于继承，并且保留着合适的财富与权力。面对一次通常的继承，民意不会有什么反应，这并不麻烦，也不会有危机。相反，如果发生篡位，舆论关注的不仅是个体，也有家族的继承线。一个没有后代家族的传统角色的继承权要被此前是局外人的人占有。可以说在同一角色范围内，人的变化没有干扰到舆论，而在个人的范围内，其角色发生了变化会使舆论受到干扰。① 为了处理舆论的焦躁不安，篡位者总需要一些辩护或者合法化的行动，而合法继承人是不需要的。② 这需要激发带有辩护色彩的王室传记的生产，诸如伊德利米与哈图西里等人所做的。

就像我们所知的，这些故事中的目的都是证明"第二个"的篡位行动是合法的，最新近的一个，其煽动者就是主角，其故事目前正困扰着公众舆论。在实践的真实过程中，"第一个"篡位行动不必与第二个相连接；重要的是它被作为一个正当的理由被第二个引用，其效用在于使主角合法化。确实，主角能够将自己的篡位——事实上，其行为本身就是负面的——转变为合法行动的唯一方式就是通过证明那实际上并非一次篡位而是一次复辟。因为过去的局面提供了正确行事的范本，一次违背范本可能只被消极地看待；但是两次脱离正轨，第二次与第一次又相反，这将导致一个合适的局面的标准被再建立（参见利维拉尼1973a：187-188；1973b：287-290）。同一事件有两种观点都是可能的：（1）反派将认同理想的过去作为自己的统治并且认为主角的篡位是从善到恶的

---

① 在古代近东，个体角色的翻转是套话般的讲起来很麻烦的母题。可以看到这种反复发生的陈述："富有者将变得贫穷，贫穷者将变得富有"，这从埃及（威尔逊，普理查德出版社，1969：441：ii 4-5）一直扩展到巴比伦（比格斯，普理查德出版社，1969：607：iv 15），或者这种责备总是被附加到"一个不名一文的人的儿子"的登基上。关于一个人的命运的翻转，见芬沙姆1971年。

② 应该说明的是，"国人"并不会干预政治事件，除非有一个非法的继承或者王朝危机发生。参见德·沃克斯1964年，第169—170页；塔德摩尔1968年，第65—66页。

过错,是一种动乱的状态。(2)相反,主角将过去的理想状态认同为自己父亲的统治,反派的篡位导致动乱的状态,且是从善到恶的过错。他自己的行为将最终重建理想的局面并再次将恶转化为善(参见布莱蒙德1966年,尤其a章第61页)。

如果用第二个篡位活动来消除第一种行为的话,涉及的人物是同样的,不过结果相反而已。1号主题中的受难者就是4号主题中的篡位者,而1号主题中的篡位者就应该是4号主题中的受难者。这种必要的交叉不可能总是在相同的个体之间被呈现出来,而重要的是其在相同的家族内,以父—子的序列实现。最经常的情况是,主角的父亲是第一次篡位行为的受害者,然后主角通过第二次篡位活动重新夺回曾属于父亲的王位,而那本是他应该继承的,却遭到否定,直到这时才夺回。①

中心的问题是确保这些事件适合于它们将要被插入的前定的序列。第一次篡位之于第二次的联系可能是真实的或者伪造的(伴随着全部的主体性参与了这一区别)。那些希望将地位合法化,通过将一次篡位转化为一次重建的人,可能使用两种策略:或者是1号主题能够通过一次虚构、重建同4号主题相连接;或者一个和同一角色能够一分为二,这要通过赋予一个人本属于其他人的优点与权力而实现。对这两种可能性的分析将帮助我们评估伊德利米与约阿施故事中所给出的诠释的可靠性。

四、隐藏与发现

在这一情节中核心的主题是3号,它可以被界定为"发现"。在这一基础上,第二次篡位可以被认为是第一种的翻转。识别第一次篡位活动的受害者伴随着确认第二种活动的煽动者——他也可能是他的直接与合法的继承人。"角色 - 扮演"的机会被之前不可分割的主题提供,那可能被定义为"隐藏"。隐藏有多种形式:逃跑、失踪或者死亡。无论如何,这是第一种篡位的幸存者借以从舞台消失的机制,也是在"观众"即公众舆论的视线中消除行动的机制。发现抵

---

① 角色的继承权是从肉体上消除全部被废黜的国王家族的理由。篡位者希望确保不会有继承人通过另一次篡位/复位的行为翻转这一过程。

消了隐藏,按照严格的戏剧术语来说,提供了完整情节进一步的发展。① 一个来自远方的英雄(伊德利米),或者一个从隐藏之地走出来的孩子(约阿施),被当作理所当然地已经死去的人而被发现——在肉体上或者至少在政治意义上——这样的人现在能够维护他自己的权力。

甚至这里的叙事与历史事实真正一致,这一主题并非没有意识形态的内涵。确实,它有效地把英雄从困窘的状态中分离出来,以至于在第一次篡位后的邪恶盛行中不受污染。他能够结束负面的状态,因为他不必负责,从遥远的纯净之地回归,并且立刻适应,将恶转换为善。② 还可以观察到,在隐藏阶段总是包含着英雄家族的女性线,这或者是通过老一代的成员,或者是通过婚姻来实现的。③ 伊德利米与他母亲的亲属发现了避难所,约阿施被他的姑姑藏了起来(这是父系的女性,因为反派是母亲家族的一方),沙提瓦扎与本特什那迎娶了他们保护者的女儿,诸如此类。此种模式的社会历史原因是明显的:在从父居的社会,英雄家庭中的骚乱清除(作为牺牲品)了全部父系的成员,英雄通过团结住在其他地方的母系亲属找到避难所。而且,他所借以藏身之处的女性角色帮助他形成第二次篡位或者重生的阶段。英雄都是政治上——如果不是肉体上的——"死去了",在第一次篡位之后,英雄通过隐藏而重生,这隐藏被赋予身体上的再孕育和道德上的重哺育的特征,这都是被委托给一位女人的结果。只要通过"发现",英雄就会充分恢复——或者获得——他的个性,从家族中获得自由身,获得女性的保护以及面对自己的命运。④ 如果在第一次篡位之时英雄已经是一个成人——或者已经开始了统治,那么隐藏就取得一个婚姻的特征,但却是入赘的形式(与同时代的风俗相反)。这符合增加妻子家族的声威与力量的目

---

① 在亚里士多德的戏剧理论中,识别的重要性参见维尔利 1936 年,尤其第 35—45、114—117 页。关于这一点,我万分感谢 L. E. 罗西教授极有价值的建议。

② 这就是国王发布诏书和实际对策,整顿无序的局势的原因,他在自己统治的一开始,就处于采取措施的状态中(就像在"*mīšarum*"诏书,是巴比伦国王在其执政的第一年发布的),或者当国王在长期缺席之后回归之时(就像图德哈里亚诏书,冯·疏勒 1959 年的研究),或者国王一了解到无序(如埃及 *Königsnovelle* 的典型开头:"有人前来通知陛下……";参见赫尔曼 1938 年,第 12—13 页;格拉博 1949 年,第 61—63 页)。所有这些情况中国王对于邪恶免责,也是因为他还不是国王,或者因为他没有意识到这一点。他一知道,就开始关心邪恶与国王缺席之间的联系,善良与国王在场之间的联系,都要得到确定。

③ 关于这一点,我们的故事紧扣如下的母题,它被发现于古希腊文学和神话中,见 1932 年热奈特的研究;参见 esp. 20 关于一种风格的故事,它与我们的故事是一致的,一般来说孩子被委托给母亲的家族。

④ 关于(重新)获得王位故事的最初特征,见第四章;热奈特 1932 年,第 24 页。

的，在这个意义上是不平衡的，伴随着岳父假想成为一个指导性角色，具有了英雄父亲的一些特征，而他已经在第一次篡位中被清除掉了。

心理学与社会学的启示是有效的，无论这一叙事是否与真实事件一致。但是隐藏－发现序列的主要价值在于其适合一些故意模棱两可的策略，那使叙事的宣传力能够被利用——这是一种力量，它不会在事件本身发生过程中被即刻侦测到。在伊德利米的例子中，发现看起来超越了怀疑："第二个"伊德利米，是征服了阿拉拉赫王位的英雄，他也是作为"第一个"伊德利米的同一个个体，那个从阿勒颇的家庭中逃跑的孩子。发现被分成两个阶段：伊德利米首先被流亡者承认，然后被他的兄弟们发现。由于后者的证词，很难想象有任何模仿，因为那已经广为人知。然而，伊德利米作为阿勒颇前国王的儿子的身份被可疑地与带有偏见地使用，一切都为了使伊德利米在阿拉拉赫的王位合法化。显然，伊德利米并没有重建理想的局面，那在第一次篡位之前就已经存在了，他只是重建了自己的王室地位。第一次篡位的煽动者保留了阿勒颇的王位，因为他是一个与阿拉拉赫国王不同的人，他是第二次篡位活动的受害者。如果后者幸存下来，他确实将伊德利米的行动看作一次"第一种"类型篡位，是对事件合适状态的扰乱。他将不会接受伊德利米辩护的逻辑，那建立在他并没有参与的事件的基础上。

在约阿施的例子中，局面是不同的，坦率地说，看上去很值得怀疑。没有人能真正认出小约阿施，当他隐藏起来的时候只不过是个刚出生的小孩儿，在他被发现的时候也不过是一个只有七岁的小男孩。首先亲兵和卫兵，然后是所有人，都没有认出已经知道的某人，他们只是接受了耶何耶大的证词。但是后者是身份证明的直接受益人，因为他将以约阿施的名义施行实际的统治。如果人们从耶何耶大的视角看待这个事情，就会发现其中的伪造特征变得很明显了。耶何耶大想篡夺亚他利雅的王位，但是他的篡位活动将被认为是非法的，因为他根本没有资格主张王权。他根本没有办法在自己身上将篡位转变为复位。然而，亚他利雅的角色是适合于这种转换的，因为她从大屠杀中获得了权力，因此具有一个邪恶的反派的全部特征。因此，耶何耶大决定将自己的角色分为两个，自己得到"第二种"篡位的有效部分和权力带来的好处，而另外的身份则是同合法化的"第一种"篡位联系起来。他制造了一个男孩儿，七岁大，让他成为亚哈斯的合法继承人，因此给自己的行为披上了合法的外衣。没有任何人能查证年轻的约阿施的个人身份，约阿施的隐匿处将保留有显而易见的伪造线索，即便证明那里真的藏匿过约阿施。

五、角色与性格

耶何耶大的例子引出了一个问题，同样的角色可能不止一个人来承担。我们的分析中重要的是决定在叙事中固定的角色是什么，普洛普的术语就是"功能"（普洛普1966年，尤其是85—89页，关于性格之中功能的拆分，按照"功能层"归类）。伊德利米与约阿施使自己适应叙事模式，要求三种基本的角色：主角——英雄，反派——篡位者，保护者——也是这样的人，他们像歌队一样，有表示赞同或反对的功能。

本身既是第一次篡位的受害者，又是第二次篡位的煽动者主角的例子并不常见。阿姆鲁的国王本特什那就是这样的例子，他被沙皮里（Shapili）夺去了王位（在伟大的国王穆瓦塔利的命令之下），后来本特什那也让沙皮里付出了同样的代价，他夺回了王位（在伟大的国王哈图西里的命令之下）。这里有隐藏的主题（通过保护者哈图西里），这对保持主人公不具有负面印象很重要；但是没有人认出，而且也没必要，因为主人公已经在位并且每一个人都知道他是合法的国王。这使我们能够认识到"认出"的主题是一种不确定局面的信号。本特什那的例子却是个例外。更多时候主人公的角色会在父子之间分裂：父亲屈服于第一次篡位，儿子在第二次篡位中恢复王位。伊德利米、沙提瓦扎和玛什慧鲁瓦都是这样的例子。儿子作为父亲继承人的角色是清楚而显著的。然而我们必须注意的情况是，有（或者可以有）多个儿子，而继承人只有一个。现在我们没有证据表明伊德利米或沙提瓦扎被他们各自的父亲指定为继承人。而且，伊德利米坚称他是最小的儿子，这显示出他在其家族的权力与责任的等级中地位较低。至于沙提瓦扎，据说他要求篡位者（阿塔塔玛）任命他为继承人。显然，他不能主张自己被他的父亲任命为继承人。最后，约阿施故事中主人公的角色更为复杂：亚哈斯扮演了1号主题的角色（第一次篡位行动的受害者），约阿施处于2号和3号主题（藏匿与发现）中，耶何耶大处在4号主题中（第二次篡位煽动者）。既然这样，对应的叙事模式要通过非常明显的对历史事件的操纵而实现，这个操纵必须归因于耶何耶大。

反派角色也能通过继承而从父亲传输给儿子。在沙提瓦扎的例子里，阿塔塔玛是第一次篡位活动的煽动者，而他的儿子舒塔纳则是第二次篡位行动的受害者。沙提瓦扎显然打算将这种角色的全部负面因素附加到舒塔纳的身上，因此出于政治原因而释放阿塔塔玛，我们只能部分地理解。① 然而，这一角色可能也是单一的，就像在本特什那的故事中，他丢失又重获王位，两次都与沙皮里有关。有趣的是，在本特什那与沙皮里之间的对立也值得注意，他俩重复了权力更高层面的对立，即哈图西里与穆瓦塔利之间的对立。更高层面在这里干涉了反派的方面，就像更为寻常的对主人公层面的干涉（通过保护者）。在约阿施的故事中，反派角色基本上是一致的，是亚他利雅的人；而耶户（Jehu），约阿施父亲的谋杀者，也扮演了反派角色。相反，伊德利米的案例中，功能被尖锐地在两个人之间分开，他们既没有讲述鲜血也没有另外的联系（就我们所知）；伊德利米的理由的伪造特征因而是明显的。叛乱的煽动者反对伊德利米的父亲，在阿勒颇扮演了属于1号主题的反派角色，而一个未知的国王被伊德利米驱逐出了阿拉拉赫，扮演了属于4号主题的角色。对于这次第二个反派的身份，伊德利米缄口不言，含蓄地证明"复仇"的发生是以牺牲一个没有价值的人为代价的。

"保护者"角色的相关性在沙提瓦扎、玛什慧鲁瓦与本特什那的文本中是明显的——全都以赫梯文本编辑——被讲述只是因为保护者需要强调他在行动中的角色。以一种单一的方式，本特什那的保护者是哈图西里，虽然本特什那可能带有乌尔希-泰舒普的优厚的拨款（参见克楞格尔1969:241-242 n. 123），也不妨碍他受哈图西里的保护。沙提瓦扎的保护者是舒毗卢留玛，但是后者的儿子皮雅士利（Piyashili）实施了一些实际（军事）行动。两个例子中——还有玛什慧鲁瓦的例子里——保护者也是主人公的岳父，主人公在藏匿的时候确立了婚姻纽带。他也是"伟大的国王"，即更高权力层面的代表，事件的仲裁者。相反，伊德利米既没有保护者也没有岳父，极富冒险精神地在没有帮助的情况下独自完成了整个过程。伟大的国王巴拉他那执行了事件的更高仲裁者的功能，但是他作为一个对手而不是一个保护者出现在场。最后，约阿施的藏匿者/保护者显然是耶何耶大，而更高权力的功能被转移到神圣的层面（耶和华），就像在

---

① 舒毗卢留玛预先同阿塔塔玛签订了一个协议，他看起来在一定程度上仍然受到协议的束缚。

哈图西里的辩护中的女神绍石卡。

在几个人之中，理论上单一功能的多样构成与分隔是适应一个预想的情节事件的直接结果，那有它们的历史模型，并且被政治与个人关系的多样化网络变得错综复杂。文本的目的是以最合适的方式连接这些不同的关系，即使它们适于宣传主人公利益的目的而作。

六、政治的行动与宣传

我已经充分强调了这种故事中的"戏剧性"特征，尤其在约阿施的故事中。舞台被设在父亲的王宫之中，藏匿之所是舞台内部，发现过程是回归舞台。时间是自足的（有精确的开始与结束），被细分为三个性格化的"行动"，分别是善、恶与善，从一个行动到下一个行动之间带有戏剧的中断（两次篡位），还有最终正义的胜利。角色与性格在其行动与道德价值中被固定。最终结局的出现靠的是一个引起突变的剧情（发现），其功能就是解围的人或事件。很多这样的特征构成经典戏剧的典型结构并不是巧合（参见上面 n.3）。要确信，这一戏剧性格没有"娱乐"功能；由于严格限制的时间，观众不会选择扮演观众的角色；当"这出戏"结束时，他们还没有准备离开。① 这些故事的戏剧性特征已经取替了一种政治功能；原本准备用于舞台调度的观众就是作为整体的政治社群，观众需要被说服参与进来，不只是在固定和有限的时间参与进来，而是要用其整个生命来参与。政治活动与戏剧的一致只是源自古代劝说技巧的基本特征。这些故事的戏剧性特征只是展现宣传目的的方式。

在伊德利米的例子中，宣传所展示的迷惑性特质是明显的：他篡夺了阿拉拉赫的王位并且试图通过他父亲的记忆使自己的行为合法化，他的父亲已经被驱逐出了阿勒颇。巴拉他那长达"七年"的对立，非常需要以一种辩护的文本来向其主体致辞，最终的需要——或者心理"情结"——他需要考虑其他国王的对手②，所有这些要素证明伊德利米的行为已经产生了负面的意见与反应，因

---

① 比较惠金佳1964：29ff，这个游戏在空间、时间上都是孤立的，支配日常生活；209—211：戏剧的娱乐特征。

② 81—84 行，这里我认为我们能说，一个带着他的可疑的正统性而怀有"自卑情结"的新任国王，要面对其他已经建立和确信了自己地位的国王们。

而他决定凭经验提出一个事件的宣传理由，在其最开始发生时，那无论如何不都是"戏剧性的"。

约阿施的情况则不同，即便宣传的目的同样明显。在政治行动中真正的"主人公"是耶何耶大，他清楚地意识到他不能凭经验使自己的地位合法化，要找到一种成功的方式，通过合法继承人的形象来完成，这个继承人从大屠杀中逃脱并且突然再次出现。戏剧性并不只是在"文学"式样完成之后所呈现的事实。戏剧性是一种确定的方式，政治活动可以在其中表演。一个不为人知的孩子所呈现的剧情突变——先是卫兵，然后是所有主体——如果确实发生在行动的关键时刻，仿佛他就是王位的继承人。

政治宣传的目的也解释了政治活动与评价的三个交叠层面的相互作用。伟大的国王或者神属于最高层面；主人公与反派属于中间层；普通人属于最底层。主角必须面向最高层与最底层确立他的地位。他利用人们的支持以说服伟大的国王或者神，利用伟大的国王或者神的偏好来说服普通人。基本上这些故事的文本被写出来的目的是说服最底层，但是他们保持了两种目的的残余。5号主题（人民是高兴的）证明来自底层的合法化，紧接着6号主题（与伟大的国王或者神立约）证明了来自顶层的合法化。在人民的面前约定被颁布并不是一个偶然事件，人民又得到了一个额外的理由而被说服。① 但是也应该注意——通过一种略显粗糙的宣传技巧——5号主题很受偏爱，亦被强调以便说服人民本身，将社群的记忆整合成更有利的反应，这样的反应在事件发生时可能还不明显。

约阿施故事中的宣传目的看起来足够清楚了，与相似的叙事（伊德利米与哈图西里）相联系，这就像由精确的文学见解所得出的结论一样。或许不用过度推测，可以假设，一个铭文（或者无论何种将注定流行扩散开来的文本）② 就能支撑圣经的文本。在这一铭文中，耶何耶大重做事实以使约阿施登上王位的行为合法化，他根据的是众所周知的年轻王子从大屠杀中逃脱并藏匿起来，被

---

① 关于叙利亚-巴勒斯坦王权自上而下的情况，见利维拉尼1974c，第336—344页。应该注意塔德摩尔1968年，第61页（也参见玛拉玛特1965年，第36—37页），在以色列的历史中只有两次是在国王与人民之间立约，即大卫的登基与约阿施的登基："第一个例子中，大卫的王朝建立起来，在第二个中它又被恢复。"可是在第二种情况中，它也是建立一个新王朝的事件。关于约阿施与耶和华和人民的可疑的约定问题，见库驰1973:163ff。

②《列王记》下第十一章（在12.1—2中与编年数据一起），其内容源自猜测的皇家铭文，这是我在这里假定的。第十二章，关于约阿施与耶何耶大之间的关系有一个不同的起源。

发现并最终夺回属于自己合法王位的故事。就像我们所看到的，在更早的世纪中已经有这样的故事被确切地了解，这都是在大众的层面，并且不时地进入官方的文学之中。在公元前第九世纪它们已经深为耶路撒冷的人民所熟悉，因而支持给予年轻的约阿施形象以同情已经形成了情感基础。①

两个历史的结果看起来值得注意。首先，"大卫的家族"的延续性，对于犹大王国的王室意识形态非常有意义，可以合理地认为其在亚他利雅所命令的大屠杀中中断。我们没有理由相信这个不明身份的被耶何耶大利用来实现自己目标的孩子是亚哈斯真正的儿子之一。其次，我们不能接受亚他利雅的统治进入编年史而约阿施只被记录在圣经的段落中。"七"与"四十"年在文本中同他们有密切联系，被接受——就其本身而论，或者带有一些武断的修订——由所有学者完成②，并不可靠。他们明显源自一个虚构的且带有非历史特征的时间的计量，以作为这种故事的典型。它是一个文学母题，讲述了"他（＝约阿施）和她待了六年，藏在耶和华的神庙中，而亚他利雅统治着这片土地。但是在第七个年头……"（《列王记》下11:3-4）。这被用来指出地位上的一种变化，也发生在伊德利米的铭文以及哈图西里的辩护中，在其情节中有同样的功能的定位（参见利维拉尼1967b）。至于约阿施统治了"四十"年这一数字，它确实是一个平头数，意味着一代，也可以同伊德利米的"二十"年比较。这样一种指示在《历代记》或者类似的资源中是不可思议的，它们被国王之书的编辑者使用。但是我们能够很容易想象，它发生在一个宣传的铭文中，人们甚至在主人公的统治结束之前就写下了它（当时其长度仍然未知）。这个目的仅仅是表述"从此以后他幸福地生活"（即他的全部生命），就像在神话中一样。

---

① 一般而言，这里研究的问题可与已有大量研究的大卫的继位的叙事做比较（《撒母耳记》下9-20；《列王记》上1-2）。特殊看待这一神话母题（也是宣传的母题）在这一叙事中已经被指出，其与埃及的国王的小说有关联。关于这一系列的问题，我严格限定我自己引用韦伯里1968年的关键分析。

② 比较蒂勒1951:254的概括性图表，每个人分配六到七年给亚他利雅，四十年给约阿施（除了奥尔布赖特与乐维，他们"修订"了这个数字，改为"三十八"）。

第八章 信息,女人与好客:《士师记》第十九至二十一章中的部落内部交流[①]

引　言

《士师记》的圣经文本结尾的两个故事通常被认为是附录,它们没有提到《士师记》中的任何内容。它们被嵌入进来可能是为了解决"以色列没有国王的日子"的问题。第十九至二十一章中所讲的第二个故事,相当长,也相当复杂。而一个世俗的重述并没有做到公平,这可能有助于读者理解这一章的讨论。一个以法莲部落(Ephraim)的利未人(Levites)被他的小妾抛弃,然后小妾回到了她父亲在伯利恒(Bethlehew)的家里。这个利未人去找她带她回去,在和这个女子离开了他岳父的家之后,他们不得不在便雅悯人(Benjamin)境内的基比亚(Gibeah)过夜。有一个出自以法莲部落的老人,他是城内唯一的以法莲人,他愿意和这个利未人聊天并且将他们带进了自己的家中。夜里,基比亚人要求和这个利未人发生性关系,他提议让自己的小妾代替。在被虐待整夜之后,小妾死了。

当利未人第二天早上发现她死了的时候,他将她带回了家并将尸体分为十二块,送到以色列的各个部落,每个部落一块,以便召集他们。集会上,各部落决定要求基比亚人(Gibeites)投降,如果被拒绝,他们就攻击在基比亚的便雅悯人。他们将便雅悯人的主力部队引入埋伏圈,战胜便雅悯人,然后袭取了敌人背后的城市,并且烧毁了它。他们屠杀了便雅悯部落的男人。而且,他们发誓永远不娶便雅悯部落的女子为妻。

部落的幸存者仍然处于危险之中,为了获得女人,基列雅比人(Jabesh-

[①] 初版标题为"Messaggi, donne, ospitalità. Comunicazione intertribale in Giud. 19–21",载《历史宗教研究》1979年第3期,第303—341页。

Gilead）被攻击并且被屠杀，只有400个处女被留给了便雅悯人。可是这个数量还是不够，那个不把女人嫁给便雅悯人的誓言不能被打破，大家做了一个安排，因而便雅悯人能够在示罗（Shiloh）的年度节庆中捉到女孩儿、得到新娘。

翻译的这一章最初出版于1979年，很早以前，在圣经研究中女性主义方法就流行开来了。所讨论的许多主题已经变成了稍后女性主义学问的关注点，诸如隐匿了名字的小妾，以及她被强奸和肢解等内容（例如，艾克休姆1993；斯通1995）。很不幸，意大利的文章很少被读到，因此这次再版将服务于这个目的。利维拉尼使用这个故事来讨论很广范围的其他论题，包括好客之道、礼物与女性交换中的互惠性、内部与外部空间，以及交流的方式。他在其后来的工作中持续研究这些问题，并且这些论题在1990年出版的书中得到了更为详细的讨论，书名为《威望与兴趣》。

一、《士师记》第十九至二十一章中的非语言交流

1. 肢解成十二块的尸体

（1）《士师记》第十九至二十一章①的严酷故事中最为奇特与粗野的特征之一就是利未人召集以色列十二部落集会的方式：

> 他（利未人）回到家，拿出一把刀，摁着他的小妾（的尸体）将她分成了十二块，将其送到以色列全境。他给他的信使一个指令，让他说："你要看着所有以色列人说：这样的事情从来没有见过，自从以色列人出埃及直到今天，是不是？想一想，开会并且通过决议吧。"所有人看了都说："从没有人经历过这样的事情，也没有看过，从以色列出埃及直到今天都没见过！"

（《士师记》19:29-30）

《撒母耳记》（Samuel）中有一个段落显示我们处理的并不是史无前例的信

---

① 在《士师记》第十九至二十一章的内容范围内构成了一个叙事单元，带有其自身的层次。这可以被概括为"旧"材料的呈现，基本上第十九章是单一的，二十至二十一章从来源上是双重的，带有较晚的、后《申命记》式的编辑。除了标准的评注（至少开始于博内1918年，第442—458页），尤其参见诺斯1930年，第162—170页；费尔南德斯1931年，第297—315页；贝斯特斯1965年。申克1963年，第67—68页提出了一个不同的重构（基本的传统增加了四层修订）。

息,而是一个循环的象征程序,理解它需要收信人的智慧与想象力。为了召集部落去支援基列雅比,扫罗(Saul)做出了一个相似的行为:

> 他找来了一对牛并将它们砍成几块,让信使将其送到以色列全境,并带去这样的话:"无论谁只要不跟从扫罗进军的,他的牛都将被这样处理!"

(《撒母耳记》上 11:7)

两个段落之间的一致清楚表明这是一个在军事动员的特殊场合下召集以色列部落的特殊行为。很容易设想,这种标准的行为(如果它是完全标准的),专属于扫罗的是他使用的信物是动物。在另一个情况中,使用人类的尸体,增添了一种特殊的严重而独一的内涵,导致那些被召集起来的人在激起集会本身的事件中假设出一些不虔诚和恐怖的元素出来。

这种符号的信息必然拥有多个意思。可能有不同的解读并且适合不同的事件。然而信息的基本结构在"尸块"的递送和收信人之间尤其要关涉一种一致。① 就像十二块动物的尸块或者人类的尸块是一个整体的部分,十二个部落作为信息的收件人,也构成了一个整体("部落联盟")并且必须一致起来。每一个部落代表,或许拿着收到的尸块参加集会,以便重新组合成完整的整体。尸块的分配因而是召唤一个有机整体的行为,理论上形成一体,即便事实上它已经散布到全境了。

(2)扫罗的集会"实物对象"伴随着一条言语的信息来解码其象征意义。在使用牛作为信息与牛属于特别的部落之间用言语信息建立起一个附带的威胁。假使这个集会不被接受的话,这个信息因此变成了不仅召集一次集会,也是一次威胁。言语的解码是次要的,也是附带的:它是一个附加的比喻,一点也不重要,目的只是进一步施加压力,强调集会是多么急迫与重要。但是如果信息的基本意思不是召集一次集会,那么其本身将是令人费解的。言语添加要假定收信人能立刻理解递送牛就是要求相聚的召唤。

在《士师记》第十九章中对于这一段而言,同样的线索甚至更多。这里补充的言语信息仅仅意味着强调事件超常的严重性,以此来说明"此前从未见

---

① 比较起来,在十二部落与亚希雅(Ahijah)斗篷的十二块之间也具有明确的一致,《列王记》上 11:30—31。加斯特 1969 年,第 443—444 页有一个相反的观点,认为那是平凡的与不相干的证据。也见克劳恩 1974 年第 253—254 页;格罗塔内里 1979 年,第 30 页并各处。

过"。在两个例子中,我们能说有用的信息内容被赋予实物对象部分,而言语部分有一种纯粹的隐含功能。① 在实物对象的信息中,就像补充元素,言语信息只有一个附属的地位。但是它也有效地强调了求助于实物对象的信息不能归因于言语渠道的出现。的确,信使的话伴随着具体实物的递送证明了言语渠道是有效的。因而,一个以实物对象求援的信息必须有其自身的价值。当同寻常语言的陈腐比较的时候,对于象征性的信息而言它确实更加严肃与有意义。还可能有一个更进一步的目的。它避免了信使介入案例内容与细节的需要,那是要在集会上被讨论的,在召集会议的过程中是不能够被参与的。这是特别真实的(就像我们将在稍后看到的细节一样),因为言语交流的使用被保留给接受这一集会的人,而不是拒绝的人。只有那些接受了召唤来参加集会的人将最终通过演说而被告知,而集会必须被保持在暗示和严格的象征层面。

注意,利未人只是在集会的开始阶段解释这个"史无前例的罪行"。直到那一刻部落的代表们正式地漠视了这个事情(即便这个消息一定已经通过许多渠道非正式地传开了)。严格地说,这个信使所界定的"此前从未见过"与那些被召集的人就是会议本身的惯例,即使用人的尸体取代动物的尸体并不是产生集会的原因。但是显然,骇人听闻的集会是以令人恐惧的事件为前提条件的。

(3)言语信息与基本实物信息的整合在古代近东地区是很寻常的。因为言语信息本身永远丢失了(参见利维拉尼 1978 年),最大量与丰富的证明材料就是书信。有的书信的发出伴随着礼物,礼物的发出伴随着书信(参见扎卡格尼尼 1973 年),信使掌握着书信之外的阐明与强调的补充话语(奥彭海默 1965 年,第 254 页;一般还有尼尔森 1954 年,第 29—30 页),问候的书信非常短也很俗套,以至于信使不用借助书写就可以很容易传达,因为所使用的并不是其象征价值(比较例如乌加里特书信,赫尔德纳 1963 年,第 51、52 页)。② 我们可以说一封书信、一个书写的信息,应该被作为一个长距离的口头信息传递的支持——因此等同于这条信息——变成了一种基础实物信息。之所以这样,是因为其物理特性(尤其是作为真实的泥版),也因为书写文本的解读既非概括性

---

① 注意,这个文本说"从没有这样的事情被看到过……",强调信息的性质是面对对象。
② 在美索不达米亚书信中有一个流行的原因论观点,认为书信是一种克服记忆长难信息的工具(克莱默 1952:36 - 37;II. 503 - 505)。从历史的观点上说这是不准确的(第一封信是非常短的管理信息),从人类学观点上说也是不详尽的。

的也非直接的,需要求助于一个高度专业的阐释者。① 如果它没有伴随着这样的动作:抄写员阅读书信,或者阐释者翻译它,或者信使补充评介和解释,并强调要点,书写的信息本身将很难阅读且高度晦涩。

一般而言,我们对于下面内容有着深刻印象:纯粹的基础实物信息的传递,不伴随着话语;或者纯粹的口头信息的传递,不伴随实物,这将被认为是极度简单而又粗鲁的,缺乏含蓄的关联。在礼物与书信的例子中,这是相当清楚的:一个礼物没有书信或者没有附解说词将是无用的,因为其在最初的个人与社会关系中就是无效的,而这恰恰是礼物交换的确切目的。礼物可以被作为一次简单的贸易项目而发挥效力,提供纯粹的商业或者金融理由。相反地,一个没有附随在礼物上的信息在维持关系或者获得对答中都是无效的,因为它暗示粗鲁和敌意。如果在礼物中附随书信是惯例,礼物的缺席则表达了一个精确的信息、敌意或者至少是紧张(参见诺盖伊罗尔1955年,第6页)。

在外交属性的书信与礼物的交换中具有的明显特征可能在其他种类的交流中也一样具有,如召集一次集会。一次纯粹的言语召集将出现问题,因为它可能被认为是粗糙的、平庸的或者"脆弱的"。一个纯粹的基础实物召集将冒着模棱两可的风险。通过将二者结合,一次集会能被举行,可以得到即时的理解并且被赋予必要的意义和内涵的相关性。

(4)人类的尸体作为一条信息的补充,在以色列与古代近东的一般意义上并不例外。这基本上有两个精确的目的:既作为某些人死亡的证据,也作为一种公共警告("恐怖的宣传")。在第一个例子里,头主要被用作身体的一部分而得到确认与辨识。伊施波(Ishbaal)设的头被带来是为了向大卫王证明他的死亡。但是刽子手希望得到奖赏,却丢了性命。他们尸体的手脚被砍掉然后暴尸(《撒母耳记》下4:7-8;见第164页注释④)。示巴(Sheba)的头被砍下并从城头扔下去,是为了证明他是被处死的(《撒母耳记》下20:21-22)。埃兰(Elam)国王乌曼-哈尔达什(Umman-Haldash)把纳布-拜耳-舒美特(Nabu-bel-shumate)的头颅(用盐盖住以便在运送途中保存)与杀掉了他的新郎的头颅送给阿淑尔巴尼帕。阿淑尔巴尼帕得到了从纳布-拜耳-舒美特尸体上砍下来的头颅,为的是"确定他已经死得更彻底(*ARAB* II 815)"。

---

① 但是,比较这一不同,要考虑到书信信息的声望,相关内容参见朗构1978年,第523—531页。

165　　当尸体与头颅的数量众多时，就不再是单一个体的身份识别的问题了，而是恐怖的一般效应。亚哈（Ahab）的70个儿子的头颅被带给耶户（Jehu）为的是证明他们受到了惩罚，还有撒玛利亚已经屈服了（《列王记》下10:7）。但是耶户将这70颗头颅安排在入口通道的两侧，就是明确地谴责撒玛利亚人的责任——我杀了你们的主人，但是你们又杀了70个人！——这暗示着对未来的威胁。这样的情节告诉我们尸体有其他更广泛的用途，即恐怖效应。恐怖的母题频繁出现在新亚述王世题铭中（参见萨奇斯1963:149-150）。成堆的断头（ARAB I 221, 445, 447, 463, 480, 559, 605；II 254，等等），被刺穿的头颅和身体（I 472, 478, 480, 499, 585, 605, 776；II 830, 844，等等），或者整面墙的人皮（I 441, 443；II 773, 844），这些都是对潜在的敌人和可能的变节者的套路性的威胁信息。当消息传到亚述公众而非敌人耳中的时候，恐怖的消息变成了激动人心的好消息。埃兰国王泰乌曼（Teumman）的断头被示众游行以便宣布对于亚述人（斯特拉克1916年，第312—313页；还有皮爱普考恩1933年，第74页）而言他的死亡的"好消息"（*a-na bu-us-su-rat*），正如扫罗的断头对非利士人（Philistines）宣告了他的死亡的"好消息"（*le-baśśēr*）（《撒母耳记》上31:9-10）。① 威慑和警告——要不然凯旋——展示并不局限于亚述。著名的例子来自不同的地区与时间段，从马里（Mari）王国②到图特摩斯埃及（Tuthmosids）。③

　　我认为尸体的惩罚/警告性质的展示并不是一个偶然事件——由此产生某些肢解行为而且同葬礼④相对立——而是同背叛的案例相关。背叛者颠覆了"本初

---

① 关于这个术语见麦卡锡1964年，第26—33页；费舍尔1966年，bśr "宣称"与bṣr "身体"之间词源学的联系一般被否认，但这并没有排除语词承担和暗指的可能性。
② 在ARM II 48中，囚犯的头被砍下来"游街示众，为的是让民众畏惧"（19: *li-sa-ḫi-ru aš-šum ṣa-bu-um i-pa-al-la-aḫ*）"他们将立即聚集起来"（20: *ar-ḫi-iš i-pa-aḫ-ḫu-ra-am*）。展览尸体为的是获得军事动员的聚集并且明显译解了"无论谁只要没有参加聚会就有这样的下场"的意思，这是一个很好的比较，对照《撒母耳记》上11:7的深意，上面都做了阐释。参见沃利斯1952年。
③ ARE II 797：阿蒙诺菲斯二世为了庆祝的目的以七个亚洲的统治者作为牺牲，其中有六个的尸体被展示在底比斯（Thebes）的城墙上，还有一个在努比亚的纳帕塔（Napata）的城墙上。
④ 不需要坚持这一点，这在文本中是非常清楚的。我将只做一个注释，除了头颅，还有手和脚被认为是可辨识的部分因而是一个象征性葬礼的客体。比较《列王记》下9:35 ["他们想埋葬她（=耶洗别，Jezebel）但是只发现了她的头骨，手和脚"，剩下的部分已经被狗吃掉了] 和希罗多德《历史》I 119（阿斯提阿格斯（Astyages）让哈尔帕格（Harpagus）看了其子的头，手和脚，肉却让哈尔帕格吃掉。哈尔帕格埋葬了剩余的部分）。参见ARM VI 37：一具尸体被抛入了河中，但是头被砍下来按照常规的方式埋葬了。

的"社会政治等级,因而他不可能要求得到一种常规的葬礼,他的尸体将被以任一种可能的方式肢解,包括典型的反丧葬的方式,尸身被喂猪喂狗(一种通常的诅咒,常被施加给誓言的违背者:维斯曼 1958 年,第 63—66 页;vi 451. 484)。《士师记》第十九章中利未人的女人的例子完全不同,它影响了幸存者而不是背叛者,但是或许这样看来,尸体的交流性的使用也暗示了背叛。

以利未人组织起来的尸体为基础的信息看起来可能是一个不寻常的信息,但是它通过一个广泛范围的暗指和定位于不同意识层面的等价物变得易于理解。十二块尸体暗示一个"军事动员的发起"。有一个暗含的等式"女人=献祭的受害者",并且暗示着"背叛"的线索。关于"血腥的行为"的消息是明显的,而"破天荒的事件"需要口头解码。所有这些因素一起构建了一幅画面,那同它们所表示的事件并没有什么不同。

2. 符号,习俗,姿势

(1) 在《士师记》第十九至二十一章的叙事中,被砍成数块的尸体传递出的不仅是非语言的信息,在其中也能够发现一种虚拟的交流类型样本。另一个可视的与正式的信息,也有部分属于古时的通行的惯例(不仅在近东),就是在占领一座城市之时的烟火信号。这个例子是基比亚:

> 在以色列的军队和那些埋伏的人之间有了这个约定($mô'ēd$)。后者在城中升起烟火为号($ma's'at' āšām$),还在战斗的以色列人就向后转……当这个信号也就是烟柱从城中升起的时候,便雅悯人转过身看到他们的整个城市熊熊燃烧了起来。以色列人转了回来,而便雅悯人陷入了惊恐,认识到他们的毁灭就要来临。
>
> (《士师记》20:38-41;关于地形,见鲁塞尔 1976 年)

还有一个与此极为相近的例子。占领艾城('Ai)的时候,约书亚使用了同样的策略,这被记录了下来(《约书亚记》8;见鲁塞尔 1975 年)。除了烟火信号作为策略,还有诱敌战斗和围攻计策,作为一个整体,在两个故事中是一致的。它们都体现了一个普遍的文学母题——为什么不?——实际的战争策略被证明与经典的轶事性文学作品《奇谋》(*Stratagemata*)高度相似(玛拉玛特引证 1978 年,第 15—19 页)。

从占据的城市中升起烟火信号的好处在于其二重价值,就意义和收信人而言都是相关的。约定的交际功能,通知朋友们,是一个临时的定义(希伯来语

词 *mô'ēd* 常有这个意思；参见 THAT，I，742 – 746），以便于在两个相距遥远无法用语言交流的军队之间协调行动。信息的解码结果如下：我们已经占有这座城市，这时该进行反击了。其意义并不是很复杂，但是需要提前约定好如何被解码。在完整意义上，一个信息要在发信者与收信者之间约定一致。作为一个临时的信号的功能留有余地——或者可能这样做——选择易燃的材料：一个人工的大火就能很好地起作用（参见弗朗提努斯① III10:5，玛拉玛特引证1978年，第18—19页）。但是第二个交流的功能，没有约定的（然而可以预测），就是给敌人发信息。在这个例子中信息并不是以一个象征的方式传递的，而是以现实的方式传送出去。也就是，城市正在燃烧，因而它已经被占领了。在便雅悯军队中扩散的恐慌源自这样的事实，即他们的战斗技巧建立在迅速而直接从一个保护点突击的基础上，如果需要，在那儿他们能够找到避难所。一旦他们的避难所被清除，他们知道自己输定了，即便他们在实际的战斗中获胜也没用。② 计谋能否成功在于双方通信的累积效应，在于同步性，不仅在同盟军，而且也在他们的行动与便雅悯人的恐慌之间——这种恐慌不归因于包围的策略，而是对他们避难所的夺取。

（2）为了传递一个讯号而烧毁一座城是很少见的，甚至是矛盾的。然而，在某种意义上，可以说，对于人与诸神而言，每一座被烧毁的城都传递出了一个有意义的信息。③ 另一方面，值得注意的是，在古代，烟（白天时候）与火（夜晚时候）是传递信息的最常用形式（特别是郎构1976年）。而实物基础信息的差异被赋予了一种特殊的社会与程序上的声誉，烟与火的信息有一种纯粹技术上的益处，即从远距离也能即刻看到。这些信号的本质属性就是"上升"（希伯来语 *nś'*，阿卡德语 *našû*），④ 并且因此变得可见。它们的范围可能通过一系列的中继站而得以扩大，在短时间内覆盖全境或者连接遥远的位置（参见郎构

---

① 《奇谋》的作者。——译者注

② 众所周知，古代的战斗中一方突然溃败大多以恐慌或士气锐减决定。伤亡是有限的，并且平等地扩散到双方一直到特定时刻，然后大屠杀降临。参见布特胡尔1970年，第154—156页。

③ 见古特伯克1964年，第2页有一个明确的例子。蒂罗 – 丹津1912年，燃烧的荆棘作为信号使用了同样的表述（150：*qi-da-at ab-ri*）。还有，霍尔提亚（Haldia）神庙的大火"就像灌木丛"（279：*ab-ri-iš a-qu-ud*）。

④ 希伯来语 *maś'ēt* "升起"（火），按"信号"的意义，也被用在《耶利米记》6:1 和拉吉陶器碎片 4:10，还有在《士师记》20:38.40。阿卡德语 *našû* 有火把的说法，烟和火的信号，或者类似的，见 AHw s.v. *našû* (m) I 1c；CAD N/2 s.v. *našû* A1b；多辛1938年，第176、178页。

1976年；克劳恩1974年）。但是烟和火的信号不能保持专有，需要预先在小集团内部达成约定。这样的信息不可避免会同时传递到朋友和敌人（或者至少局外人）那里。当它们被发出时，人们必须考虑朋友对约定的反应，并且还要预测敌人的反应。

烟或火的信号的主要弊端在于它们缺少灵活性。如果没有办法让火一直点燃或让烟一直冒，那可能产生更加多样的整体意义，或者甚至确定的复合体，密码和信号可能只传递一个二元的信息码："是或不是"，暗示出现或者缺席（郎构1976：123 n.8，130 - 131 n.27）。因为没有烟是正常的情况，而有烟则是不正常的，冒烟或点火自然就宣布一个不寻常的情况的开始。信息传递因此更是一个纯粹的"注意！"或者"动员！"——这就像在马里的一些书信中所解码的那样。① 我们解决的不是夜晚"神秘"燃起的火②，而是明确的与常见的警告信号，这在信息的传递过程中占据了全部嘈杂与冗余的常见复合体。③ 确实，当出现一个特别危险的情况时，就像一座城堡被围攻时（拉齐克·奥斯特拉卡），证实信号的缺失引起了焦虑。除了其他事先安排好的意义，烟信号还有这样的意义——"我们仍然活着"，或者"我们仍在坚持"（参见勒梅尔1977：I，113 - 117，142）。

（3）甚至一个人的身体姿态也传递了一个信息。这甚至不需要一个手势，只是一个"姿态"或者"态度"：

> 利未人走进去并且坐在城中的广场上，但是没有人让他们进自己的家里过夜。

（《士师记》19：15）

一个陌生的人，一个旅人，他在傍晚坐在村中的广场上，明显说明他要待在这里（用类推法：他坐下了）并且他要求受到款待（用对比法：他待在露天

---

① 多辛1938 参见 CAD D，s.v. *dipāru* e；I/J，s.v. *išātu* 3b。直接的解码意义是："救命！快来救命！"（多辛1938：181：10 - 12）还有"注意！敌人来了"（同上，182：21 - 22）。敌人来临时火的讯号也被证实，蒂罗-丹津1912：40 - 41：249 - 250（关于翻译，见 CAD D，157 e；A_1，63a）。

② 关于使用"神秘的讯号"的说法，库珀（1957：65）采用了来自材料本身的态度（多辛1938：178：17 - 18；*warkāt dipāratim šināti ul aprus*）。解码看起来很明显：当敌军接近时的警告信号（参见库珀，57）。

③ 达成的约定的应答（多辛1938：178：16；183：11 - 13；184 - 185），误解（182 - 183，这里讯号被阐释为一个求助的请求，将被一封信修正），重复信号为了避免误解（183：14 - 18），灯火熄灭（183 - 184，补救是一封信），无用的信号（184），尤其是一致的意义（185 - 186：8 - 10），等等。

地里）。他没有讲，他没有明确去问，因为不必要（他的姿态"表达"得足够了），因为讲出来需要已经建立起来友好关系。在这样一个"沉默的对话"中，回答的缺失暗示着答案是否定的。事实上，基比亚的民众，尽管他们看到了陌生人坐在他们的广场上，并没有邀请他进自己的家，也没有在卷入一个他们不关心的问题中表示出中立的克制。这意味着拒绝：我们不需要你。从故事的后续发展中看得很清楚，他们并不欢迎他，因为他属于另一个部落。他住在以法莲人中，并且他还是利未人，而他们是便雅悯人。只有一个老人，他也出自以法莲，愿意和他说话并且招待他。从陌生人奇怪的装束，或者从其他外貌特征，老人立刻认同他为"适合被款待的人"。

在这个例子中，一个非言语的信息术语被使用，为的是克服——或者试图克服——外来者、不同部落成员之间交流的障碍。我们对同一族群的成员讲话而对陌生人用身体姿态来表达我们的需要。利未人的特殊例子更加困难，因为按照社会的方面来看他的要求并不低——即便在经济方面实际上这要求不高。一种敌意或至少说差异能造成障碍，不管是未来还是当下，好客可以使其平顺度过。这一插曲的历史推论在某种程度上被认知（参见艾斯菲尔特 1935 年；申克 1963 年，第 70 页）。如果这个段落要被理解，它们无论如何都必须被设想到。对一个以法莲的旅人说话将必然带来成为其东道的结果。那意味着将进入与其的一种关系中，并非短暂的关系（简单地词语交换），而是一个全面的关系（好客，作为一种居住形式，也是一种与家庭相似的形式）。

必须说，"进入"（bw'）城市广场，利未人在某种程度上被强行带入了关系中，但那是不可避免与习惯性的。发出好客的信号意味着允许某人"进入"家中以便在那里过夜。招待只能通过屋主的明确邀请才能获得。给予款待是正确的，但是接受它就是错误的，尤其这个例子中还带有货物和女人。然而利未人最初从"外"到"内"走了一个最为普通的通道，当他自己进入基比亚的时候。这座城围着城墙，后续的故事中很清楚，要通过大门进入，所有的房屋就像一个保护的围墙绕着广场依次而建（rěhōb，意为空场）。进入这个封闭的区域，利未人没有侵犯任何人独立的空间，而是走进了公共空间。他不能做别的什么。最初的交流，即便只是通过姿态来完成，也总会带来一些强制或者侵犯，这只有通过一种积极的响应才能被消除。

以法莲老者施予的款待，经历了两个基本和有意义的阶段。第一个阶段是关于经济负担的词语交换。陌生人讲到他有稻草、食物和饮水，这都是基本物品。他经济上不需要什么，只是需要被收容。主人通过讲出所有的待客的负担进行回答，包括其物质方面，将被留给客人。这样一种陈述的交换将被认为是相当惯常与典型的情况。这是被提供与被要求的待客的方式。① 其主要强调的是社会的而不是经济的被创造的关系价值。第二阶段也是俗套的，按客人意愿安排，由避难所（允许进入屋子）、洗漱、吃饭、饮水组成。这四个对于生存是必需的（参见第一章），除了实际有效之外，也是好客的象征。好客最初带有仪式性，部分是口头的（邀请、磋商），部分是非言语的（洗漱、吃饭），之后是一个更随便与放松的阶段。一个人能以一种非俗套的方式谈话，重要的是他还能睡觉。

（4）在《士师记》第十九至二十一章的叙事中，我们遇到很多更复杂的元素，下面我将对一些进行分析。分析范围包括激动的心存不良的基比亚人（士师记19：22）的敲门到完整的一套部落间机构的交流（神谕、誓言、抓阄等等；见下面，§4.1.2-3）。交流的价值甚至可能是不知不觉的，就像在死亡的女子的姿态的例子中，当她的丈夫发现她的时候：

> 第二天早上，她的丈夫醒了，打开门，出去打算赶路。但是这个女子，他的小妾就躺在屋子的入口处，她的手就在门槛上。
>
> （《士师记》19：27）

尸体的位置，还有她的手在门槛上——一个划分的元素在"内部"与"外部"——构成了一种不知不觉但是相当强烈的信息。屋子所体现的热情友好只对丈夫，而不是女子。然而，她在死的时候也接近了屋子，即便她的丈夫已经将她带出了保护区（"这个男子捉住了他的小妾并且让她出去，到那些人那里"，《士师记》19：25）。我们也可能说这个信息是一个控告，针对房屋主人和那个人——然而这个信息并非来自这个女子——她死了，而是来自尸体的位置，折射出事件的顺序。

强调"她的手就在门槛上"对于理解这一段落绝不是必要的。这句话揭示了故事的作者对赋予元素以交流价值有着特殊的兴趣。确实，通过这一相关的

---

① 《创世记》23：3-16 中，亚伯拉罕（Abraham）与以弗仑（Ephron）之间关于土地售卖的对话同样是范例性的。经济方面，形式上忽略且轻描淡写，事实上是最相关的。国王之间进行礼物交换，在"自给自足"——在经济层面上这是基本的，和相互作用的愿望——在社会政治层面上是基本的之间，一场相似的游戏正在进行。

特殊的插曲，故事作为一个整体关注人的关系：派际之间的关系作为一个可见的主题，人际关系（尤其是两性）作为一个隐藏的主题。社会群体之间的关系是一个交流与交换（信息的交换、货品的交换、女人的交换，根据列维－斯特劳斯的公式）的问题。结果故事与交际的事实相互交织，特殊的关注给予了词的语义学、手势的语义学、姿势的语义学和沉默的语义学。

二、作为信息的女人

1. 退化的发出者

贯穿整个故事——利未人的女人——客观地评价说她是主角（主要的事实"发生"在她身上），但她却没说一句话：

(a) 当她不喜欢她的丈夫的时候，她没说一句话，只是回到她父亲的家里；

(b) 当她的丈夫来接她回去时，她没有要求也不可能表达自己的观点；

(c) 无论在家还是在旅途中，她没有讲一句话（甚至仆人都讲话了）；

(d) 在基比亚她没有讲话，尤其当被带出房子的时候，她显然没有被要求讲话也不可能表达她自己的观点；

(e) 第二天早晨，当她的丈夫喊她时，她也没有讲话，因为她已经死了。

注意最后这一条是唯一一个丈夫与她讲话的地方——这时她已经死了！丈夫对她说的话并没有要求得到口头回答，只是一个行动：

"醒醒——丈夫说——我们出发。"没有回答。因此这人把她放在驴背上，动身向自己的家走去。

(《士师记》19:28)

女人的姿态"说得"足够了。但是丈夫对这个信息充耳"不闻"，这个信息需要一些注意力和敏感度（这人晚上可能已经睡着了）。只有当他的命令没有回应时，他才明白。

因而，这个女人从未发出一个口头信息。一般而言，她没有什么要交流的——或者至少按照"社会的逻辑"暗示出她只是附属的，或者按照"叙事的逻辑"表达这一情况。如果她有些什么要交流，她必须利用非言语的渠道，也就是利用身体的行为。当她决定不再和他一起生活的时候，她离开她丈夫的家

(只是回到她父亲的家)。① 她彻底"离开"了,即死了,当她经历了暴力的时候她不能也没有希望去忍受。她显示不安的唯一方式就是离开,通过自己走来替代消解使自己不安的东西,这是有意义的。② 更有意义的是,她不得不交流的唯一信息是忍受不安。直到心安或者继续承受痛苦,她不需要发出信息。她被动地附属于社会系统以让自己能够生存下来。当她的不安传递到她所能够忍受的底线时,当社会背景不再能够保证生存的最低条件时,她就不能通过言语的编码进行抗议,这就变成了退化。一种非言语的渠道随后发挥作用,从场景中简单地消失就是其中之一。③

2. 反抗的信息

(1) 这个女人从未说出或发出过一条信息,很少被谈及,她是信息的渠道和对应物。她没有讲话,但是有人"和她说话"了。在她死后,她被用来做交流的工具,当她的尸体被分割成数块以便召集部落大会的时候,就是如此。就在她死去的那一刻,她已经利用了自己的身体,她身体的姿态,成为一种无意识的信息。但重要的是当她还活着时,她就是男性成员之间的交换物,她就已经被利用了,她就已经是一个有意义的信息了。

在利未人与其岳父之间的恰当关系中,这个女人具有一个积极的交流媒介的作用。利未人与这个女人的婚姻关系(无论何种婚姻都已经形成了)④ 本质上是两个男人之间的联系。当这个女子打破了父亲与丈夫之间的交流时,就是她按照自己的意愿回到了父亲的家,如何再建这种交流的关系成为一个问题。

利未人去与他的岳父交谈,而不是和这个女人谈。两个男人之间根本上重建了联系,女人所处的位置就是一个构成要素、一个信息的媒介,而不是发起

---

① 这个女人逃避的理由(19:1 *wattizneh 'alāw*)在文本中是一个语言学上的难点,在古代和现代已经被修订和阐释(部分为了使这个女人愧疚)。但我们能够照原来的样子离开文本,理解"她恨他",见德立夫1947年,第29—30页。

② "恨" → "离开至逃走"(参见希伯来语 znh→hlk)的序列在阿卡德语中(*zêru→alāku/nābutu/ezēbu*;参见 CAD Z, s.v. *zêru* la)得到很好的证明。例如,在司法文本中,如埃什努纳(§30:"如果一个人憎恨他的城与他的国王,并且逃跑……"),以及汉谟拉比(Hammurabi)法典 [§136:"因为那个男人憎恨他的城市并且逃跑……";§193:"如果一个(收养的)儿子憎恨养父与养母并且逃离了他父亲的家……"]。亦参见兰兹伯格1937年,泥版7;ii 49 – iii 3。

③ 古代近东具有类似的社会经济冲突,奴隶们对其主人的抗争或者怨恨(或者受奴役的债务人对其债权人,等等)表达只有在冲突中能发现;参见兰格尔1972年;利维拉尼1965b。

④ 女子的身份是 *pīlegeš*,通常翻译为"小妾"。无论如何,利未人与其岳父之间都是一种正式的关系,对于这个女人,没有消极的含义。

人或者收信人。当她试图确证自己意愿的时候，在这一刻她的行为是不恰当的，信息体现的行为背离了它的发出者。但是这个背离的信息并没有被忽视。它只是从收信人回到了发出者那里，也就是从丈夫的家到父亲的家。① 没有合适的女性空间，没有不属于男性（丈夫或父亲）的闭合的空间与避难所。男性垄断了社会经济管理的职责以及交流活动。②

这个女人也被作为一个媒介来表示利未人与基比亚人之间的不正当关系。当这个女人从她的父亲手中转到利未人手中的时候，表现了友好关系的主旨；当她再被转让给基比亚人手中的时候，就是一种敌对关系的顶点。这其中也发生了"对话"，是在男人之间；女人仅仅被利用。确实，对话发生在基比亚人和利未人的东道主之间。利未人在与其他人的关系中，也冒着被利用而成为一个媒介的风险。女子的功能是替代品，结果导致这个情况并不异常，消除了利用一个男人（发布者/收信人）去代替一个女人（媒介）的特殊反常情况。从我们的现代视角来看，女人替代了自己的丈夫是最大的失常，但这是因为我们外在于那个时代的社会文化环境的价值体系。③ 在那个环境中替换事实上减轻了紧张，这出于两个原因。第一，它分配给女人一个被动的，"女性的"角色，而保全了男人。第二，它采取了一种从男人到男人的"转让"女人的形式（即便在强制下），在女人的交换中，就像一部正确程序的讽刺漫画。

在这个例子里，这个女子也作为信息反叛发行者和收信人。在某种程度上与她此前的反叛类似，即通过离开的方式，在这次，她是通过死亡来反叛。这次的反叛是不可预见的（早晨，利未人离开时说"醒醒，我们出发"）。如果这个女人没死，推测起来这个情况将不会被认为是"史无前例的"。通过死亡，通过从被利用为交流的手段中退出，这个女人能够指出这个信息的变异特征，否则这将几乎不能被注意到。通过过滤信息，媒介的"背叛"变得可选择与可评估而贯穿其中。

---

① 向着开放的、非结构的空间逃离只是接近能够"变成 habiru"的男人，即把自己隐藏在林地中。甚至当反抗发生之时，女人只不过从一个男人的家到了另一个男人的家。

② 术语 ba'al/bēlu 恰当地定义了这种角色，因为它被用在货物（b' l.byt "一家之主"）和女人身上（乌加里特语 b' l.att 是"丈夫"的意思，也就是"女子的主人"）。

③ 现在我们持有不同的价值观，尤其是个人主义特性（聚焦于"人"的概念和个人的责任）的价值观。据此，只有自愿的替换在道德上才是积极的（就像自我牺牲）。我们拒绝被迫的替代。

（2）最后分析一下在利用女人的"正确"与"非正确"之间，唯一的不同在于她的转让的自愿本质——从男人（父亲、丈夫）的观点上是自愿的，而在女性自己的观点上则不是。类似地，一个礼物与一个劫掠的物品是货物流通的不同条款：从一个人到另一个人的转让过程中考虑物品的愿望是荒诞的。重要的是，转移是通过捐赠者的意愿而发生的，例如礼物或者婚姻，按照接受者的意愿的话，就是抢劫或者强奸。而且，接受者的愿望随着捐赠者的愿望而发生（"接受义务"，用马塞尔·莫斯的术语）。因而在一种正确的关系中，愿望的一致得以实现，而在非正确的关系中，则发生分歧。

因此，这个故事定义了婚俗，将其作为一种和睦的同伴之间的关系，通过捐赠者的愿望而发生。有两条规则：①女人被给予（所以要接受），她们不能被带走；②女人被给予那些能够和她"说话"的人。这两条规则把女人定义为一种非常高效的信息：显然，信息被发起者传送，如果发起人拒绝传送它，它不可能被收信人收到。一旦信息被发出，它就不可能只被收信人接收到。

这个女人的故事确实严格地与对话的故事相平行。利未人与之岳父讲话，岳父将女儿转移给他做妻子。他们建立了一种典范性的关系，包括女人、信息和礼物（好客）的交换。这种正确而积极的关系甚至由于其无节制而出现了问题，就像我们将在下面所看到的：岳父转让自己的女儿太频繁（两次），同利未人讲得过多，招待他太久（参见下面，§3.2.2）。相反，基比亚人没有与利未人建立任何款待关系：他们从未与他讲话——当他们在城市的广场上看到他时没有，当他们把东道主的屋子围起来时也没有，他们只是同后者讲话。他们没有款待他，他们的所为与"转移一个女人"完全相反，因为他们想"带走这个男人"。把女人送到外面作为补救证明并不是解决问题的最佳办法。女人是一条信息，来自一个不愿意发出信息的发出者，对于一个没有接收愿望的收信人而言，就是一个反信息。事实上，她死了。

（3）古代近东有许多相似的事有助于更好地理解卷入双重转让的故事主人公的价值观。它们既存在于正确的转让中，这种转让建立或者固化了社会关系；又存在于非正确的转让中，这种转让形成于从被"围攻"中逃离时。我们所处理的材料，大多是关于王室的人，当然受政治蕴含的影响，这些影响修改了程序的本质并且使它们远离普通生活。但那是最广为人知的文档，最详细并且是唯一可能从中重建价值和行为模式的材料。

在公元前 15—前 13 世纪的近东法庭圈中，详细探讨转让女人的"正当性"是没有必要的，这一时期有大量丰富而详细的档案，这皆因 F. 品托尔（1978）出版了他关于这一主题富有深刻洞察力与开创性的研究。主要特征被很好地建立了起来。它们包括在给予和接受之间，在拒绝与带来之间的"男性"辩证法、伪装者的接纳模式（pp. 60 - 61）来对抗给予者的接纳模式（pp. 58 - 60），还有女人的被动与"失声"的角色（pp. 61 - 62, 96），一旦她到达目的地且交流的功能已经完成，她就倾向于消失了。在《士师记》第十九至二十一章的变异故事与其他同样的变异故事之间，或许有更多相关的类似之处，即便它们并不是直接的。这些包括艾赫里 - 尼嘉儿（Ehli-Nikkal）的故事，在乌加里特的朝堂上这位赫梯新娘拒绝并且反抗被强暴的结果，这个 *rabūtu* 的女儿的故事，讲述了从阿姆鲁而来的公主，她躲在父亲的家中并且她的丈夫在找她，作为乌加里特的国王，这位丈夫并不是为了和解而寻找她，而是为了处死她而找她（品托尔 1978:76 - 78, 83 - 87）。

在这里，还应该引用一些通过"转让"女性来摆脱围攻的例子，因为这样的例子目前还没有引起任何特殊的关注。在我头脑中有这样一段情节，就像西拿基立（Sennacherib）对耶路撒冷的围攻：

> 希西家（Hezekiah），犹大人……我把他关进了耶路撒冷，他的王城，就像笼中鸟。我堆起壁垒围了他……希西家完全被我可怖而又显赫的王权所压倒……此外 20 塔伦特黄金和 800 塔伦特白银……他的女儿们……我让他给我送到尼尼微，我的王城。
>
> （*ARAB* II 240；亦参见 284 与 312）

阿淑尔巴尼帕围攻泰尔城的描述与此十分近似：

> 我远征泰尔的巴'鲁王（Ba'lu），他住在大海中央，因为他不服从我的王命，也不听我口中的圣言。我修筑堡垒围攻他……我让他屈服于我，给他套上枷锁：一个女儿，他的腰部的种子，还有他兄弟们的女儿们，他要带到我面前，作为小妾服侍我……
>
> （*ARAB* II 547；亦参见 779）

亚述的铭文中可以增加更多这样的例子，关于巴比伦（*ARAB* II 270），阿瓦德（II 780 与 848），塔巴尔（Tabal, II 781），西拉库（Hilakku, II 782），还有其他的政体。我们在文学文本中发现同样的例子，如乌加里特的凯雷特诗歌或者荷马的《伊利亚特》。所有这些彻底洗劫城市的威胁都被一个降低紧张的协议避免了。被围攻的国王同意转让货物和女人,以这样的方式达成表面上"正确"模式的关系。

故事中的两个集团乍一看并没有那么大的分歧。① 在实质性与仪式性的标准之间,在两个集团之间有一种交错的敌对。后者具有减轻戏剧性现实的功能,那是通过逆转的形式来实现的。在王朝通婚的例子中,捐赠者的实质性善意与伪装者的侵略性角色形成对照(参见品托尔1978:58"正式冲突")。相比之下,在一个围攻的例子中,围攻者发起了实质上的物理暴力,或者至少由此而产生威胁,导致一个协定和被围者正式地自愿转让女性。在达成一致与造成冲突之间的困难的平衡显示,家庭或(假使有王朝的通婚)政治之间婚姻被定位于一个危险的领域,在一个紧张与竞争的状态中,可能爆发相互的压迫或灭绝。这样的紧张必须被减轻,靠的是连接起永远保存的所能驱逐侵略的路径。女人、男人之间婚姻关系的"客体"就像贸易货物、物质交换的客体一样,在这样的机制内必须扮演一个沉默与被动的角色。她的话语和行动要冒着打断伙伴之间已经很困难地交流的风险,而这样的伙伴又保持着潜在的冲突,即便已经达成了一致的协议。

3. 反模式的仪式化

(1) 将女性作为信息媒介相关的特定张力不仅源自它们可能的"背叛",也归因于交换的极度重要性。考虑到转让或者接收女人作为"信息",使之在两个伙伴的关系中成为一种象征性元素,这是相当矛盾的表述。因为具有主观性的事务和关系的目的是女人本身,即她的生殖功能,这使一个社群得以幸存。因而,在已经建立了一个正确的交流规则之后,一个人不必被规则本身压倒,达到已经忘记了转让女人的最终目的的程度,即通过时间生殖再造一个社群的可能性。

《士师记》第十九至二十一章的故事中,利未人的女人的一段情节在一开始就很清楚,这个女人的问题与其被分派给便雅悯部落联系在一起,最后(也作为一个高潮)目的就是避免其灭绝。这种连接不是被累加的,而是有机存在于

---

① 就像 EA 99 中的例子正好处于一个暴力的征收与一个王朝的转让之间的半途,参见利维拉尼1972b:314-315;品托尔1978:13-15。我甚至已经建议(利维拉尼1977:284)王朝的关系(包括婚姻)对于政治对手可能具有一种宣泄或升华的功能。

性格中的。换句话说，我们并不是简单地处理同一叙事序列的两个片段，而是处理相似的片段。我们可以说，确定的同一片段以两个不同的观点被重述。第一个小段情节被置于一个个人之间的层面，第二个则处于一个部落之间的水平，但是意义是一致的。这个显而易见的前提是有一种正确的维系关系的方式。但是引进某事要冒着彻底中断关系的风险：一条规则、一纸禁令、一个协议或者一个愿望。"把女人交给便雅悯人的人要受诅咒！"这样的誓言冒着导致部落灭绝的风险。基比亚的人的愿望不是款待这个利未人，而是同他发生一种同性恋的关系，即从生殖的意义上说的否定的关系，以带来一种关系的中断。为了避免一个部落的灭绝，一种"反模式"被从这个意义上引入进来。这与"正确的"模式相对，因而需要仪式化与神话为基础的支持。其功能就是获得最终与本质的结果，亦即生殖与社群的幸存。"反模式"是暴力、强奸。如果没有女子被提供，她就会被强迫带走。如果不能接受所有女性进入流通，就将导致灭绝。

（2）对于这个故事的这种解读可能被定义为"举止不当的仪式化"。反模式取代正确的模式，目的就是通过任何可能的手段确保必要的最终结果。这样的解读显然适合于该故事的最后部分。对于开头并不明显有效，尤其因为在基比亚人和利未女人之间（一种异性恋却暴力的关系）的关系不是以生殖而是以死亡结束。然而，这样的解读——无论如何第一小段情节的解读都可以作为该故事最后部分的一个"第一稿"——引起了对利未人行为的再评估，在故事自身的逻辑范围内。他交出女人让她代替自己，两害取其轻。他选择了反模式，避免一种关系的缺席。比较起不孕，他更喜欢暴力。两件事都错了。首先，这个女人"背叛"了——就像我们已经看到的，她死了。① 其次，利未人亲自交出了这个女人并且可能被控犯罪，这个罪，部落联盟有能力通过示罗节庆的策略加以阻止：

> 感激他们，通过战斗带走了各自的女人。否则你必须把女人们给他们（你要亲自），如此你就犯下了罪行！

(《士师记》21:22)

希望正确行事的人甚至可以忍受这样的反模式，如果这样做的理由足够强

---

① 便雅悯人在示罗仪式化地绑架的女孩们被含蓄地征求（按照叙事逻辑），她们没有背叛或者"逃跑"，就像利未人的女人所做的那样。

的话，但是他不可以是真正的犯罪者。

（3）在转让的模式与强暴的反模式之间，在各自分离的部落范围内，提供一个解决之道甚至是不可想象的。① 注意，对便雅悯部落的大屠杀先是消除了所有战士，然后是村子里的所有男子，只有便雅悯部落的女人幸存了下来（《士师记》20:44-46,48）。战争与屠杀之后，便雅悯部落缺少的是男人而不是女人。然而问题是如何找到女人！所有便雅悯女人都已经是多余的了，显然她们只能与非便雅悯的男人结合。她们的多余是为了让女人们流动到其他部落。但是，这不能以正确的方式继续，因为便雅悯部落中缺乏的是女人的给予者！不再能构成一个规矩的交换系统，推测起来（文本中并不明确）便雅悯的女人们被作为战利品由其他部落带走②，替代了被给予他们。因而，出于对等的理由，便雅悯人应该自己带走那些本不能被给予他们的女人，因为那个咒语，即"诅咒那些把女人给予便雅悯人的人"，便雅悯人缺乏女人并不是大屠杀的结果，而是恰恰相反。真正匮乏的不是女人，而是女人的掠夺者。便雅悯的给予者已经在战争中从肉体上被消除了，而其他部落的给予者通过誓言自愿地消除了他们自身。大屠杀阻止了单向的流动，而誓言阻止了另一个方向的流动。在这个双重的发展中存在着一个明显的冗余：严格地说，如果所有便雅悯男子都被杀了，将不需要这样一个誓言。女人给予者的灭绝与女人的接受者的灭绝是同时的。但是叙事"逻辑"并没有受这样一个矛盾的影响。在这个故事的逻辑中，便雅悯人可能不再是正确的交换中的伙伴——因为他们现在人数太少，也因为他们是"邪恶的"。他们必须以非正确的方式提供女人。如果他们不能给予和收到女人，他们必须带走女人而且他们的女人也必须被带走。每个部落都有使用自己女人进行生育的可能性，这甚至不用被建议。如果可能的话，女人必须以正确的方式流通起来，要是不行就以非正确的方式。一般而言，部落之间必须有关系，如果可能就彼此建立友好的关系；如果不可能，有一个敌对关系要好过根本没有关系。模式就是女性的转让，而反模式则是强奸；宣布放弃关系将意味着生

---

① 在相似的索多玛的罗德的故事中（参见§4.3.2），采用了反模式，目的是阻止灭绝，紧跟着好客的缺乏的是事实上的同族婚，其最终形式就是近亲通婚。我并没有看到范·赛特尔斯1975:219所暗示的"讽刺"。

② 例如迪亚克诺夫1976:72n.95认为便雅悯全部的女人被其他部落奴役，并且由于这个原因，为（极少）幸存的便雅悯人寻找其他女人就十分必要。这种阐释看来是不可接受的。

命的终结。

(4) 反模式的言说以仪式化和神话式为基础，很明显，我认为整个故事就是一个复杂的神话的表达，在示罗节庆中发现了其仪式的表达。所有的证据显示出这个节庆是唯一真实存在于"历史"时代的元素。在节庆期间，便雅悯人对来自示罗的女孩们进行仪式性的强暴。便雅悯这个名字意思是"惯用右手的"，但是通过两极性的转换，他们被特征化为"惯用左手的"，就是"罪人"、恶人。他们的行事方式与正确的方向相反（参见格罗塔内里 1978:44 – 45）。这个故事解释了这种仪式性强暴的起源，通过一种周期性地重演"很久以前"完成的强暴而得以永存。一个解释性的链条连接了示罗的强暴、雅比的大屠杀、部落之间的战争、利未女人的最终的一段插曲。每一个段落在传说中都被深化而且使先前的更为明确。

但整个故事，包括示罗的仪式，实际上意味着给部落间的关系图景奠定了一个基础，伴随着信息、女人和热情的礼物的交换。这个故事尤其希望强调这样一种通过一套惯例与规则保持恰当位置的关系网——既符合于传统，也在特殊的场合被引介——如何存在以便确保人们身体的生育并避免灭绝。如果规则和惯例与最终的目标相矛盾，就没有必要将目的和手段相混淆。即使必要手段可以被颠倒，目标也不能放弃。在诅咒和幸存之间，幸存为大。行动的不正确的方式的仪式化在翻转手段中是有效的，目的是实现通常以正确的方式实现的目标。在打破誓言和使便雅悯部落灭绝之间的两难选择中，一种肤浅而非常形式化的表态说明打破誓言比起打破给予和接受规则而言更严重。但是在这种正式的接合之下是一种非常实质性的逻辑，这表明一个部落的幸存比起坚持最严肃的决定更加重要。

三、好客之道

1. 模糊的领域与有约束力的角色

(1) 基比亚的利未人的故事是一个好客之道的范例。好客之道是一个社会的严格的功能性制度，这个社会并不将自己视作同质的，而是视作同一领域范围内的多样性，以此界定朋友与敌人，或者至少区分熟人和陌生人。待客之道使之可能行遍领域，从一个友好的中心运动到下一个，并且通过不稳定的敌对的中间地带。友谊与敌意、熟人与敌对、社群成员与陌生人的辩证关系不是在两个而是在三个层面上被安排的,分别是充分融合的、完全外部的与相互作用的。充分的融合带来社会关系的缺乏:在家里,一个人不会被款待且不会同自己说话,女人也不会在家庭范围内流通(因为严格的内婚制被排除在外)。完全外部也会产生一种社会关系的缺席:集团会在严格意义上(nokrî)将陌生人视作"他者",不会将其视为可能的对应的人,而是作为不可避免的异类。与这些人不会有交谈,不会有协议,不会有贸易,不会交换女人①,也没有好客之道。如果便雅悯部落没有从其他以色列联盟的部落中收到女人,就注定要灭绝,因为无法想象他们能从迦南人那里得到女人。旅行的利未人不能在耶路撒冷过夜,那是一座外国人——耶布斯人的城。他必须去基比亚或者拉玛(Ramah),那都是以色列人的城。社会关系由集团创造,那并不是完全同一的而是相关的就行。一个人可能转让女人给另外的联盟部落,或者在一个以色列人的村子中受款待。

在社会关系中,中间领域是有对立要求的双方会面的场地,意味着避免对立双方的风险:有外部交流的需求,也有安全的需求。因为第一个需求,一个人被迫到家庭外部或者亲属集团去避免灭绝的风险,也因此保护了未来的数代。待客之道被给予,因为一个人能够预见未来需要热情好客。女人被放弃是为了接近其他集团的女人。另一方面,因为第二个需求,向外部世界的开放不能不加选择,而是只被允许开放给正式的熟人。这一需求避免风险和挑战安全的尝试,因而保护了当前的一代。正式的熟人是明确的协议,意味着提供补给是互惠的。一个人不会给没有作为东道主行动的人以款待,并且一个人也不会向那些没有做同样事情的人转让女人。

(2)在这个闭合的平衡供给机制中(或者,如果有人更喜欢用相互勒索表达的话),很难建立起关系。给予好客之道能够使其自身功能在友谊和敌意之间进行辨识,使之成为决定性的因素。这可能颠倒原因与效果的关系:代替给予朋友以好客之道,一个人变成了他的客人的朋友。如果好客之道被给予了敌人——因为无知、欺骗或者必要——敌人不再是一个敌人,他必须首先被考虑成一个客人。为了幸存下来,基遍人(Gibeon)使用了"策略",并且不知为何被

---

① 回想一下,对"外国女人"('iššāh nokriyyāh)总是有消极的评价(例如在箴言书中),即便哈姆伯特(1937:1958)证明一个在讨论中的"外部"的女人不必是一个"陌生人",也并未改变这一观念。无论如何,与外国女人通婚是受强烈批判的,尤其在放逐后的时代(参见§4.3.3)。

以色列部落所同化，这是这种机制的典型模式。①

在另一方面，如果一个人不愿意将女人转让给"联盟"的一个部落——转让给应该转让女人的人——誓言承受这种象征的重量，就会重写真实的需要。为了撤销或者使誓言中立，必须应用特殊与相等的重要的象征策略。发誓、给予好客之道、交换礼物或者在演讲中致辞，不只是功能性的，也是有意义的行为。如果这些被执行，这就意味着友谊，行动者变成（或者承认他们自己作为）朋友。如果这些缺席了，这就意味着敌对，没有按照这一方式行动的人就变成了（或者承认他们自己为）敌人。

"角色"被确定地与不可逆地固定了。在确定的时刻，当他向利未人致辞的时候，这个基比亚城的老以法莲人就永久固定了他的角色。因为他与利未人讲话，所以必须款待他，而且因为款待他，也必须保护他，甚至要冒着自己和自己的家被彻底摧毁的风险。在确定的一刻，当第一个基比亚人穿过城市的广场而没有同利未人讲一个字的时候，他们的角色就永久固定了。因为利未人被贴上了"不要被款待"的标签，因此就成了一个敌人，必须同他保持敌对的关系。他们越是敌对，他们扮演他们的角色就越好。事关他生命的尝试必须做。毕竟，他要为将自己置于一个制度化的风险中负责。

2. 旅行的时间，休息的时间

（1）通过一个有着安全、敌意和可疑之处的领域的运动也要考虑两个不同的时间段：白天和夜晚。白天可以走动，夜晚则必须休息。好客之道同夜晚相关。就像在夜晚行走是不正确的一样，在白天休息也一样不对。"内部的"空间提供了一个最大化的安全性，但是却有着最小化的交流性。"外部的"空间提供了一个最大化的交流性但却有着最小化的安全性。对立的时间段的影响既可能平衡空间的特性，也可能融合它们。黑夜是有害于安全的：夜晚待在开阔地带要冒着双倍的风险，因此应该避免。白天行走与夜晚休息的实践经验让一个人规避这样一种过度的风险。不过，也要避免白天待在一个密闭的空间，因为这会浪费安全局面。安全的最大化将被实现，但是代价是缺少交流。在小型内部的团体中没有交流是合适的，但是在充满矛盾却丰富的外部关系的领域却是不

---

① 关于古代近东的好客之道，一般也参见扎卡格尼尼 1973：51－58，186－188；格罗塔内里 1976—1977 年；凯莱 1978 年。

合适的,那包含着要考虑承受失去安全的风险而得到交流的好处。

就像所有模糊不清的区域一样,从白天切换到晚上充满了风险。晚上是关键的时刻,这时有必要特殊考量。由于傍晚来临而未到终点,利未人必须做出选择,一是在正确的时间、错误的地点(耶布斯人的耶路撒冷)休息,二是继续赶路以便在夜色降临之时抵达一个以色列人的村子。他决定继续,但是他将发现这样不安全。他的旅途时间的安排因为启程稍晚而受到了影响。在从白天到夜晚的过渡时刻,他必须面对从外部到内部区域的通路。这样,他就结合了两种风险,并且不可能克服伴随而生的困难。或许基比亚人将款待他,如果他们看到他在正确的时间抵达;但是,他在黑夜来临时抵达的话,他们不能款待他。检查他是不可能的,没有时间去看他是否适合款待,因此他们没有招待他。①

(2) 利未人在其岳父家中的行为是正确的,以至于我们能从中推断出适当的行为准则。客人必须停留三天。这既不会太短——他将纯粹功利性地利用好客之道,一获得女人就离开,也不会太长——那将为客人创造经济收益而且相应地给主人带来负担,利未人的整个第二天都是在其岳父的陪伴之下度过的,他希望第三天尽早离开。但是他的岳父,显得过于好客,留下了他。同样的事情发生在第五天和第六天早晨。岳父行为慷慨,他想表现他对利未人的感受是友好的,考虑到访问的目的和前提,这是合理的。但是他打破了习惯的三天的规则。这个故事的悲剧结局清楚表明其目的之一就是警告这种过度的好客之道。如果这位岳父留住利未人没有超过适当的时间,后者就不会遭受基比亚的意外事变。

过度的好客是不正确的,因为它改变了习俗的本质,代替了一个庇护性的休息,让运动处于危险的境地,过度延长待客就变成了被同化待在家里。中间空间的风险变成了内部空间的风险,以交流活动为代价。无论谁只要继续待下去都不可能踏上旅途。而且,一个太长时间"待在家里"的客人变得不适于交换女人,或者不适于彼此了解的当事人之间的任何其他的相互活动,这时就只

---

① 这个"解释"是额外且矛盾的(根据一种确定的清楚的逻辑),和这样的解释比较,基比亚人没有招待利未人,因为他们是两样的与"阴险的"。但是这两个解释很清楚地内含在叙事逻辑中(这从来不是清楚的)。

剩下了分开一条路。①

在我们的故事中，不仅岳父款待利未人过多，设想一下，他也讲得太多。在那些天里，除了吃与喝，他们还能做什么呢？无论如何，他转让这个女人多达两次。第一次转让当然是正确的，但是后来其结果是糟糕的，或许睿智的人是不会坚持第二次的。事实上，结果证明是悲剧的。同样地，招待第一个三天是合适的，而这个时间延长到两倍就不对了。在一个模糊的社会空间中的关系将被仔细地考量。控制有风险，过多也有风险。这里，我们并不解决涉及绝对价值的问题，绝对价值能被最大限度地增加。我们这里处理的是平衡的安排。

（3）时间安排上的变化是过度的好客造成的，在岳父身上花费了时间导致利未人要面对基比亚人待客之道的缺失。部落间的团结一致失效，因此只有其部落与地方的形式被留下了。住在以法莲的利未人与住在基比亚的以法莲人之间维持着关系，后者又与基比亚的便雅悯人维持着关系。以法莲人在利未人与便雅悯人之间作为中间人行事，通过在一个并不希望招待利未人的村子里招待这个旅人而使故事能够发展下去。应该注意到，不仅便雅悯人没有招待利未人——当他坐在村广场上的时候，"没有人欢迎他到自己的家中过夜"——而且在利未人与便雅悯人之间也没有话语的交流。后者只是同老以法莲人讲话。利未人甚至没有看到便雅悯人，无论是他待在以法莲人的家中还是第二天早晨离开的时候，都没有。

显然，这不仅是缺少待客之道的问题，也是一个反待客之道的行为，一种相反的对待。这种对待蕴含了让客人从其已经"进去"准备过夜的屋子中"滚出去"的意思。待客之道在一个封闭的空间中提供庇护以克服夜晚的危险。将人赶出去又丢到开放的空间与黑暗中的行为是尽可能地反待客之道的。而且，待客之道采取了为客人提供服务的形式。这里便雅悯人想从客人那里收回服务。具有讽刺意味的是，反待客之道，便雅悯人想，适用于利未人的动词表达是"认识"（*THAT*, I, 682 – 701）：

让这个在你家里的人滚出来，我们要"认识"他！

（《士师记》19:22；参见《创世记》19:5）

---

① 与雅各的困难经历相比较，他与拉班（Laban）待了太长的时间——在他的例子中，两个时间周期，每个七年，需要一个双倍的女人转让——这是在脱离他的家庭与他的岳父的遗产之前。关于内婚制与外婚制的辩证法，见德·赫斯1976年，第144—148页。

待客之道是相识的人们之间的一种关系。便雅悯人反待客之道是一种待客之道的缺失,但也是对过度与非自然知识的一种渴求。①

四、社会交流的地形学

1. 交流的中枢之地

(1)《士师记》第十九至二十一章的故事设定不仅提供了一系列地形学意义上精确的位置——行程线与可以对战斗的描述进行定点验证——还有通过社会的设定使之适合于对多样性的领域进行定性。三种领域相互交织:"我们的"领域,在这儿我们是相当安全的;敌人的领域,这里我们不要冒险;还有相似部落的中间领域,这里我们可以小心运动并且要遵照惯常的规则。第三个领域中,在保护性的封闭与开放性的交流之间被辩证地呈现出来。在实存的安全性与传递给后代的安全性之间的辩证法是基本的。

在中间领域,一些情况是模糊的。一个以法莲人被发现住在基比亚的便雅悯人村子中,还有一个在以法莲人中的利未人,而他的妻子来自犹大(Bethlehem,伯利恒)。一定数量的混合,主要但不完全是通婚的结果②,这与住所和亲属关系的理论巧妙结合在一起。这就是混合产品,同时也表现了交流的可能性,运动的可能性与拥有关系的结果。

(2)交流的困难过程通常发生在一个个体的行动与联系的网络范围内。但是这也有其特殊的地方,其显而易见的形式,还有其全部的节奏。部落之间交流的中枢地点被熟练地特征化了,其特征在于:

(a)米斯巴(Mizpah)就是集会的地点(qhl,《士师记》20:1 - 2)。③ 集会被以象征性的方式召集,前文已有分析(§1.1.1)。这由欢呼决定(《士师

---

① 见格罗塔内里 1976 - 1977:190 - 194 关于反向的待客之道:客人被吃掉取代了被供给食物。
② 主人公是一个利未人的事实,他是一个非领地"部落的成员",将接受严格的检查,以确认他是具有利未人的凝聚力与交流的角色,还有庇护城市的功能(这里不做分析,因为《士师记》第十九至二十一章并未提到这些)。
③ 在米斯巴与伯特利(Bethel)之间角色的分离是以一个文本的分层修订为条件的,参见§4.3.3 - 4。伯特利的角色被相信属于最终的(放逐后)修订,在基本的文本中米斯巴的角色在变小。参见贝斯特斯 1965 年,第20—41 页;杜斯给出了一个相反的观点,参见 1965 年,第227—243 页。我认为,"交流的中枢地点"移除了"联盟"(作为一种历史的假设)的中心圣殿的问题。参见安德森 1970 年,第135—151 页;奥林斯基 1962 年;欧文 1965 年;贝斯特斯 1965 年。

记》20:8"所有人像一个人一样站起来，说……"），决定采取了誓言（šbʻ）的形式，那会约束每个人："我们中没有任何人要去他的帐篷，没有任何人要回家！"（《士师记》20:8）；"我们中没有任何人要把女儿给便雅悯人做妻子！"（《士师记》21:1）。操作的程序是抽签（ʻlh běgôrāl，《士师记》20:9-10；参见林德布鲁姆1962；多梅尔斯豪森1971；TWAT，I，991-998），伴随着渐进的十一抽杀律（decimation）。一个严肃的谴责诅咒那些没有出席集会的人去死（就像基列的雅比；《士师记》21:5；参见21:8），这样的决定以一种诅咒的形式加以实施（ḥerem，21:11）。

（b）伯特利是求请耶和华的神谕的地方（《创世记》20:18：动词šʼl；见韦斯特曼1960:9-14，27-28，冯·莱德1952:2）。有一种或多或少的临时性特征的宗教性装置（方舟，《士师记》20:27，为了这个目的而建造的祭坛，《士师记》21:4）。首先是进行人口普查（pqd hitp.，《士师记》20:17，21:9；参见福斯特1965:18，25；TWAT，II，472-473；斯派泽1958），这对于军事行动是必要的。但是伯特利集会的主要目的是向耶和华求教，他做出回答（《士师记》20:18，23，27；21:2，4）。求问遵循着逐步升级的程序。关于军事策略的神谕被求问三次：第一次，人们简单地问询；第二次，他们哭泣着求问；第三次，他们哭泣着，坐下来并且斋戒，献祭牺牲（燔祭与领圣餐），并最后求问。关于便雅悯部落的存亡，求问神谕两次：第一次人们坐下，哭喊，然后求问；第二次他们筑起一座祭坛，献祭牺牲（燔祭与领圣餐），并最后求问。只有献祭之后，求问能得到一个答案，这时才有一个正确与最终的结果。

（b₁）基比亚的便雅悯人也集聚（ʼsp）并且清点自己的人数（pqd hitp.）以便战斗，但当然只有他们自己（《士师记》20:15）。"邪恶的"便雅悯人没有求问神谕，因此显然他们注定要被击败。

（c）示罗或许是一座军事营地（maḥăneh，《士师记》21:12），但是这个内容可能源于后来的植入。那确定也是耶和华的盛宴之所在（ḥag-YHWH，21:19；参见TWAT，II，730-744）。便雅悯人对女孩们的仪式性的强暴以翻转的方式暗指基比亚的战斗，因为那是一次由在战斗期间遭受伏击成为受害者的便雅悯人展开的"伏击"（ʼrb，伏击，《士师记》21:20中是为了盛宴；《士师记》20:33，37中是为了战斗）。

（d）"临门的磐石"（Rimmon Rock，《士师记》20:45）是一处避难所〔在沙漠中：*midbar*（旷野——译注），《士师记》20:42］，在这里逃亡者是安全的。他们在这里待了四个月，直到和平被宣布到来。

（3）因此，这个传说作为一个整体提供了一个真正教科书般的有意义的交流范本：神谕、誓言、诅咒、集会中的欢呼、抽签、牺牲，还有实物客体的召集令。交流行动的网络在制造与传递相关决定中是有效的。因此在确保社群作为一个政治实体发挥功能中也是有效的。正式的交流行为很少发生在中枢区域以外的地方，通过派出使者（*šlḥ*）而受到限制，或者只是召集一次集会（《士师记》19:30），或者联系已经明确与其余部落分离的部落（《士师记》20:12；21:13）。

在正常情况下，集会期间有交流，分散期间则缺少交流。我们可以说"聚集与分散"的交替节奏可用作信息的交换，做出一般的决定，以及要求行动。单一的群体——部落、宗族、家庭——承担着对称地平衡的"集聚"（*'sp*, *qul*）与"分散"（*hlk* hitp.）的行动：

> 所有以色列的儿子们出去，就像一个人集聚在一起——从但城（Dan）到别是巴（Beersheba）和基列的土地——到米斯巴的耶和华那里去。
>
> （《士师记》20:1）
>
> 然后，所有以色列的儿子们都从这儿出发，每个人到他的部落和宗族去，他们从这里出去，每个人回到他的家庭。
>
> （《士师记》21:24）

"集聚和分散"的节奏主要被——但并非专有——视作一种"出去和进来"的节奏。人们从他们保护的中心的地域（屋子、城市、部落、世袭地产）"出去"（*yṣ'*，《创世记》20:1）参加集会；因此他们"（再）进入"（*swr*，在《士师记》20:8 中用于从各部落回到他们各自的家，在 19:11 - 12:15 中用于个人回到他的城市）。或者他们"回去"（*šwb*，《士师记》21:23），或者单纯地"上路"（*hlk* hitp.）回到他们各自分散的定居点。

这些移动发生在这样两者之间：一是一个定居的，保护与分散成小的紧密的单元以适合于生产与生育；二是一个在普通与开放空间中偶然的集聚，适合于交流与行动。这样的"二态的"行为（从 M. 莫斯的意义来说，参见利维拉尼 1997 年）与偶然的但主要是季节性的事件（节庆宴会还有战争）有关。其先决条件是移动的可能性，这也技术性地建立在其基础之上。其背景或许是一个宽泛的二态模式，可以与在持续以农业为基础的村子之间进行横向的季节性放牧的活动相联系起来。

2. 凝聚，断裂与制裁

（1）正式交流有一种捆绑效应。语词的巨大意义迫使那些发出誓言的人遵守誓言，即便发誓看起来不再有效，或者即便其他人的关注看起来否决了誓言的客体。要服从神谕的决定，即便那看起来会导致灾难。召集人们是强制性的：要点数人数，缺席的人要承受死亡的誓言的惩罚。基列雅比的居民是有罪的（可以被消灭），因为他们没有参加集会。便雅悯人成为敌人，当他们不想"听从"（šm'，《士师记》20:13）其他部落的建议的时候。在某种情况下，政治关系通过口/耳的符码表达出来的时候，语词需要被认定为绑定了固定意义，否则整个系统将崩溃。所有这些因素建立了一套"交流的地形学"，这是唯一的政治势力的地形学，这种政治力量存在于这样的社会领域：交流用的差异的符码的正规化（言语的交流与人们已经达成的"富有意义"的一致；非言语的交流如果达成一致仍然需要被确定），有特权的交流地域的网络，还有开放和封闭、集聚和分散的节奏。根据组成它的特征来看这个画面是整洁的，而且在那些缺乏上述因素的情境中更是如此。确实，"产品控制的地形学"缺乏任何因素都是相当明显的——而无论在哪儿，同一时期内，在政治势力的地形学中，这都是最突出的因素。这儿，我们没有发现中央管理，没有集中盈余的系统，没有社会分层，也没有劳动力的差异。没有王室宫殿或者行省政府的驻地。既没有仓库也没有要塞，既没有专业的作坊也没有海关的布告。

在《士师记》第十九至二十一章中所建立的社会政治凝聚的多因素的画面完全与我在公元前第二千纪叙利亚的乌加里特王国所建构的画面相反。它们的对比如此之大以至于我怀疑这两个现实被彼此叠加了起来，可以共存而没有重大影响。像乌加里特王国的例子，分层与随后发生的生产力的有机咬合使之明显在领土内有一个统一的政治行为。垂直的团结体系并不明显，因为有机的联系是一些成员对其他成员剥削的结果。在部落"联盟"的例子中，张力被水平取代了。无论什么时候只要他们想，任何部分都可以将自己分离，因为与其他部分的团结并不是有机的而是累积的（参见利维拉尼1976a：281—302，使用了E.涂尔干的术语）。因而培养凝聚力更为重要，这很弱但却不可缺少，要确保为避免灭绝而进行的婚姻交换有足够广泛的基础。

一个社群，聚焦于生产的发展，产生一个政治力量的地形学，以经济活动（生产，使盈余集中化）的重要地点为中心。一个聚焦于保卫生育的社群，产生一个政治力量的地形学，以交流活动的重要地点为中心。

（2）在这个系统内，唯一可能的越界就是团结性的缺乏——包括过度团结，或者在两个互不相容的团结性面前的困难选择，一个要保护小集团，另一个要与其他合并为更大的集团。制裁的手段总是处死（môt yūmāt，《士师记》21：5），甚至灭族（ḥerem，《士师记》21：11），为凶杀（基比亚）负责的无论是谁，都要被消灭。一个与罪犯（便雅悯）显示出团结关系的集团将被消灭，甚至那些没有出席集会（雅比）的人也要被清除。

整个部落组成集团与便雅悯进行战争，这并没有导致"联盟"消失，相反恰恰证明了其功能（这里我坚持在历史的情境中做文学分析，见§4.3.4）。在这样的情况下战争被用作社会调整的工具。当然，当战争对象是外部敌人的时候情况就不同了，对于敌人来说没有道理好讲，不能说，也不能用女人做交换，根本没有好客之道。此时，战争是一种"清理林地"的行动（参见《约书亚书》17：17-18），这是一种通过消除可能没有关系的"异己"元素以创造生存空间的操作。但是战争作为社会调适的工具，用在"联盟"内部，目的在于涉及的集团作为一个整体得到最大化的发展。如果一个集团使相互作用的规则的权威性处于危险中，那么这个集团就有可能被计划全部清除。但是在实践中，一个局部的破坏将是首选，考虑到"残余的人"将确保犯罪集团的幸存，在被惩罚之后，他们已经不再是有罪之人。最小规模的屠杀具有实现更好的平衡的功能：所有雅比的居民除了女孩都被杀掉了，她们被分拨给整个便雅悯部落的幸存者。有一个合理性——对于事件而言具有迷惑性——在这个为了幸存的计划中，也为了服务于幸存的最大可能性。

像仪式化的反模式（§2.3.1）一样，制裁被极力调整到通过时间追逐生育社群的终极任务。通过渐进地调整，违反规则、颠覆决定与取消制裁，这一终极任务一直被继续下去。社会的相互作用由可替代的失衡构成，这在长远看来产生一个平衡。交换礼物和转让女人将会导致——如果一个人保有准确的账目——存在债务人与债权人。但是当失衡变得根深蒂固与过度时，当确定的调适与相互作用的程序受到威胁时，就要诉诸一种更加猛烈的调适：战争。战争不是联姻或好客之道的对立面，而是对它们的激烈的替代。反对便雅悯部落的战争的发生只是因为该部落是社群的一部分，同时社群也关注该部落的幸存。通过衡量战争、屠杀与联姻，目的是在所有其他部落的背景中实现一个部落的平衡发展。

3. 现实化的重新阐释

（1）"以色列十二部落的联盟"，就像联盟已经被扮演，被记录，被记忆，被想象或者被梦想——读者能根据十二部落被注释的风格选择动词——《士师记》第十九至二十一章中故事的作者所做的①，就是一部模棱两可的社会政治范围内的宪法，核心的闭合与流通之间的矛盾被定位于其中。这是一个中立的空间嵌入在村子与敌人领域之间。这部宪法范围是如此模棱两可地保护着单一的村子与单一的家庭以避免灭绝的风险，这个风险对于更小的自我维持的单元更大。女人被转让——她们在集团内的使用被宣布放弃——为了让女人能获准进入其他的集团。拜访者被招待以便在所有其他村子获得款待。在一个策略层面，导致转让与获益作为一个整体是完美的均衡。但是谈到有效性，比起一个人所能给予的，一个人有权利获得无限多，因而剩余的没有供给的就变得十分遥远了。交流与制裁系统构成了这片土地上唯一正式的网格，在女人交换中具有工具性。亲属关系的链接是部落关系的确切目的，属于同一部落联盟的人通过联姻建立起关系。"奠基的神话"由部落传统保存——从虚构的宗谱到诸如在这里分析的故事——通过讲述联盟存在的原因，链接其亲属而翻转了现实，人们是同一联盟的成员，因为他们是亲属。通过他们的非常自然的"奠基的神话"翻转了事件，并通过指出一个原型的情景使现存的一切合法化。我们必须清楚意识到这样的翻转。这可以避免将社会事实误当作天生的事实，避免把分割的过程视作凝聚的过程，避免寻找起源而不是研究一个进步的构造，还有社会政治链接系统的持续恶化。

以这样的视角看来，"联盟"可能从未事实存在过，但是它总是按其价值被体验。其历史存在的问题不能在这里被讨论。一般而言，我认为我们能够在考古学的基础上辨识一个已经不存在的迦南王国的时期，同时伴随着建立在产品

---

① 关于接受"联盟"是一个历史事实（保留的表达使用了引号）的观念，我的保留（不仅是我！）意见并不影响如下事实，即《士师记》第十九至二十一章的后申命记时代的编订者认为这是按照志愿原则组成的联盟。

基础上的部落政治力量的地形学,并且"还不是属于"大卫的王国,这将是非常不可能的。看起来几乎不能相信有这样一个历史阶段,在这一阶段中存在着与其他任何系统不相符的独一的交流的地形学。至多,人们可以想象一个特殊的安排,其将宫殿与部落相对立。

因而,我认为开始展现这种过度劳累的"似乎有理"的规范以便确证或者否定在《士师记》第十九至二十一章中叙述的为了建立社群价值而占有的基比亚或者那些其他的事实"事件"的历史性,这是无用的。① 反之,我认为努力尝试确定建筑的不同阶段与文学大厦的再利用的时间,这是合法的,可以指出特殊的社会政治情境,在那里故事的问题与价值有一个现实的基础和功能。

(2)这样一种修订分层的分析在版本考订过程中已经尝试很多次了,结果是变化的。所有的尝试都指出了如下的存在:①非常古久(包括前文本)的材料;②一个相当连贯与统一的修订;③一个晚期的,后申命记的重新整理。② 这不是详细阐述这些方面的地方,但是还有一些额外的考量是在按顺序进行的。

前文本的材料由它们在别处的再流通而辨识。我更喜欢两个母题:"不好客之城的惩罚"也在《创世记》第十九章被发现(罗德在索多玛),显然与《士师记》第十九章相当类似;"占领被围困城镇的策略"也于《约书亚书》第八章被发现(占领艾城),明确地与《士师记》第二十章十分类似。显然,后期的作者意识到早期作者的工作,尽管后期作者借用的方向被公开讨论过。但是究竟什么样的母题能够被应用在不同的情节中,因为这些情节在劝诫/引导特征下的全部项目中或者病因/叙事特征(不好客之城的惩罚)的全部项目都是典型元素,全部的技能有一个口头传统,那在文学的书写形式之前已经被使用不止一次了。

这种由其本质表现出来的技能不可能被"注明日期",它不可能被固定于紧密的时间。它具有流动性,这必须被考虑到。尤其,它没有必然的联系——编年的或者事实的——与其应用的特殊的案例。它无法"确定年代",也无法被一

---

① 然而比较——作为一个例子——艾斯斐德1935年"欧赫美尔主义(神话即历史观)"的研究,这段插曲的史实性已经被普遍接受,从诺斯1930:100 – 106 到申克1963:58, 68 – 70。
② 众所周知,圣经的文学评论(以神启为基本条件)通常将原始的材料视作有机与连贯的,并且认为后期的干涉是"矛盾的",指出基本的条件有许多干涉或者层面,调整起来一样有矛盾。指出有意义的干涉,限制其自身是更好的,这种干涉被赋予了一种文学的与意识形态的特性,因此提供了一种历史设置的可能性。

个破坏层"确定日期",那可以设想被在基比亚的考古所确定——甚至在艾城或"索多玛"也很少这样。按照其社会政治的背景,将不会太困难以至于不能解除其部落化,通过介绍一位"基比亚的国王"被另一个国王围攻,通过把利未人变成商人,诸如此类。

(3) 在《士师记》第十九至二十一章的创作史的另一端,已经指出了最为确定的元素。有一个普遍的——没有太微妙的——修订的干预,后申命记时期,通过使用关键词与关键概念诸如 qāhāl,'ēdāh,ha-'am（参见罗斯特1938年；还有安德森1970年；THAT, II, 609-619) 而得到了特征化。国王与集会的角色的缺乏适合后放逐时期的巴勒斯坦的历史形势。对于困惑与危险情势的解释源自君主政体的缺席,君主政体表达了希望加强希伯来社群的政治凝聚力。尤其领土的差异化进入了"安全"与"外部"区域,进入其中要冒风险,模糊的关系可能变得相当有敌意,与希伯来人的核心从放逐中回归的条件融为一体。这些核心与外来移民相互交织,外来者全面建立起来并且被认为是真正的敌人,还有其他的以色列集团,他们从未被放逐并且部分地与外国人合并了。同样的民族/宗教的局面相互交织并且形成对照（犹大人/撒玛利亚人）几个世纪后将被表述为另一个困难的敌对局面的故事,就是《约翰福音》第四章中耶稣与撒玛利亚女人的故事（也比较马特10:5；卢克9:52-53；等等）。

这一对放逐期之后（post-exilic）文本的再读,根据撒玛利亚问题回溯了《士师记》时期希伯来社群（重）建立的问题。其中包括了遍布这一地区的替代风险问题,尤其是族际通婚问题（回忆 Ez.9—10 足够了）,还有可能招致永久灭绝的"幸存者"的艰难求生问题。

(4) 关于故事的基本修订,编年与政治的设置保留了基本的问题。我认为我们不应该低估这个建议,即把故事中显著的反便雅悯的态度与扫罗所处的形式联系在一起,尤其在他统治的最后阶段,还有其直接后果。① 城市之所以遭到惩罚——基比亚和雅比——被明确地同扫罗联系到了一起。② 北方与南方之间存

---

① 例如,伯尔尼1918:477:"《士师记》第十九至二十一章的整个故事可能源于对扫罗反感的记忆而写出"。参见艾斯斐德1935:23-24。

② 注意米斯巴也同扫罗的统治相联系（通过抽签,他在那儿被任命为国王。见《撒母耳记》上 10:17-24,这是一段非常不利于扫罗的文字）；然后米斯巴消失了直到被掳（《耶利米记》40-41）与后被掳（《马卡比书》上3:46-54）的时代。

有敌意,在耶路撒冷稍北的关键地带与这个阶段相应,其时大卫建立了他的统治,在伊施波实行短暂的统治(索金1965年;关于《士师记》第十九至二十一章与扫罗的故事之间的联系,见格罗塔内里1979年,第29页)。这是一个"部落"关系在政治上迅速巩固的时期,此前这种关系是相当脆弱与动荡的。因而在这个凝聚力的价值建立的阶段(对于《士师记》第十九至二十一章的作者十分重要)有一个政治的功能,这在其他的表达中也有发现。①

这个故事是犹大人(支持大卫的)的起源。它包括了一个强烈的反便雅悯的怨恨,然而同时它也支持普遍的和解。② 场景明显是属于过去而不可界定的("在旧有的时代存在——在以色列还没有国王的时候——一个人,一个利未人,住在以法莲的山地……"),这不能被"合理化"为一个精确的历史时期。如果那是真的——我认为不可能被否认,那是真的——"十二部落系统"的实质在《士师记》第十九至二十一章(德·赫斯1976:55-66)中的故事的基础上被重建,然后我们必须承认这是一个梦想的重建。在这一刻,一个短梦行使了一个精确的政治功能,其时正是大卫的国家被建立的时候。③

---

① 基遍人的故事看起来在功能与设置上类似:一个旧有的情节(定位于约书亚的时代)关系着待客的权力(《约书亚记》10);这被扫罗违背(《撒母耳记》下21:2);由大卫进行了暴力的惩罚与和解(《撒母耳记》下21:1-14)。周期性地使用 $s'l$,大卫获取权力的故事(《撒母耳记》上10-30)在功能上相当近似于《士师记》第十九至二十一章中所见的,韦斯特曼注解1960:11。

② 艾斯斐德在论文(1935)中专门挑出了以法莲与便雅悯之间的对比作为历史的内核,指责后期的修订是用潘-以色列的术语进行的重写,对我而言这看起来是一件微不足道的事情。我甚至排斥任何"历史的内核"(以这样的术语),但是相信单一的价值已经在基本的文本中呈现出来了,那里我认为属于大卫的时期。

③ 比较德·沃克斯1973:65 的提法:"Le système des douze tribus, qui les unit dans une même liste généalogique ou tribale est la construction idéale, à l'époque de David, d'un 'grand Israel', qui n'a jamais existé comme oganisation politique(该系统的十二个部落,一起出现在同一家族或部落的家谱列表中,是一种理想的建构,而大卫的时代,是一个大以色列,从来没有存在过这样的政治组织)";53-54:"Le système des douze tribus ne paraît donc pas être antérieur à la fin de l'époque des Juges ou tout au début de la monarchie(该系统的十二个部落似乎不是这个时代结束前的士师或任何早期的君主)"。

参考资料

Aarne, A., and Thompson, S. 1928, *The Types of the Folk-Tale*. Helsinki: Suomalainen Tiedeakatemia.

Albright, W. F. 1955, 'Some Canaanite-Phoenician Sources of Hebrew Wisdom'. In H. W. Rowley (ed.), *Wisdom in Israel and in the Ancient Near East*, 1 – 15. Vetus Testamentum, Supplements 3. Leiden: E. J. Brill.

—, 1966, *The Amarna Letters from Palestine*. The Cambridge Ancient History. Revised edition of volumes I & II (Preprints), II/xx. Cambridge: Cambridge University Press.

Altman, A. 1978, 'Some Controversial Toponyms from the Amurru Region in the Amarna Archive'. *Zeitschrift des Deutschen Palästina-Vereins* 94, 99 – 107.

Anderson, G. W. 1970, 'Israel: Amphictiony: 'am, kahal,' edah'. In H. T. Frank and W. L. Reed (eds), *Essays in Honor of H. G. May*, 135 – 151. Nashville and New York: Abingdon Press.

Archi, A. 1966, 'Trono regale e trono divinizzato nell' Anatolia ittita'. *Studi Micenei ed Egeo-Anatolici* 1, 76 – 120.

—, 1969. 'La storiografia ittita'. *Athenaeum* 47, 7 – 20.

—, 1971. 'The Propaganda of Hattušiliš III'. *Studi Micenei ed Egeo-Anatolici* 14, 185 – 215.

Artzi, P. 1964, ' "Vox populi" in the el-Amarna Tablets'. *Revue d'Assyriologie* 58, 159 – 166.

Baikie, J. 1926, *The Amarna Age*. London: Black.

Balkan, K. 1973, *Eine Schenkungsurkunde aus der althethitischen Zeit, gefunden in Inandik*. Ankara: Türk Tarih Kurumu.

Barthes, R. 1972, *Saggi critici*. Turin: Einaudi. Italian translation of *Essais critiques*

(1963), Paris: Editions du Seuil.

Beckman, G. 1996, *Hittite Diplomatic Texts*. Atlanta: Scholars Press.

Bernhardt, K. H. 1971, 'Verwaltungspraxis im spätbronzezeitlichen Palästina'. In H. Klengel (ed.), *Beiträge zur sozialen Struktur des alten Vorderasien*, 133 – 147. Berlin: Akademie-Verlag.

Besters, A. 1965, 'Le sanctuaire central dans Jud. XIX – XXI'. *Ephemerides Theologicae Lovanienses* 41, 20 – 41.

Bin Nun, Sh. R. 1975, *The Tawananna in the Hittite Kingdom*. Texte der Hethiter 5. Heidelberg: Carl Winter.

Boccaccio, P. 1953, 'I termini contrari come espressioni della totalità in ebraico, I'. *Biblica* 33, 173 – 190.

Böhl, F. M. T. de Liagre 1959, 'Die Mythe vom weisen Adapa'. *Die Welt des Orients* 2/5 – 6, 416 – 431.

Bouthoul, G. 1970, *Traité de polémologie*. Paris: Payot.

Bremond, C. 1966, 'La logique des possibles narratifs'. *Communications* 8, 60 – 76.

Bresciani, E. 1969, *Letteratura e poesia dell'antico Egitto*. Turin: Einaudi.

Bryce, T. 1998, *The Kingdom of the Hittites*. Oxford: Clarendon Press.

Buccellati, G. 1962, 'La "carriera" di David e quella di Idrimi, re di Alalac'. *Bibbia e Oriente* 4, 95 – 99.

—, 1972, 'Tre saggi sulla sapienza mesopotamica'. *Oriens Antiquus* 11, 1 – 136, 81 – 100, 161 – 178.

—, 1973, 'Adapa, Genesis and the Notion of Faith'. *Ugarit-Forschungen* 5, 61 – 66.

Burney, C. F. 1918, *The Book of Judges*. London: Rivingtons.

Caminos, R. 1954, *Late-Egyptian Miscellanies*. London: Oxford University Press.

Campbell, E. F. 1960, 'The Amarna Letters and the Amarna Period'. *Biblical Archaeologist* 23, 2 – 22.

—, 1964, *The Chronology of the Amarna Letters*. Baltimore: The Johns Hopkins University Press.

—, 1976, 'Two Amarna Notes: The Shechem City-State and Amarna Adminis-trative Terminology'. In F. M. Cross, W. F. Lemche and P. D. Miller (eds), *Magnalia Dei. Essays in Memory of G. E. Wright*, 39 – 54. Garden City NY: Doubleday & Co.

Castellino, G. R. 1967, *Mitologia sumerico-accadica*. Turin: Società Editrice Internazionale.

Cavaignac, E. 1930, 'Remarques sur l'inscription de Telibinou'. *Revue Hittite et Asianique* I/1, 9 – 14.

Cazelles, H. 1963, 'Les débuts de la sagesse en Israël'. In *Les sagesses du Proche Orient ancien*, 27 – 40. Paris: Presses Universitaires de France.

Coats, G. W. 1970, 'Self-Abasement and Insult Formulas'. *Journal of Biblical Literature* 89, 14 – 26.

Coogan, M. D. 1978, *Stories from Ancient Canaan*. Philadelphia: Westminster Press.

Cornelius, F. 1956, 'Die Chronologie des Vorderen Orient im 2. Jahrtausend v. Chr'. *Archiv für Orientforschung* 17, 294 – 309.

—, 1958, 'Chronology. Eine Erwiderung'. *Journal of Cuneiform Studies* 12, 101 – 107.

Crown, A. D. 1974, 'Tidings and Instructions. How News Travelled in the Ancient Near East'. *Journal of the Economic and Social History of the Orient* 17, 244 – 271.

Dalley, S. 1989, *Myths from Mesopotamia*. Oxford and New York: Oxford University Press.

De Lillo, A. 1971, *L'analisi del contenuto*. Bologna: Mulino.

Diakonoff, I. M. 1976, 'Slaves, Helots and Serfs in Early Antiquity'. In J. Harmatta and G. Komoróczy (eds), *Wirtschaft und Gesellschaft im alten Vorderasien*, 45 – 78. Budapest: Akadémiai Kiadó.

Dijk, J. J. van 1953, *La sagesse suméro-accadienne*. Leiden: E. J. Brill.

Dommershausen, W. 1971, 'Die "Los" in der alttestamentlichen Theologie'. *Trier Theologische Zeitschrift* 80, 195 – 206.

Donadoni, S. 1959, *Storia della letteratura egiziana antica*. Milan: Nuova Accademia.

Dossin, G. 1938, 'Signaux lumineux au pays de Mari'. *Revue d'Assyriologie* 35, 174 – 186.

Driver, G. R. 1947, 'Mistranslations in the Old Testament'. *Die Welt des Orients* I/1, 29 – 31.

Dubarle, A. M. 1969, 'Où en est l'étude de la littérature sapientielle?' In H. Cazelles (ed.), *De Mari à Qumrân. Donum Natalicium I. Coppens*, 246–258. Bibliotheca Ephemeridum Theologicarum Lovaniensium 24, Paris: P. Lethiellet; Gembloux: J. Duculot.

Duesberg, H. 1966, *Les scribes inspirés*. 2nd edition. Tournai: Editions de Mared.

Dus, J. 1964, 'Bethel und Mizpah in Jdc. 19–21'. *Oriens Antiquus* 3, 227–243.

Eco, U. 1971, *Le forme del contenuto*. Milan: Bompiani.

Edgerton, W. F. 1951, 'The Strikes in Ramses III's Twenty-ninth Year'. *Journal of Near Eastern Studies* 10, 137–145.

Eisenbeis, W. 1969, *Die Wurzel ŠLM im Alten Testament*. Beihefte zur Zeitschrift für die Alttestamentliche Wissenschaft 113. Berlin: W. de Gruyter.

Eissfeldt, O. 1935, 'Der geschichtliche Hintergrund der Erzählung von Gibeas Schandtat (Richter 19–21)'. In A. Weiser (ed.), *Festschrift G. Beer*, 19–40. Stuttgart: W. Kohlhammer.

Eliade, M. 1949, *Le mythe de l'éternel retour*. Paris: Gallimard.

—, 1965. *Le sacré et le profane*. Paris: Gallimard.

Exum, J. C. 1993, *Fragmented Women: Feminist (Sub) versions of Biblical Narratives*. Sheffield: Sheffield Academic Press.

Fahlgren, K. H. 1932, *Ṣedākā, nahestehende und entgegengesetze Begriffe im Alten Testament*. Uppsala: Almquist & Wiksells.

Fales, F. M. 1974, 'L'ideologo Adad-šumu-usur'. *Rendiconti dell'Accademia Nazionale dei Lincei*, serie VIII, 29, 453–496.

Fensham, F. C. 1971, 'The Change of the Situation of a Person'. *Annali dell' Istituto Universitario Orientale di Napoli* 21, 155–164.

Fernandez, A. 1931, 'El atentado de Gabaa (critica historico-literaria de Jud. 19–21)'. *Biblica* 12, 297–315.

Fisher, R. W. 1966, A Study of the Semitic Root *BSR*. PhD Dissertation. Columbia University.

Forrer, E. 1922 – 1926, *Die Boghazköi-Texte in Umschrift*. 2 vols. Wissenschaftliche Veröffentlichungen der Deutschen Orient-Gesellschaft 41 – 42. Leipzig: Hinrichs.

Foster, B. R. 1993, *Before the Muses: An Anthology of Akkadian Literature*. Bethesda, Maryland: CDL Press.

—, 1995, *From Distant Days: Myths, Tales, and Poetry of Ancient Mesopotamia*. Bethesda, Maryland: CDL Press.

Freud, S. 1955, *The Interpretation of Dreams*, translated from the German and edited by James Strachey. New York: Basic Books, Inc.

Freydank, H. 1960, 'Eine hethitische Fassung des Vertrages zwischen dem Hethiterkönig Šuppiluliuma und Aziru von Amurru'. *Mitteilungen des Instituts für Orientforschung* 7, 356 – 381.

Friedrich, J. 1925 – 1926, *Aus dem hethitischen Schrifttum*. 2 vols. Der Alte Orient 24/3, 25/2. Leipzig: Hinrichs.

—, 1926 – 1930, *Staatsverträge des Hatti-Reiches in hethitischer Sprache*. 2 vols. Mitteilungen der Vorderasiatisch-Aegyptischen Gesellschaft 31/1 and 34/1. Leipzig: Hinrichs.

Furlani, G. 1929, 'Il mito di Adapa'. *Rendiconti dell' Accademia Nazionale dei Lincei*, serie VI, 5, 113 – 171.

—, 1939a, 'Gli Annali di Mursilis II di Hatti'. In *Saggi sulla civiltà degli Hittiti*, 65 – 140. Udine: Istituto delle Edizioni Accademiche.

—, 1939b, 'L' apologia di Hattusilis III di Hatti'. In *Saggi sulla civiltà degli Hittiti*, 141 – 186. Udine: Istituto delle Edizioni Accademiche.

Fürst, H. 1965, *Die göttliche Heimsuchung*. Rome: Pontificium Athenaeum Antonianum.

Gardiner, A. H. 1925, 'The Autobiography of Rekhmerē^c'. *Zeitschrift für Aegyptische Sprache* 60, 62 – 76.

Gaster, T. 1969, *Myth, Legend and Custom in the Old Testament*. New York: Harper & Row.

Gelb, I. J. 1956, 'Hittite Hieroglyphic Seals and Seal Impressions'. In H. Goldman (ed.), *Excavations at Gözlü Kule, Tarsus*, I, 242 – 254. Princeton: Princeton University Press.

—, 1965, 'The Ancient Mesopotamian Ration System'. *Journal of Near Eastern Studies* 24, 230 – 243.

Gernet, L. 1932, 'Fosterage et légende'. In *Mélanges G. Glotz*, I, 385 – 395. Republished in *Droits et société dans la Grèce ancienne* (1955), 19 – 28. Paris: Sirey.

Geus, C. H. J. de 1976, *The Tribes of Israel*. Studia Semitica Neerlandica 18. Amsterdam: Van Gorcum.

Goetze, A. 1924, 'Das hethitische Fragment des Šunaššura-Vertrags'. *Zeitschrift für Assyriologie* 2, 11 – 18.

—, 1925, *Hattušiliš: Der Bericht über seine Thronbesteigung nebst den Paralleltexten*. Mitteilungen der Vorderasiatisch-Aegyptischen Gesellschaft 29/3. Leipzig: Hinrichs.

—, 1928, *Das Hethiter-Reich*. Der Alte Orient 27/2. Leipzig: Hinrichs.

—, 1930a, *Neue Bruchstücke zum grossen Text des Hattušiliš und den Paralleltexten*. Mitteilungen der Vorderasiatisch-Aegyptischen Gesellschaft 34/2. Leipzig: Hinrichs.

—, 1930b, 'Über die hethitische Königsfamilie'. *Archiv Orientální* 2, 153 – 163.

—, 1940, *Kizzuwatna and the Problem of Hittite Geography*. New Haven: Yale University Press.

—, 1957a, *Kleinasien*. Kulturgeschichte des alten Orients III/1. München: Beck.

—, 1957b, 'On the Chronology of the Second Millennium BC'. *Journal of Cuneiform Studies* 11, 53 – 61, 63 – 73.

Gordon, C. H. 1965, *Ugaritic Textbook*. Analecta Orientalia 38. Rome: Pontificium Institutum Biblicum.

Grapow, H. 1949, *Studien zu den Annalen Thutmosis des dritten*. Abhandlungen der Deutschen Akademie der Wissenschaften zu Berlin, Philosophisch-historische Klasse 1947/2. Berlin: Akademie Verlag.

Gray, J. 1970, 'The Book of Job in the Context of Near Eastern Literature'. *Zeitschrift für die alttestamentliche Wissenschaft* 82, 251 – 269.

Grayson, A. K. 1975, *Assyrian and Babylonian Chronicles*. Texts from Cuneiform Sources 5. Locust Valley, NY: J. J. Augustin.

Grottanelli, C. 1976 – 1977, 'Notes on Mediterranean Hospitality'. *Dialoghi di Ar-*

cheologia 9 – 10, 186 – 194.

—, 1978, 'Il giudice Ehud e il valore della mano sinistra'. In *Atti del 1°Convegno Italiano sul Vicino Oriente antico*, 44 – 45. Orientis Antiqui Collectio 13. Rome: Centro per le Antichità e la Storia dell'Arte del Vicino Oriente.

—, 1979, 'The Enemy King is a Monster'. *Studi Storico-Religiosi* 3, 5 – 36.

Gurney, O. R. 1962, *Anatolia c. 1750 – 1600 B. C.* The Cambridge Ancient History. Revised edition of volumes I & II (Preprints), II/vi. Cambridge: Cambridge University Press.

—, 1966, *Anatolia c. 1600 – 1380 B. C.* The Cambridge Ancient History. Revised edition of volumes I & II (Preprints), II/xva. Cambridge: Cambridge University Press.

Güterbock, H. G. 1938, 'Die historische Tradition und ihre literarische Gestaltung bei Babyloniern und Hethitern bis 1200, II'. *Zeitschrift für Assyriologie* 10, 45 – 149.

—, 1964, 'Sargon of Akkad Mentioned by Hattusili I of Hatti'. *Journal of Cuneiform Studies* 18, 1 – 6.

Haas, V. 1970, *Der Kult von Nerik*. Studia Pohl 4. Rome: Pontificium Institutum Biblicum.

Haldar, A. 1950, *The Notion of the Desert in Sumero-Accadian and West-Semitic Religions*. Uppsala: A. B. Lund.

Hardy, R. S. 1941, 'The Old Hittite Kingdom: A Political History'. *American Journal of Semitic Languages* 58, 177 – 216.

Helck, W. W. 1962, *Die Beziehungen Ägyptens zu Vorderasien im 3. und 2. Jahrtausend v. Chr.* Ägyptologische Abhandlungen 5. Wiesbaden: Harrassowitz.

Herdner, A. 1963, *Corpus des tablettes en cunéiformes alphabétiques*, 2 vols. Mission de Ras Shamra X. Paris: Imprimerie Nationale; Geuthner.

Hermann, A. 1938, *Die ägyptische Königsnovelle*. Glückstadt: J. J. Augustin.

Hirsch, H. 1968 – 1969, 'Den Toten zu beleben'. *Archiv für Orientforschung* 22, 39 – 58.

Hoffman, I. 1984, *Der Erlaß Telipinus*. Texte der Hethiter 11. Heidelberg: Carl Winter Verlag.

Hoffner, H. A. Jr. 1997, 'Hittite Laws'. In Martha T. Roth (ed.), *Law Collections from Mesopotamia and Asia Minor*, 213–241. Atlanta: Scholars Press.

Holmes, Y. Lynn 1975, 'The Messengers of the Amarna Letters'. *Journal of the American Oriental Society* 95, 376–381.

Hout, Th. P. J. van den 1997, 'Biography and Autobiography'. In W. W. Hallo and K. L. Younger, Jr (eds), *The Context of Scripture*, I, 194–204. Leiden: E. J. Brill.

Houwink ten Cate, Ph. H. J. 1970, *The Records of the Early Hittite Empire*. Istanbul: Nederlands Historisch-Archaeologisch Instituut in het Nabije Oosten.

Huizinga, J. 1964, *Homo ludens*. Italian translation. Milan: Il Saggiatore.

Humbert, P. 1937, 'La "femme étrangère" du livre des Proverbes'. *Revue des Etudes Sémitiques* 1937, 49–64.

—, 1958, 'Les adjectifs *zar* et *nokrî* et la "femme étrangère" des Proverbes bibliques'. In *Opuscules d'un hébraisant*, 111–118. Neuchâtel: Secrétariat de l'Université.

Imparati, F. 1964, *Le leggi ittite*. Incunabula Graeca 7. Rome: Edizioni dell'Ateneo.

Irwin, W. H. 1965, 'Le sanctuaire central israélite avant l'établissement de la monarchie'. *Revue Biblique* 72, 161–184.

Izre'el, S. 1991, *Amurru Akkadian: a linguistic study*, 2 vols. Harvard Semitic Studies 40–41. Atlanta: Scholars Press.

—, 2001, *Adapa and the South Wind*. Winona Lake: Eisenbrauns.

Jacobsen, T. 1929–1930, 'The Investiture and Anointing of Adapa in Heaven', *American Journal of Semitic Languages* 46, 201–203.

—, 1946, 'Mesopotamia'. In H. Frankfort (ed.), *The Intellectual Adventure of Ancient Man*, 125–219. Chicago: The University of Chicago Press.

Janssen, J. J. 1975, *Commodity Prices from the Ramessid Period*. Leiden: E. J. Brill.

Kammenhuber, A. 1955, 'Studien zum hethitischen Infinitivsystem, IV'. *Mitteilungen des Instituts für Orientforschung* 3, 31 – 57.

—, 1958, 'Die hethitische Geschichtsschreibung'. *Saeculum* 9, 136 – 155.

—, 1965, 'Die hethitischen Vorstellungen von Seele und Leib, Herz und Lebesinneren, Kopf und Person, II'. *Zeitschrift für Assyriologie* 23, 177 – 222.

—, 1968, *Die Arier im Vorderen Orient*. Heidelberg: Carl Winter.

—, 1969, *Altkleinasiatische Sprachen*. Handbuch der Orientalistik I/II/1 – 2/2. Leiden and Köln: E. J. Brill.

—, 1970, 'Die Vorgänger Šuppiluliumas I'. *Orientalia* 39, 278 – 301.

Kestemont, G. 1978, 'La société internationale mitannienne et le royaume d'Amurru à l'époque amarnienne'. *Orientalia Lovaniensia Periodica* 9, 27 – 32.

Kienast, B. 1973, 'Die Weisheit des Adapa von Eridu'. In M. A. Beek (ed.), *Symbolae biblicae et mesopotamicae F. M. Th. de Liagre Böhl dicatae*, 234 – 239. Leiden: E. J. Brill.

Kirk, G. S. 1970, *Myth: Its Meaning and Function in Ancient and Other Cultures*. Cambridge: Cambridge University Press.

Kitchen, K. A. 1962, *Suppiluliuma and the Amarna Pharaohs*. Liverpool: Liverpool University Press.

Klengel, H. 1960, 'Zu den *šibūtum* in altbabylonischer Zeit'. *Orientalia* 29, 357 – 375.

—, 1964, 'Aziru von Amurru und seine Rolle in der Geschichte der Amārnazeit'. *Mitteilungen des Instituts für Orientforschung* 10, 57 – 83.

—, 1965a, 'Die Rolle der "Ältesten" (LÚ. MEŠŠU. GI) im Kleinasien der Hethiterzeit'. *Zeitschrift für Assyriologie* 23, 223 – 236.

—, 1965b, 'Einige Bemerkungen zur Syrienpolitik des Amenophis IV / Echnaton'. *Das Altertum* 11, 131 – 137.

—, 1965 – 1970, *Geschichte Syriens im 2. Jahrtausend v. u. Z.* 3 vols. Institut für Orientforschung, Veröffentlichung Nr. 40. Berlin: Akademie-Verlag.

—, 1968, 'Die Hethiter und Išuwa'. *Oriens Antiquus* 7, 63 – 76.

—, 1969, 'Syrien in der hethitischen Historiographie'. *Klio* 51, 5 – 14.

Knudtzon, J. A. 1902, 'Anordnung der Briefe Rib-Addis'. *Beiträge zur Assyriologie*

4, 288 – 320.

—, 1907, *Die El-Amarna-Tafeln*, I: *Die Texte*. Vorderasiatische Bibliothek II/1. Leipzig: Hinrichs.

—, 1915, *Die El-Amarna-Tafeln*, II: *Anmerkungen und Register*. Vorderasiatische Bibliothek II/2. Leipzig: Hinrichs.

Korošec, V. 1931, *Hethitische Staatsverträge*. Leipziger Rechtswissenschaftliche Studien 60. Leipzig: Weicher.

Kramer, S. N. 1952, *Enmerkar and the Lord of Aratta*. Philadelphia: The University Museum.

Kraus, F. R. 1960, 'Altmesopotamische Lebensgefühl'. *Journal of Near Eastern Studies* 19, 117 – 132.

—, 1971, 'Ein altbabylonischer Privatbrief an eine Gottheit'. *Revue d'Assyriologie* 65: 27 – 36.

Kühne, C. 1972, 'Bemerkungen zu kürzlich edierten hethitischen Texten'. *Zeitschrift für Assyriologie* 62, 236 – 261.

Kuhrt, A. 1995, *The Ancient Near East c. 3000 – 330 BC*. London: Routledge.

Kümmel, H. M. 1967, *Ersatzrituale fur den hethitischen König*. Studien zu den Boğazköy-Texten 3. Wiesbaden: Harrassowitz.

Kupper, J. R. 1957, *Les nomades en Mésopotamie au temps des rois de Mari*. Paris: Les Belles Lettres.

Kutsch, F. 1963, *Salbung als Rechtsakt im alten Testament und im alten Orient*. Beihefte zur Zeitschrift für die Alttestamentliche Wissenschaft 87. Berlin: A. Töpelmann.

—, 1973, *Verheissung und Gesetz*. Beihefte zur Zeitschrift für die Alttestamentliche Wissenschaft 131. Berlin: W. de Gruyter.

Labat, R. 1970, 'Les grands textes de la pensée babylonienne'. In R. Labat, A. Caquot, M. Sznycer and M. Vleyra (eds), *Les religions du Proche-Orient asiatique*. Paris: Fayard/Denoël.

Lambert, W. G. 1960, *Babylonian Wisdom Literature*. Oxford: Oxford University

Press.

Landsberger, B. 1937, *Die Serie ana* ittišu. Materialien zum sumerischen Lexikon 1. Rome: Pontificium Institutum Biblicum.

—, 1957, *The Series HAR-ra = hubullu. Tablets I – IV*. Materialien zum sumerischen Lexikon 5. Rome: Pontificium Institutum Biblicum.

Laroche, E. 1971, *Catalogue des textes hittites*. Paris: Klincksieck.

Lasswell, H. D., and Leites, N. 1965, *Language of Politics: Studies in Quantitative Semantics*. Cambridge MA: Massachusetts Institute of Technology.

Leeuw, G. van der 1949, 'Urzeit und Endzeit'. *Eranos-Jahrbuch* 17, 11 – 51.

Lemaire, A. 1977, *Inscriptions hébraïques, I: Les ostraca*. Littératures Anciennes du Proche-Orient 9. Paris: Les Editions du Cerf.

Lévi-Strauss, C. 1944, Reciprocity and Hierarchy. *American Anthropologist* 46, 266 – 268.

—, 1956, 'Les organisations dualistes existent-elles?' *Bijdragen tot de Taal-, Land- en Volkenkunde* 112, 99 – 128.

—, 1964, *Le cru et le cuit*. Paris: Plon.

—, 1973, *From Honey to Ashes*, translated from the French by John and Doreen Weightman. London: Jonathan Cape.

Lichtheim, M. 1973 – 1980, *Ancient Egyptian Literature*. 3 vols. Berkeley: University of California Press.

Lindblom, J. 1962, 'Lot-Casting in the Old Testament'. *Vetus Testamentum* 12, 164 – 178.

Liverani, M. 1962, 'Hurri e Mitanni'. *Oriens Antiquus* 1, 253 – 257.

—, 1963, *Storia di Ugarit nell'età degli archivi politici*. Studi Semitici 6. Rome: Centro di Studi Semitici.

—, 1965a, 'Implicazioni sociali nella politica di Abdi-Aširta di Amurru'. *Rivista degli Studi Orientali* 40, 267 – 277.

—, 1965b, 'Il fuoruscitismo in Siria nella tarda età del bronzo'. *Rivista Storica Italiana* 77, 315 – 336.

—, 1967a, 'Contrasti e confluenze di concezioni politiche nell'età di el – Amarna'. *Revue d'Assyriologie* 61, 1 – 18.

—, 1967b, ' "Ma nel settimo anno⋯" '. In *Studi sull'Oriente e la Bibbia offerti al*

P. G. Rinaldi, 49–53. Genoa: Editrice Studio e Vita.

—, 1970, 'L'epica ugaritica nel suo contesto storico e letterario'. In *La poesia epica e la sua formazione*, 859–869. Quaderno 139. Rome: Accademia Nazionale dei Lincei.

—, 1971a, 'Le lettere del Faraone a Rib-Adda'. *Oriens Antiquus* 10, 253–268.

—, 1971b, 'Συδυκ e Μισωρ'. In *Studi in onore di E. Volterra*, VI, 55–74. Milan: A. Giuffrè Editore.

—, 1972a, 'Partire sul carro, per il deserto'. *Annali dell'Istituto Universitario Orientale di Napoli* 32, 403–415.

—, 1972b, 'Elementi "irrazionali" nel commercio amarniano'. *Oriens Antiquus* 11, 297–317.

—, 1973a, 'Memorandum on the Approach to Historiographic Texts'. *Orientalia* 42, 178–194.

—, 1973b, 'Storiografia politica hittita. I-Šunaššura, ovvero: della reciprocità'. *Oriens Antiquus* 12, 267–297.

—, 1974a, 'Rib-Adda, giusto sofferente'. *Altorientalische Forschungen* 1, 176–205.

—, 1974b, 'L'histoire de Joas'. *Vetus Testamentum* 24, 438–453.

—, 1974c, 'La royauté syrienne de l'âge du bronze récent'. In P. Garelli (ed.), *Le palais et la royauté*, 329–356. Paris: Paul Geuthner.

—, 1976a, 'La struttura politica'. In S. Moscati (ed.), *L'alba della civiltà*, I, 281–302. Turin: UTET.

—, 1976b, 'Il modo di produzione'. In S. Moscati (ed.), *L'alba della civiltà*, II, 1–126. Turin: UTET.

—, 1977, 'Review of E. Edel, Ägyptische Ärtze und ägyptische Medizin'. *Rivista degli Studi Orientali* 51, 28–36.

—, 1978, 'Le tradizioni orali delle fonti scritte nell'antico Oriente'. In B. Bernardi, C. Poni and A. Triulzi (eds), *Fonti orali: Antropologia e storia*, 395–406. Milan: Angeli.

—, 1979a, 'Messaggi, donne, ospitalità: comunicazione intertribale in Giud. 19–21'. *Studi Storico-Religiosi* 3, 302–341.

—, 1979b, 'Farsi habiru'. *Vicino Oriente* 2, 65–77.

—, 1990, *Prestige and Interest: International Relations in the Near East ca. 1600 – 1100 B. C.* History of the Ancient Near East/Studies 1. Padua: Sargon.

—, 1997, ' "Half-Nomads" on the Middle Euphrates and the Concept of Dimorphic Society'. *Altorientalische Forschungen* 24, 44 – 48.

—, 1998 – 1999, *Le lettere di el-Amarna*. 2 vols. Brescia: Paideia.

Longman, T. 1997, 'The Autobiography of Idrimi'. In W. W. Hallo and K. L. Younger, Jr (eds), *The Context of Scripture*, I, 479 – 480. Leiden: E. J. Brill.

Longo, O. 1976, 'Il messaggio di fuoco: approcci semiologici all'Agamennone di Eschilo'. *Bollettino dell'Istituto di Filologia Greca, Università di Padova* 3, 121 – 158.

—, 1978, 'Scrivere in Tucidide: comunicazione e ideologia'. In *Studi in onore di A. Ardizzoni*, 517 – 554. Rome: Edizioni dell'Ateneo & Bizzarri.

McCarthy, D. J. 1964, 'Vox *bśr* praeparat vocem "evangelium" '. *Verbum Domini* 42, 26 – 33.

McKenzie, J. L. 1959, 'The Elders in the Old Testament'. *Studia Biblica et Orientalia*, I, 388 – 406. Rome: Pontificium Institutum Biblicum.

Macqueen, J. G. 1959, 'Hattian Mythology and Hittite Monarchy'. *Anatolian Studies* 9, 171 – 188.

Malamat, A. 1965, 'Organs of Statecraft in the Israelite Monarchy'. *Biblical Archaeologist* 28, 34 – 65.

—, 1978, *Early Israelite Warfare and the Conquest of Canaan*. Oxford: Centre for Postgraduate Hebrew Studies.

Mendenhall, G. E. 1962, 'The Hebrew Conquest of Palestine'. *Biblical Archaeologist* 25, 66 – 87.

Meyer, G. 1953, 'Zwei neue Kizzuwatna-Verträge'. *Mitteilungen des Instituts für Orientforschung* 1, 108 – 124.

Michalowski, P. 1980, 'Adapa and the Ritual Process'. *Rocznik Orientalistyczny* 41, 77 – 82.

Moran, W. L. 1950, 'The Use of the Canaanite Infinitive Absolute as a Finite Verb in the Amarna Letters from Byblos'. *Journal of Cuneiform Studies* 4, 169 – 172.

—, 1960, 'Early Canaanite yaqtula'. *Orientalia* 29, 1 – 19.

—, 1963, 'A Note on the Treaty Terminology of the Sefire Stelas'. *Journal of Near Eastern Studies* 22, 173 – 176.

—, 1992, *The Amarna Letters*. Baltimore and London: The Johns Hopkins University Press.

Morenz, S. 1969, *Prestige-Wirtschaft im alten Aegypten*. Bayerische Akademie der Wissenschaften, Sitzungsberichte der philologisch-historische Klasse 1969/4. Munich: Verlag der Bayerischen Akademie der Wissenschaften.

Mowinckel, S. 1955, 'Psalms and Wisdom'. In H. W. Rowley (ed.), *Wisdom in Israel and in the Ancient Near East*, 205 – 224. Vetus Testamentum, Supplements 3. Leiden: E. J. Brill.

Munn-Rankin, J. M. 1956, 'Diplomacy in Western Asia in the Early Second Millennium B. C.' *Iraq* 18, 96 – 108.

Nielsen, E. 1954, *Oral Tradition*. Studies in Biblical Theology 11. London: SCM Press.

Noth, M. 1930, *Das System der zwölf Stämme Israels*. Beiträge zur Wissenschaft vom Alten und Neuen Testament 52. Stuttgart: W. Kohlhammer.

Nougayrol, J. 1955, *Le palais royal d'Ugarit, III: Textes accadiens et hourrites des archives est, ouest et centrales*. Mission de Ras Shamra VI. Paris: Imprimerie Nationale; C. Klincksieck.

—, 1956, *Le palais royal d'Ugarit, IV: Textes accadiens des archives sud*. Mission de Ras Shamra IX. Paris: Imprimerie Nationale; C. Klincksieck.

—, 1968, 'Textes suméro-accadiens des archives et bibliothèques privées d'Ugarit'. In *Ugaritica* V, 1 – 446. Mission de Ras Shamra XVI. Paris: Imprimerie Nationale; P. Geuthner.

Oller, G. H. 1977, The Autobiography of Idrimi. PhD Dissertation. University of Pennsylvania.

Oppenheim, A. L. 1964, *Ancient Mesopotamia*. Chicago: The University of Chicago Press.

—, 1965, 'A Note on the Scribes in Mesopotamia'. In *Studies in Honor of B. Landsberger*, 253 – 256. Assyriological Studies 16. Chicago: The University of Chicago Press.

—, 1967, *Letters from Mesopotamia*. Chicago: The University of Chicago Press.

Orlinski, H. M. 1962, 'The Tribal System of Israel and Related Groups in the Period of the Judges'. *Oriens Antiquus* 1, 11 – 20.

Ossowski, S. 1966, *Struttura di classe e coscienza sociale*. Turin: Einaudi.

Otten, H. 1951, 'Ein althethitischer Vertrag mit Kizzuwatna'. *Journal of Cuneiform Studies* 5, 129 – 132.

—, 1958, 'Keilschrifttexte'. *Mitteilungen des Deutschen Orient-Gesellschaft* 91: 73 – 84.

—, 1961, 'Das Hethiterreich'. In H. Schmökel (ed.), *Kulturgeschichte des alten Orient*, 311 – 446. Stuttgart: A. Kröner Verlag.

—, 1966, 'Hethiter, Hurriter und Mitanni'. In *Fischer Weltgeschichte 3: Die altorientalischen Reiche* 2. Frankfurt: Fischer Bücherei.

—, 1968, *Die hethitischen historischen Quellen und die altorientalische Chronologie*. Akademie der Wissenschaften und der Literatur, Abhadlungen der Geistesund Sozialwissenschaftliche Klasse 1968/3. Mainz: Akademie der Wissen-schaften und der Literatur.

—, 1971, 'Das Siegel des hethitischen Grosskönigs Tahurwaili'. *Mitteilungen des Deutschen Orient-Gesellschaft* 103, 59 – 68.

—, 1973, *Eine althethitische Erzälung um die Stadt Zalpa*. Wiesbaden: Harrassowitz.

Parpola, S. 1970, *Letters from Assyrian Scholars*. Alter Orient und Altes Testament 5/1. Kevelaer: Butzon & Bercker; Neukirchen – Vluyn: Neukirchener Verlag.

Pedersen, J. 1926, *Israel: Its Life and Culture*. 2 vols. London: Oxford University Press.

Perelman, Ch., and Olbrechts-Tyteca, L. 1958, *Traité de l'argumentation*. Paris: Presses Universitaires de France.

Petschow, H. 1963, 'Zur Noxalhaftung im hethitischen Recht'. *Zeitschrift für Assyriologie* 21, 237–250.

Pettinato, G. 1975, 'I rapporti politici di Tiro con l'Assiria alla luce del trattato tra Asarhaddon e Baal'. *Rivista di Studi Fenici* 3, 145–160.

Pieper, M. 1935, *Das ägyptische Märchen.* Leipzig: Hinrichs.

Piepkorn, A. C. 1933, *Historical Prism Inscriptions of Ashurbanipal*, I: Assyriological Studies 5. Chicago: The University of Chicago Press.

Pierce, J. R. 1961, *Symbols, Signals and Noise: The Nature and Process of Communication*, Harper Modern Science Series. New York: Harper.

Pintore, F. 1972, 'Transiti di truppe e schemi epistolari nella Siria egiziana dell'età di el-Amarna'. *Oriens Antiquus* 11, 101–131.

—, 1973, 'La prassi della marcia armata nella Siria egiziana dell'età di el-Amarna'. *Oriens Antiquus* 12, 299–318.

—, 1978, *Il matrimonio interdinastico nel Vicino Oriente durante i secoli XV – XIII.* Orientis Antiqui Collectio 14. Rome: Centro per le Antichità e la Storia dell'Arte del Vicino Oriente.

Pitt-Rivers, J. 1977, *The Fate of Shechem or the Politics of Sex.* Cambridge Studies in Social Anthropology 19. Cambridge: Cambridge University Press.

Posener, G. 1960, *De la divinité de Pharaon.* Cahiers de la Société Asiatique 15. Paris: Imprimerie Nationale.

—, 1963, 'L'apport des textes littéraires à la connaissance de l'histoire égyptienne'. In S. Donadoni (ed.), *Le fonti indirette della storia egiziana*, 11–30. Studi Semitici 7. Rome: Centro di Studi Semitici.

Postgate, N. J. 1971, 'Land Tenure in the Middle Assyrian Period, a Reconstruction'. *Bulletin of the School of Oriental and African Studies* 34, 496–520.

Pritchard, J. B. 1969, *Ancient Near Eastern Texts Relating to the Old Testament*, 3rd edition. Princeton: Princeton University Press.

Propp, V. J. 1949, *Le radici storiche dei racconti di fate.* Turin: Einaudi.

—, 1966, *Morfologia della fiaba.* Turin: Einaudi.

Pugliese Carratelli, G. 1958–1959, 'Su alcuni aspetti della monarchia etea'. *Atti* dell'Accademia Toscana di Scienze e Lettere 'La Colombaria' 23, 99 – 132.

Rad, G. von 1952, *Der heilige Krieg im alten Israel*. Göttingen: Vandenhoeck & Ruprecht.

Rainey, A. F. 1970, *El Amarna Tablets 359 – 379*. Alter Orient und Altes Testament 8. 2nd edition. Kevelaer: Butzon & Bercker; Neukirchen-Vluyn: Neukirchener Verlag.

Redford, D. B. 1970, *A Study of the Biblical Story of Joseph*. Vetus Testamentum, Supplements 20. Leiden: E. J. Brill.

Renger, J. 1969, 'Untersuchungen zum Priestertum der altbabylonischen Zeit, II'. *Zeitschrift für Assyriologie* 59, 104 – 230.

—, 1972, 'Flucht als soziales Problem in der altbabylonischen Gesellschaft'. In D. O. Edzard (ed.), *Gesellschaftsklassen im alten Zweistromland*, 167 – 182. München: Verlag der Bayerischen Akademie der Wissenschaften.

Riemschneider, K. K. 1958, 'Die hethitischen Lanschenkungsurkunden'. *Mitteilungen des Instituts für Orientforschung* 6, 321 – 381.

—, 1965, 'Zum Lehnswesen bei den Hethitern'. *Archiv Orientální* 33, 333 – 340.

—, 1971, 'Die Thronfolgeordnung im althethitischen Reich'. In H. Klengel (ed.), *Beiträge zur sozialen Struktur des alten Vorderasien*, 79 – 102. Berlin: Akademie-Verlag.

Rösel, H. 1975, 'Studien zur Topographie der Kriege in den Büchern Josua und Richter. I: Der Feldzug gegen 'Ai, Jos. 7, 2 – 5a, 8'. *Zeitschrift des Deutschen Palästina-Vereins* 91, 159 – 171.

—, 1976, 'Studien zur Topographie der Kriege in den Büchern Josua und Richter. VI: Der Kampf um Gibea, Ri. 20'. *Zeitschrift des Deutschen Palästina-Vereins* 92, 31 – 46.

Rosenthal, F. 1950 – 1951, 'Sedaka, Charity'. *Hebrew Union College Annual* 23, 411 – 430.

Rost, L. 1938, *Die Vorstufen von Kirche und Synagoge im Alten Testament*. Beiträge zur Wissenschaft vom Alten und Neuen Testament 76. Stuttgart: W. Kohlhammer.

Roux, G. 1961, 'Adapa, le vent et l'eau'. *Revue d'Assyriologie* 55, 13 – 33.

Saggs, H. W. F. 1963, 'Assyrian Warfare in the Sargonic Period'. *Iraq* 25, 145 – 154.

Ščeglov, J. K. 1969, 'Per la costruzione di un modello strutturale delle novelle di Sherlock Holmes'. In *I sistemi di segni e lo strutturalismo sovietico*, 129 – 131. Milan: Feltrinelli.

Schachermeyr, F. 1928, 'Zur staatsrechtlichen Wertung der hethitischen Verträge'. *Mitteilungen der Altorientalischen Gesellschaft* 4, 180 – 186.

Schuler, E. von 1957, *Hethitische Dienstanweisungen*. Archiv für Orientforschung, Beiheft 10. Graz: Selbstverlag.

—, 1959, 'Hethitische Königserlasse als Quellen der Rechtsfindung'. In *Festschrift J. Friedrich*, 446 – 451. Heidelberg: Carl Winter.

—, 1964, 'Staatsverträge und Dokumente hethitischen Rechts'. In G. Walser (ed.), *Neuere Hethiterforschung*. Historia, Einzelschriften 7, 34 – 53. Wiesbaden: Franz Steiner Verlag.

—, 1965a, *Die Kaškäer: Ein Beitrag zur Ethnographie des alten Kleinasien*. Untersuchungen zur Assyriologie und vorderasiatische Archäologie 3. Berlin: W. de Gruyter.

—, 1965b, 'Sonderformen hethitischer Staatsverträge'. *Jahrbuch für Kleinasiatische Forschung* II/1 – 2, 445 – 464.

Schulman, A. R. 1964, 'Some Observations on the Military Background of the Amarna Period'. *Journal of the American Research Center in Egypt* 3, 51 – 69.

Schunk, K. D. 1963, *Benjamin: Untersuchungen zur Entstehung und Geschichte einer Israelitischen Stammes*. Beihefte zur Zeitschrift für die Alttestamentliche Wissenschaft 86. Berlin: A. Töpelmann.

Seters, J. van 1975, *Abraham in History and Tradition*. New Haven: Yale University Press.

Šklovsky, V. 1976, *Teoria della prosa*. Italian translation. Turin: Einaudi.

Smith, S. 1949, *The Statue of Idri-mi*. Occasional Publications 1. London: The British Institute of Archaeology at Ankara.

Soggin, J. A. 1965, 'Il regno di 'Ešbaʿal, figlio di Saul'. *Rivista degli Studi Orientali* 40, 89 –106.

Sommer, F. 1932, *Die Ahhijavā-Urkunden*. Abhandlungen der Bayerischen Akademie der Wissenschaften, Philophisch-historische Abteilung 6. München: Beck.

—, 1938, *Die hethitisch-akkadische Bilingue des Hattušili I*. Abhandlungen der Bayerischen Akademie der Wissenschaften, Philophisch-historische Abteilung 16. Munich: Beck.

Speiser, E. A. 1958, 'Census and Ritual Expiation in Mari and Israel'. *Bulletin of the American Schools of Oriental Research* 149, 17 –25.

Stefanini, R. 1962, 'Studi ittiti. 2: Tetti di Nuhassi in XIX 15'. *Athenaeum* 40, 11 –19.

—, 1964. 'Haremhab in KUB XIX 15?' *Atti dell'Accademia toscana di Scienze e Lettere 'La Colombaria'* 29, 70 –71.

Stone, K. 1995, 'Gender and Homosexuality in Judges 19: Subject-Honor, Object-Shame?' *Journal for the Study of the Old Testament* 67, 87 –107.

Streck, M. 1916, *Assurbanipal und die letzten assyrischen Könige*. Vorderasiatische Bibliothek 7. Leipzig: Hinrichs.

Sturtevant, E. H. and Bechtel, G. 1935, *A Hittite Chrestomathy*. Philadelphia: Linguistic Society of America.

Tadmor, H. 1968, 'The People and the Kingship in Ancient Israel'. *Cahiers d'Histoire Mondiale* 11, 46 –58.

Talmon, S. 1966, 'The "Desert Motif " in the Bible and in Qumran Literature'. In A. Altmann (ed.), *Biblical Motifs*, 31 –63. Studies and Texts 3. Cambridge MA: Harvard University Press.

Thiele, E. R. 1951, *The Mysterious Numbers of the Hebrew Kings*. Chicago: The University of Chicago Press.

Thompson, S. 1936, *Motif-Index of Folk-Literature*, VI. Helsinki: Suomalainen Tiedeakatemia.

—, 1946, *The Folktale*. New York: Holt, Rinehart and Winston.

Thureau-Dangin, F. 1912, *Une relation de la huitième campagne de Sargon*. Musée du

Louvre. Textes Cunéiformes III. Paris: Paul Geuthner.

Vaux, R. de 1964, 'Le sens de l'expression "peuple du pays" dans l'Ancien Testament et le rôle politique du peuple en Israël'. *Revue d'Assyriologie* 58, 167 – 182.

—, 1973, *Histoire ancienne d'Israel*, [2nd volume:] *La période des Juges*. Paris: J. Gabalda.

Vernant, J. P. 1971, 'Hestia – Hermès. Sur l'expression religieuse de l'espace et du mouvement chez les Grecs'. In *Mythe et pensée chez les Grecs*, I, 124 – 170. Paris: Maspéro.

Wallis, G. 1952, 'Eine Parallele zu Richter 19 29ff. and 1 Sam. 11 5ff. aus dem Briefarchiv von Mari'. *Zeitschrift für die alttestamentliche Wissenschaft* 64, 57 – 61.

Waterhouse, S. D. 1965, Syria in the Amarna Age. PhD Dissertation. The University of Michigan.

Wehrli, F. 1936, *Motivstudien zur griechischen Komödie*. Zurich-Leipzig: M. Niehans.

Weidner, E. F. 1923, *Politische Dokumente aus Kleinasien*. Boghazköi-Studien 8 – 9. Leipzig: Hinrichs.

—, 1932 – 1933, 'Der Staatsvertrag Aššurnirâris VI: von Assyrien mit Mati'ilu von Bit-Agusi'. *Archiv für Orientforschung* 8, 17 – 34.

Westermann, C. 1960, Die Begriffe für Fragen und Suchen im Alten Testament'. *Kerygma und Dogma* 6, 2 – 30.

Whybray, R. N. 1968, *The Succession Narrative*. London: SCM Press.

Wijngaards, J. 1967, 'Death and Resurrection in Covenantal Context'. *Vetus Testamentum* 27, 226 – 239.

Wilhelm, G. 1988, 'Zur ersten Zeile des Šunaššura-Vertrages'. In E. Neu and C. Rüster (eds), *Documentum Asiae Minoris Antiquae: Festschrift für Heinrich Otten zum 75. Geburtstag*, 359 – 370. Wiesbaden: Otto Harrassowitz.

Williams, R. J. 1969, 'Some Egyptianisms in the Old Testament'. In *Studies in Honor of J. A. Wilson*, 93 – 98. Studies in Ancient Oriental Civilizations 35. Chicago: The University of Chicago Press.

Wiseman, D. J. 1953, *The Alalakh Tablets*. Occasional Publications 2. London: The British Institute of Archaeology at Ankara.

—, 1958, 'The Vassal-Treaties of Esarhaddon'. *Iraq* 20, 1 – 99.

—, 1968, 'The Tell al Rimah Tablets 1966'. *Iraq* 30, 175 – 205.

Wolf, H. 1967, The Apology of Hattusilis Compared with other Political Self Justifications of the Ancient Near East. PhD Dissertation. Brandeis University.

Xella, P. 1973, 'L'inganno di Ea nel mito di Adapa'. *Oriens Antiquus* 12, 257 – 266.

—, 1976, *Problemi del mito nel Vicino Oriente antico*. Supplemento n. 7 agli Annali. Naples: Istituto Orientale di Napoli.

—, 1978, 'L'épisode de Dnil et Kothar et Gen. XVIII 1 – 16'. *Vetus Testamentum* 28, 483 – 488.

Zaccagnini, C. 1973, *Lo scambio dei doni nel Vicino Oriente durante i secoli XV – XIII*. Orientis Antiqui Collectio 11. Rome: Centro per le Antichità e la Storia dell'Arte del Vicino Oriente.

Zayed, Abd el-Hamid 1964, 'A Free-Standing Stela of the XIXth Dynasty'. *Revue d'Égyptologie* 16, 193 – 208.

索 引

（所注页码为英文原书页码，即本书边码）

个人名字

Abdi-Ashirta (king of Amurru)，阿卜迪-阿舍塔（阿姆鲁国王），102–106, 109–111, 113–115, 119–120, 125, 131, 139, 141–142

Abdi-Heba (king of Jerusalem)，阿卜迪-何巴（耶路撒冷国王），99, 102, 112

Abi-Milki (king of Tyre)，阿比-米尔基（泰尔国王），99, 141–142

Abraham (Hebrew Patriarch)，亚伯拉罕（希伯来人先祖），170

Ahab (king of Israel)，亚哈（以色列国王），165

Ahaz (king of Judah)，亚哈斯（犹大国王），147, 149, 154–155

Ahijah (Israelite prophet)，亚希雅（以色列先知），162

Akhenaten (king of Egypt, cf. Amenophis IV)，阿肯那顿（埃及国王，参见阿蒙诺菲斯四世），89

Akizzi (king of Qatna)，阿齐兹（卡特那国王），136

Alakshandu (Anatolian king)，阿拉克山度（安纳托利亚的国王），32

Alluwamna (king of Hatti)，阿鲁瓦木那（赫梯国王），35

Amenemhat (king of Egypt)，阿蒙涅姆赫特（埃及国王），13

Amenophis II (king of Egypt)，阿蒙诺菲斯二世（埃及国王），87, 165

Amenophis III (king of Egypt)，阿蒙诺菲斯三世（埃及国王），97

Amenophis IV (king of Egypt, cf. Akhenaten)，阿蒙诺菲斯四世（埃及国王，参见阿肯那顿），15, 97

Ammuna (king of Hatti)，阿穆纳（赫梯国王），28–28, 35, 38–39, 41, 43, 46–48

Arnuwanda (king of Hatti)，阿姆万达（赫梯国王），45

Artatama (king of Mitanni)，阿塔塔玛（米坦尼国王），150, 155

Ashurbanipal (king of Assyria), 阿淑尔巴尼帕（亚述国王），3, 164, 175

Astyages (king of Media), 阿斯提阿格斯（米堤亚国王），165

Athaliah (queen of Judah), 亚他利雅（犹大国王后），147, 149, 154, 156, 159

Aziru (king of Amurru), 阿齐鲁（阿姆鲁国王），x, 102-106, 110, 112, 115, 121, 125-144

Ba'lu (king of Tyre), 巴'鲁（泰尔国王），175

Ba'luya (brother of Aziru), 巴'路亚（阿齐鲁的兄弟），127

Barattarna (king of Mitanni), 巴拉他那（米塔尼国王），85, 149, 156-157

Benteshina (king of Amurru), 本特什那（阿姆鲁国王），147, 150, 153, 155-156

Darius (king of Persia), 大流士（波斯国王），96

David (king of Judah and Israel), 大卫（犹大与以色列国王），96, 147, 158-159, 164, 190, 192

Dudu (Egyptian official), 杜度（埃及官员），126-127

Eheya (king of Kizzuwatna), 艾赫亚（基祖瓦特纳国王），55, 60-61

Ehli-Nikkal (queen of Ugarit), 艾赫里-尼嘉儿（乌加里特王后），175

Elisha (Israelite prophet), 以利沙（以色列先知），14-15

Ephron (man from Hebron), 以弗仑（希伯伦人），170

Esarhaddon (king of Assyria), 以撒哈顿（亚述国王），96

Hai (Egyptian official), 亥（埃及官员），126-127

Hakkapili (son of Hattushili I), 哈卡皮里（哈图西里一世之子），33

Hammurabi (king of Babylon), 汉谟拉比（巴比伦国王），172

Hani (Egyptian messenger), 哈尼（埃及信使），133

Hantili I (king of Hatti), 韩提利一世（赫梯国王），27, 29, 34, 38-39, 43, 45-46, 51

Hantili II (king of Hatti) 韩提利二世（赫梯国王），34, 38

Harapshili (queen of Hatti), 哈拉普什利（赫梯王后），43, 46

Harlequin (character in the commedia dell'arte), 哈勒奎因（喜剧作品中的角色），143

Harpagus (Median courtier), 哈尔帕格（米堤亚朝臣），165

Hatib (Egyptian messenger), 哈提布（埃及信使）127 – 129, 132

Hattushili I (king of Hatti), 哈图西里一世（赫梯国王），14, 27, 29, 31 – 37, 39 – 40, 42, 45, 48 – 49, 51, 74

Hattushili III (king of Hatti), 哈图西里三世（赫梯国王）34, 42, 74, 96, 139 – 140, 147, 150 – 151, 155 – 156, 158 – 159

Hezekiah (king of Judah), 希西家（犹大国王），175

Horemhab (king of Egypt), 赫伦霍普（埃及国王），75

Hosea (Hebrew prophet), 何西阿（希伯来先知），13

Huzziya I (king of Hatti), 胡兹亚一世（赫梯国王），28, 33 – 34, 38, 41 – 43, 46, 51

Idrimi (king of Alalah), 伊德利米（阿拉拉赫国王）ix, 54, 85 – 87, 89 – 94, 96, 139 – 140, 147 – 159

Ilaliuma (Hittite courtier), 伊拉里乌玛（赫梯朝臣），43, 46

Ili-rapih (king of Byblos), 伊利-莱皮赫（比布鲁斯国王），105

Ishbaal (king of Israel), 伊施波设（以色列国王），164, 192

Ishputahshu (king of Kizzuwatna), 伊士普塔赫舒（基祖瓦特纳国王），35 – 36, 55

Ishtapariya (queen of Hatti), 伊士塔帕利亚（赫梯王后），43

Jehoiada (high priest in Jerusalem), 耶何耶大（耶路撒冷的大祭司），147 – 149, 154 – 159

Jehu (king of Israel), 耶户（以色列国王），156, 165

Jesse (father of David), 杰西（大卫之父），96

Jesus, 耶稣，16, 191

Jezebel (queen of Israel), 耶洗别（以色列王后），165

Job (Hebrew sage), 约伯（希伯来传奇），98

Joash (king of Judah), 约阿施（犹大国王），x, 147 – 150, 152 – 159

Joshua (leader of Israel), 约书亚（以色列领袖）, 16, 166, 192

Kasheni (prince of Hatti), 凯舍尼（赫梯王子）, 38-39
Keret (king of Ugarit), 凯雷特（乌加里特国王）, 86, 175
Ku-Baba (queen of Kish), 库-巴巴（基什王后）, 16

Laban (biblical character), 拉班（圣经人物）, 183
Labarna (Hittite king and royal title), 拉巴尔纳（赫梯国王与皇室称号）, 27, 29, 31-33, 36-37, 48
Lab'aya (king of Shechem), 莱布'阿雅（示剑国王）, 102, 140-141
Lot (biblical character), 罗德（圣经人物）, 15, 178, 190

Mashhuiluwa (Anatolian king), 玛什慧鲁瓦（安纳托利亚国王）, 147, 150, 155-156
Menna (Egyptian charioteer), 门纳（埃及战车御者）, 88
Murshili I (king of Hatti), 摩西里一世（赫梯国王）, 27, 29, 31, 33-38, 43-44, 47, 49, 51
Murshili II (king of Hatti), 摩西里二世（赫梯国王）, 75, 113
Muwatalli (king of Hatti), 穆瓦塔利（赫梯国王）, 74, 149, 155-156

Nabu-bel-shumate (Babylonian personage), 纳布-拜尔-舒美特（巴比伦要人）, 164
Nikkalmati (queen of Hatti), 尼卡尔玛提（赫梯王后）, 35
Niqmepa (king of Ugarit), 尼克梅帕（乌加里特国王）, 74

Paddatishu (king of Kizzuwatnana), 帕答提舒（基祖瓦特纳国王）, 55, 60-61, 77
Pahamati (Egyptian official), 帕哈马提（埃及官员）, 141
Papahdilmah (Hittite personage), 帕帕合蒂尔马赫（赫梯要人）, 37
Pihura (Egyptian official), 皮胡拉（埃及官员）, 107
Pilliya (king of Kizzuwatna), 皮利亚（基祖瓦特纳国王）, 54, 66

Piyashili (king of Karkemish), 皮雅士利（卡克米什国王）, 156

Ptahhotep (Egyptian sage), 普塔霍特普（埃及圣人）, 13

Rahab (biblical character), 喇合（圣经角色）, 16

Ramesses II (king of Egypt), 拉美西斯二世（埃及国王）, 67, 74

Ramessides (Egyptian dynasty), 拉姆希德（埃及王朝）, 13

Rekhmire (Egyptian official), 莱克米尔（埃及官员）, 12

Rib-Adda (king of Byblos), 莱布－阿达（比布鲁斯国王）, x, 97, 99–125, 130–131, 135–136, 139–140, 142

Saul (king of Israel), 扫罗（以色列国王）, 161–162, 165, 191–192

Samuel (Israelite prophet), 撒母耳（以色列先知）, 161

Sargon (king of Akkad), 萨尔贡（阿卡德国王）, 96

Sennacherib (king of Assyria), 西拿基立（亚述国王）, 175

Shapili (king of Amurru), 沙皮里（阿姆鲁国王）, 155–156

Shattiwaza (king of Mitanni), 沙提瓦扎（米塔尼国王）, 71, 147, 150, 153, 155–156

Sheba (commoner from Benjamin), 示巴（便雅悯支派的平民）, 164

Shunashura I (king of Kizzuwatna), 舒纳舒拉一世（基祖瓦特纳国王）, 54

Shunashura II (king of Kizzuwatna), 舒纳舒拉二世（基祖瓦特纳国王）, ix, 53–68, 71–72, 74–75, 78–81

Shuppiluliuma I (king of Hatti), 舒毗卢留玛一世（赫梯国王）, 55, 125–126, 138, 143, 150, 155–156

Shuttarna (king of Mitanni), 舒塔纳（米塔尼国王）, 155

Tahurwaili (king of Hatti), 塔胡尔瓦伊利（赫梯国王）, 35, 55, 60

Talmi-Sharruma (king of Aleppo), 塔尔米－沙鲁玛（阿勒颇国王）, 33, 74

Tanuwa (Hittite courtier), 塔努瓦（赫梯朝臣）, 38, 43, 46

Tarushhu (Hittite courtier), 塔鲁什胡（赫梯朝臣）, 38, 43, 46–47

Tawananna (Hittite queen and title), 塔瓦南娜（赫梯王后与封号）, 33, 37

Telipinu (king of Hatti), 泰利毗努（赫梯国王）, viii, 27–36, 38–52, 55

Tette (king of Nuhashe), 泰特（努哈社国王）, 75

Teumman (king of Elam), 泰乌曼（埃兰国王），165

Tittiya (Hittite prince), 缇缇雅（赫梯王子），38，46

Tudhaliya II (king of Hatti), 图德哈里亚二世（赫梯国王），35，53，55

Tudhaliya IV (king of Hatti), 图德哈里亚四世（赫梯国王），34，153

Tuthmosids (Egyptian dynasty), 图特摩斯（埃及王朝），165

Tuthmosis IV (king of Egypt), 图特摩斯四世（埃及国王），88

Umman-Haldash (king of Elam), 乌曼－哈尔达什（埃兰国王），164

Urhi-Teshub (king of Hatti), 乌尔希－泰舒普（赫梯国王），147，150，156

Wen-Amun (Egyptian messenger), 文－奥姆恩（埃及信使），15

Yapah-Adda (Rib-Adda's enemy), 亚帕合－阿达（莱布－阿达的敌人），103，110－111，120

Zidanta I (king of Hatti), 吉丹塔一世（赫梯国王），28－29，38－39，48，51，66

Zidanta II (king of Hatti), 吉丹塔二世（赫梯国王），54

Zimrida (king of Sidon), 吉姆利达（西顿国王），103，110－112，120

Zirtaya (Syrian refugee), 吉尔塔亚（叙利亚难民），75

Zuru (Hittite courtier), 祖鲁（赫梯朝臣），38，46

神与神话人物

Adam (biblical first man), 亚当（圣经中第一个人类），21－23

Adapa (Mesopotamian mythical hero), 阿达帕（美索不达米亚神话英雄），viii，3－9，14，16－22

Amun (Egyptian god), 阿蒙（埃及神），88

Anu (Mesopotamian god), 安努（美索不达米亚神），viii，3－6，8，16－18，21－22

Aten (Egyptian god), 阿顿（埃及神），89

Ea (Mesopotamian god), 埃阿（美索不达米亚神），3－8，16，18，21－22

Enkidu (Mesopotamian mythical hero), 恩启都 (美索不达米亚神话英雄), 10-11

Etana (Mesopotamian mythical hero), 埃塔纳 (美索不达米亚神话英雄), 17, 53

Eve (biblical first woman), 夏娃 (圣经中第一个女人), 23

Gilgamesh (Mesopotamian mythical hero), 吉尔伽美什 (美索不达米亚神话英雄), 10-11, 17-18, 22

Gizzida (Mesopotamian god), 吉兹达 (美索不达米亚神), 4, 6, 8, 20

Haldia (Urartian god), 霍尔提亚 (乌拉尔图神), 167

Ishtar (Mesopotamian goddess), 伊什塔尔 (美索不达米亚女神), 11

Shaushka (Hittite goddess), 绍石卡 (赫梯女神), 150, 156

Shutu (the South Wind), 舒图 (南风), 4, 8, 20, 22

Tammuz (Mesopotamian god), 塔木兹 (美索不达米亚神), 4, 6, 8, 20

Ut-napishtim (Mesopotamian mythical hero), 乌特-纳皮什提姆 (美索不达米亚神话英雄), 17-18

Yahweh (Israelite god), 耶和华 (以色列神), 21-22, 147, 149, 156, 158-159, 185-186

地点与民众

Abina (region in inner Syria, cf. Ube), 阿比那 (叙利亚腹地地区, 参见乌比), 142

Adana, Adaniya (town in Cilicia), 阿达纳, 阿达尼亚 (西里西亚的城镇), 29, 65

Ahhula (town in Anatolia), 阿胡拉 (安纳托利亚的城镇), 29

Ai (town in central Palestine), 艾城（中巴勒斯坦的城镇）, 166, 190–191

Akhet-Aten (capital city of Akhenaten, cf. Amarna), 阿赫特-阿顿（埃赫纳顿都城，参见阿玛纳）89

Akkad, Akkadian (kingdom and language in Mesopotamia), 阿卡德，阿卡德语（美索不达米亚的王国和语言）, 3, 53, 54, 96, 100, 107–108, 123, 149–150, 167, 172

Akko (town in northern Palestine), 阿寇（北巴勒斯坦的城镇）, 112

Akshak (town in central Mesopotamia), 阿克萨科（中美索不达米亚的城镇）, 16

Alalah (town and kingdom in northern Syria), 阿拉拉赫（北叙利亚的城镇与王国）, 54–55, 85, 95, 139, 148, 154, 156–157

Aleppo (town and kingdom in northern Syria), 阿勒颇（北叙利亚的城镇与王国）, 27, 34, 46, 74, 85, 149, 154, 156–157

Amanus (mountain range in northern Syria), 埃曼努斯（北叙利亚的山脉）, 77

Amarna (site in Egypt, modern name of Akhet-Aten), 阿玛纳（埃及地点，阿赫特-阿顿的现代名字）, 3, 15, 89, 97–102, 104, 111, 116–117, 123, 125–126, 130, 137, 141, 144

Ambi (town near Byblos), 阿姆比（比布鲁斯附近的城镇）, 104, 106

Ammiya (town near Byblos), 阿米亚（比布鲁斯附近的城镇）, 92, 104, 109, 149

Amorites (people in Syria), 亚摩利人（生活在叙利亚的人）, 149

Amurru (kingdom in central Syria), 阿姆鲁（基祖瓦特纳的城镇）, 97, 103–105, 110, 117–119, 125–126, 128, 131–134, 138–139, 141–144, 150, 155, 175

Anamushta (town in Kizzuwatna), 阿拉穆斯塔（基祖瓦特纳的城镇）, 66

Anatolia (modern Turkey), 安纳托利亚（今土耳其）, 12–13, 25, 27, 34–35, 49, 53, 77, 90, 150

Anura (town in Kizzuwatna), 阿努拉（基祖瓦特纳的城镇）, 66

Aramaeans (people in inland Syria), 阿拉米人（叙利亚内陆生活的人）, 14

Arzawa (kingdom in South-Western Anatolia), 阿扎瓦（西南安纳托利亚的王国）, 29, 34, 63, 150

Arwad (town in coastal Syria),阿瓦德（叙利亚沿岸城镇），103，106，143，175

Asia, Asiatics,亚洲，亚洲人，115–116，165

Assyria, Assyrians (kingdom and people in Upper Mesopotamia),亚述，亚述人（上美索不达米亚的王国与生活在那里的人），x，11–12，16，53，165，175

Babylon (capital city of Babylonia),巴比伦（巴比伦王国的都城），27，34，46，142，151，175

Babylonia, Babylonians (kingdom and people in Lower Mesopotamia),巴比伦王国，巴比伦人（下美索不达米亚王国与生活在那里的人），3，5，11，15，21，42，49，88，98，123，153

Batruna (town near Byblos),巴特鲁纳（比布鲁斯附近城镇），103–104，109

Beersheba (town in Southern Palestine),别是巴（南巴勒斯坦城镇），186

Beirut (town and kingdom in Lebanon),贝鲁特（黎巴嫩城镇和王国），109，111

Benjamin, Benjaminites (Israelite tribe),便雅悯，便雅悯人（以色列支派），160，166–167，169，177–180，183–185，187–189，191–192

Bethel (town in central Palestine),伯特利（中巴勒斯坦城镇），184–185

Bethlehem (town in Judah, Southern Palestine),伯利恒（南巴勒斯坦，犹大城镇），160，184

Bit-Arha (town near Byblos),比特-阿哈（比布鲁斯附近城镇），103

Black Sea,黑海，48

Byblos (town and kingdom in Lebanon),比布鲁斯（黎巴嫩城镇与王国），97，100–104，106–111，113–116，118，120–123，125，131，140，143

Canaan, Canaanites (region and people in Syria-Palestine),迦南，迦南人（叙利亚-巴勒斯坦地区与生活的人），92，97–98，180，190

Cappadocia (region in central Anatolia),卡帕多西亚（中安纳托利亚的地区），51

Carites (Anatolian mercenaries in Judah),加里特斯（犹大国的安纳托利亚雇佣兵），149，154

Cilicia (region in South-Eastern Anatolia),西里西亚（东南安纳托利亚的地区），77，137

Dan (town in northern Israel), 但城（北以色列的城镇），186

Deir el-Medina (village in Egypt), 德尔·艾尔－麦地那（埃及的村子），13

Egypt, Egyptians (kingdom and people in the Nile valley), 埃及, 埃及人，（尼罗河谷底的王国及生活在那里的人），x, 3, 12 – 14, 73 – 75, 85 – 88, 90 – 91, 97, 103, 105 – 107, 109, 111, 114 – 122, 125 – 134, 136, 138, 140, 142 – 142, 151, 153, 159, 161, 165

Elam, Elamites (kingdom and people in Iran), 埃兰，埃兰人（伊朗的王国及生活在那里的人），164 – 165

Emar (town on the Syrian Euphrates), 埃玛尔（叙利亚幼发拉底河的城镇），85, 89, 92, 149

Ephraim, Ephraimites (Israelite tribe), 以法莲，以法莲人（以色列支派），160, 169, 181, 183 – 184, 192

Eridu (town in Lower Mesopotamia), 埃利都（下美索不达米亚城镇），3 – 4, 21

Esagila (temple in Babylon), 埃萨吉拉（巴比伦神庙），16

Eshnunna (town in Babylonia), 埃什努纳（巴比伦王国的城镇），11, 172

Euphrates (river in Mesopotamia), 幼发拉底河（美索不达米亚的河流），34, 71, 77, 85, 92, 137 – 138

Galmiya (Anatolian town), 贾尔米亚（安纳托利亚的城镇），29

Garden of Eden, 伊甸园，21

Gaza (town in Southern Palestine), 加扎（南巴勒斯坦的城镇），142

Gibeah, Gibeites (town in Benjamin, central Palestine), 基比亚，基比亚人（便雅悯支派的城镇，在中巴勒斯坦），160, 166, 168 – 171, 173 – 174, 177, 179 – 185, 188, 190 – 191

Gibeon, Gibeonites (town in Benjamin, central Palestine), 基遍（便雅悯支派的城镇，在中巴勒斯坦），181, 192

Gilead (Israelite region in Transjordan), 基列（在约旦河外的以色列地区），160 – 161, 185 – 187

Hana (region and kingdom on the middle Euphrates), 哈拿 (幼发拉底中游的地区与王国), 49

Hashabu (town in inner Lebanon), 哈沙布 (内黎巴嫩的城镇), 87

Hashuwa (town in South-Eastern Anatolia), 哈舒瓦 (东南安纳托利亚的城镇), 48–49

Hatti, Hittites (kingdom and people in central Anatolia), 赫梯, 赫梯人 (中安纳托利亚王国及生活在那里的人), viii–ix, 14, 25, 27–36, 39–41, 47–57, 59–81, 113, 125–126, 132–139, 143–144, 147, 150, 156, 175

Hattusha (capital city of Hatti), 哈图沙 (赫提都城), 27, 34, 36–37, 41, 51, 150

Hebrew (people and language in Palestine), 希伯来 (生活在巴勒斯坦的人与语言), 149, 166–167, 191

Hilakku (region and kingdom in SouthEastern Anatolia, cf. Cilicia), 西拉库 (东南安纳托利亚的地区与王国, 参见西里西亚), 175

Hupishna (town in central Anatolia), 胡毗什纳 (中安纳托利亚的城镇), 31

Hurri, Hurrians (kingdom and people in Upper Mesopotamia), 胡利, 胡利人 (上美索不达米亚王国及生活在那里的人), 34–35, 47–49, 62–65, 68–81, 137, 149

Indo-Europeans, 印欧人, 40, 79

Irqata (town in Lebanon), 伊尔卡塔 (黎巴嫩城镇), 104–105

Ishuwa (region on the Upper Euphrates), 伊舒瓦 (幼发拉底河上游的地区), 68–72, 74–79, 137

Israel, Israelites (kingdom and people in Palestine), 以色列, 以色列人 (巴勒斯坦的王国与生活在那里的人), 16, 158, 160–161, 164, 166, 180–182, 186, 189, 192

Jabesh (town in Gilead), 雅比 (基列的城镇), 160–161, 179, 185, 187–188, 191

Jebusites (pre-Israelitic people in Jerusalem), 耶布斯人 (先于以色列人生活在耶

路撒冷的人），182

Jericho (town in Benjamin, central Palestine), 杰里科（中巴勒斯坦，便雅悯人的城镇），16

Jerusalem (capital city of Judah), 耶路撒冷（犹大国都城），149, 158, 175, 180, 182, 192

Judah, Judeans (kingdom and people in Southern Palestine), 犹大，犹大人（南巴勒斯坦王国与生活在那里的人），x, 147-148, 159, 175, 184, 191-192

Karkemish (town on the Syrian Euphrates), 卡克米什（叙利亚幼发拉底河的城镇），95

Kashka, Kashkeans (tribal people in Northern Anatolia), 卡什卡，卡什卡人（北安纳托利亚生活的部落人群），14, 34-35, 48

Kashshu (Babylonia, cf. Kassites), 卡什舒（巴比伦王国，参见加喜特人），142

Kassites (Iranian people and Babylonian dynasty), 加喜特人（伊朗人与巴比伦王朝），123

Kinahni (Syria-Palestine, cf. Canaan), 基纳赫尼（叙利亚-巴勒斯坦，参见迦南），97, 107, 114-115, 142

Kizzuwatna (kingdom in South-Eastern Anatolia), 基祖瓦特纳（东南安纳托利亚的王国），ix, 35, 48, 52-55, 57, 59-81, 137

Kumidi (town in inland Lebanon), 库米底（黎巴嫩内陆的城镇），107, 142

Kushara (town in central Anatolia), 库沙拉（中安纳托利亚城镇），36, 51

Lachish (town in Judah, southern Palestine), 拉吉（犹大城镇，南部巴勒斯坦），167-168

Lahha (town in South-Eastern Anatolia), 拉哈（东南安纳托利亚的城镇），48

Lamiya (town in Kizzuwatna), 拉米亚（基祖瓦特纳的城镇），65-66

Landa (town in central Anatolia), 兰达（中安纳托利亚城镇），31

Lawazantiya (town in South-Eastern Anatolia), 拉瓦赞提亚（东南安纳托利亚的城镇），48-49

Lebanon (region and mountain in Syria), 黎巴嫩（叙利亚地区与山脉），97, 138

Levites (Israelite tribe),利未（以色列部落），160 – 161, 163, 166, 168 – 169, 171 – 174, 176 – 177, 179 – 184, 191 – 192

Lusna (town in central Anatolia),鲁斯那（中安纳托利亚城镇），31

Luwana (town in Kizzuwatna),鲁瓦纳（基祖瓦特纳城镇），65

Mari (city and kingdom on the Syrian Euphrates),马里（叙利亚在幼发拉底河边的城市与王国），165, 168

Maspat (town near Byblos),马斯帕特（比布鲁斯附近的城镇），101

Mediterranean Sea,地中海，48, 92

Memphis (capital city of Egypt),孟菲斯（埃及都城），87 – 88

Mesopotamia, Mesopotamian (region between the Tigris and Euphrates rivers, mostly in modern Iraq),美索不达米亚，美索不达米亚人（底格里斯河与幼发拉底河之间的地区，大致在今天伊拉克），viii, xi, 3, 10 – 13, 18 – 21, 23, 27, 34, 48, 122 – 124, 163

Mitanni (kingdom in Upper Mesopotamia),米塔尼（上美索不达米亚王国），ix, 34, 49, 52, 55, 85, 113, 136 – 137, 142, 144, 150

Mizpah (town in Benjamin, central Palestine),米斯巴（便雅悯部落的城镇，在中巴勒斯坦），184 – 186, 192

Napata (capital city of Nubia),纳帕塔（努比亚都城），165

Nahrin (region in Upper Mesopotamia, cf. Mitanni),纳林（上美索不达米亚地区，参见米塔尼），85

Nenasha (town in central Anatolia),嫩纳沙（中安纳托利亚城镇），31, 51

Nineveh (capital city of Assyria),尼尼微（亚述都城），3, 175

Nubia, Nubian (region and people in the Upper Nile basin, modern Sudan),努比亚，努比亚人（尼罗河上游盆地地区与人们，在现代苏丹），113, 117, 119 – 120, 165

Nuhashe (region in central Syria),努哈社（中叙利亚的地区），75, 126, 132 – 134, 138

Parshuhanta (town in central Anatolia), 帕舒涵塔（中安纳托利亚城镇），31

Palestine (Southern Levant), 巴勒斯坦（在黎凡特南部），12-13, 97, 99, 106, 111, 116, 123, 125, 135, 140, 158, 191

Parduwatta (town in Anatolia), 帕尔杜瓦塔（安纳托利亚城镇），29

Persian Gulf (between Arabia and Iran), 波斯湾（阿拉伯与伊朗之间），3

Philistines (people of coastal Palestine), 非利士人（巴勒斯坦沿岸的民族），165

Pitura (town in Kizzuwatna), 皮图拉（基祖瓦特纳的城镇），65

Qadesh (town and kingdom in Syria), 卡迭石（叙利亚的城镇和王国），87, 138, 143

Qatna (town and kingdom in Syria), 卡特那（叙利亚的城镇和王国），136, 138

Ramah (town in Benjamin, central Palestine), 拉玛（便雅悯部落的城镇，在中巴勒斯坦），180

Rimmon Rock (site in Transjordan), 临门的磐石（在约旦河外），186

Sallapa (town in Anatolia), 萨拉帕（安纳托利亚的城镇），29

Samaria, Samaritans (city and kingdom in North-central Palestine), 撒玛利亚，撒玛利亚的（中北部巴勒斯坦的城市与王国），14, 16, 165, 191

Semites, Semitic, 闪族，闪族的，100

Shaliya (town in Kizzuwatna), 沙里亚（基祖瓦特纳的城镇），66

Shamri (river in Kizzuwatna), 沙米里（基祖瓦特纳的河流），65

Shanahuitta (town in central Anatolia), 沙纳回塔（中安纳托利亚城镇），32, 37, 51

Shehlal (people in Syria), 舍拉尔（叙利亚的民族），131

Sherigga (town in Kizzuwatna), 舍里加（基祖瓦特纳的城镇），65

Shigata (town near Byblos), 释迦塔（靠近比布鲁斯的城镇），104, 106

Shiloh (town in Benjamin, central Palestine), 示罗（便雅悯部落的城镇，在中巴勒斯坦），160, 177, 179, 185

Sidon (town and kingdom in Lebanon), 西顿（黎巴嫩的城镇与王国），103, 109,

114, 118

Sodom (town in Southern Palestine), 索多玛（南部巴勒斯坦的城镇），15–16, 178, 190–191

Sumura (town in coastal Syria), 苏木拉（叙利亚沿岸的城镇），104–105, 107, 109, 114, 117–118, 120, 122, 125, 131–132, 141–143

Suteans (nomadic people in Syria), 苏特人（叙利亚的游牧民族），86, 93–94

Syria, Syrian (northern Levant), 叙利亚，叙利亚人（北部黎凡特），x, 12–13, 27, 34, 48, 53, 77, 83, 85, 90, 95, 97–100, 106, 111, 116, 123, 125–126, 137, 142, 150, 158, 187

Tabal (region and kingdom in central Anatolia, cf. Cappadocia), 塔巴尔（中安纳托利亚的地区与王国，参见卡帕多西亚）175

Taurus (mountain range in Southern Anatolia), 陶鲁斯（南安纳托利亚的山脉），77

Thebes (capital city of Egypt), 底比斯（埃及首都），165

Tunip (town and kingdom in Syria), 吐尼普（叙利亚的城镇与王国），134, 143

Turkey (cf. Anatolia), 土耳其（参见安纳托利亚），85

Tuwanuwa (town in central Anatolia), 图瓦努瓦（中安纳托利亚的城镇），31

Tyre (town and kingdom in Lebanon), 泰尔（黎巴嫩的城镇与王国），103, 141–142, 175

Ube (region in Syria, cf. Abina), 乌比（叙利亚腹地地区，参见阿比那），97, 142

Ugarit, Ugaritic (town and kingdom in Syria, and its language), 乌加里特，乌加里特语（叙利亚的城镇与王国及其语言），73, 86, 95, 106, 109, 123, 143, 163, 173, 175, 187

Ullaza (town in Lebanon), 尤尔拉扎（黎巴嫩的城镇），106–107

Urshu (town in South-Eastern Anatolia), 乌尔舒（东南安纳托利亚的城镇），79

Yamhad (kingdom in Northern Syria), 亚姆哈德（北叙利亚的王国），34, 49

Yarimuta (town in Northern Palestine), 亚利木塔（北巴勒斯坦的城镇），114, 120

Zallara (town in central Anatolia), 扎拉拉（中安纳托利亚的城镇），31
Zalpa (town in Northern Anatolia), 扎尔帕（北安纳托利亚的城镇），33, 51
Zizzilippi (town in South-Eastern Anatolia), 吉兹里皮（东南安纳托利亚的城镇），48